2024
全国企业创新调查年鉴

国家统计局社会科技和文化产业统计司 编

中国统计出版社
China Statistics Press

图书在版编目（CIP）数据

全国企业创新调查年鉴. 2024 / 国家统计局社会科技和文化产业统计司编. -- 北京 ：中国统计出版社，2024. 11. -- ISBN 978-7-5230-0635-1
I.F279.23-54
中国国家版本馆 CIP 数据核字第 2024FJ2069 号

全国企业创新调查年鉴 2024

作　　者/国家统计局社会科技和文化产业统计司
责任编辑/李　冲
封面设计/李　静
出版发行/中国统计出版社有限公司
通信地址/北京市丰台区西三环南路甲 6 号　邮政编码/100073
电　　话/邮购（010）63376909　书店（010）68783171
网　　址/http://www.zgtjcbs.com/
印　　刷/河北鑫兆源印刷有限公司
经　　销/新华书店
开　　本/880mm×1230mm　1/16
字　　数/590 千字
印　　张/20.25
版　　别/2024 年 11 月第 1 版
版　　次/2024 年 11 月第 1 次印刷
定　　价/380.00 元

《全国企业创新调查年鉴2024》
编 辑 人 员

编者说明

《全国企业创新调查年鉴》是国家统计局社会科技和文化产业统计司编辑的反映我国企业创新活动年度调查结果的统计资料书。

为全面了解我国企业创新进展状况，更好地服务创新驱动发展战略，国家统计局在2014年全国企业创新调查的基础上，从2016年起对全国企业创新情况进行年度调查。调查范围涉及工业，建筑业，批发和零售业，交通运输、仓储和邮政业，信息传输、软件和信息技术服务业，租赁和商务服务业，科学研究和技术服务业，水利、环境和公共设施管理业等创新活动相对密集的行业。调查的主要内容包括企业开展各类创新活动的基本情况，企业创新投入及产出、产学研合作创新、创新信息来源、创新阻碍因素、知识产权及相关情况等，以及企业家对创新的认识、创新激励措施实施、创新政策落实效果、创新战略目标制定等情况。

本年鉴收录了我国企业创新调查最新年度（2023年）的主要统计数据，是较为全面反映我国当前企业创新活动开展情况的统计资料书。全书共分为十二个部分：第一部分为企业创新主要指标情况，第二至第十部分按各行业规模（限额）以上企业创新调查主要指标和主要分组进行了汇总分列，第十一部分为规模以下企业创新调查的主要指标和主要分组情况，第十二部分为国际比较情况。最后附有调查简要技术说明和主要统计指标解释。

本年鉴有关符号说明：各表中的“空格”表示该项统计指标数据不足本表最小单位数、数据不详或无该项数据；“#”表示其中的主要项；“*”或“①”表示本表下有注解。

本年鉴未对与其他调查数据的差异进行技术处理，也未对因四舍五入产生的误差做配平处理。

目录

一、企业创新主要指标（2023 年）

二、规模（限额）以上企业创新活动总体情况（2023 年）

三、规模（限额）以上企业产品和工艺创新情况（2023 年）

四、规模（限额）以上企业新产品或新工艺情况（2023 年）

五、规模（限额）以上企业产品或工艺创新活动类型及创新费用情况（2023 年）

六、规模（限额）以上企业组织和营销创新情况（2023 年）

七、规模（限额）以上企业创新信息来源及创新合作情况（2023 年）

八、规模（限额）以上企业创新阻碍因素、知识产权及创新战略目标相关情况（2023 年）

九、规模（限额）以上企业企业家对创新的认识情况（2023 年）

十、规模（限额）以上企业创新政策效果情况（2023 年）

十一、规模以下企业创新及相关情况（2023 年）

十二、国际比较

附录

一、企业创新主要指标
（2023 年）

1-1　规模(限额)以上企业创新基本情况

指　标	单位	合计	1.工业	2.建筑业	3.服务业	#高技术产业
一、企业基本情况						
企业数①	个	1140611	481332	75387	583892	51482
二、创新活动总体情况						
在规模(限额)以上企业中,						
开展创新活动的企业数	个	468718	312361	20760	135597	43489
#实现创新企业	个	436176	289424	19648	127104	40262
#同时实现四种创新企业②	个	70905	52563	1989	16353	9398
#既实现产品或工艺创新，也实现组织或营销创新的企业	个	187521	139534	6598	41389	23451
#实现产品或工艺创新，未实现组织或营销创新的企业	个	142734	118673	4142	19919	13958
#实现组织或营销创新，未实现产品或工艺创新的企业	个	105921	31217	8908	65796	2853
开展创新活动企业占比	%	41.1	64.9	27.5	23.2	84.5
#实现创新企业占比	%	38.2	60.1	26.1	21.8	78.2
#同时实现四种创新企业占比	%	6.2	10.9	2.6	2.8	18.3
#既实现产品或工艺创新，也实现组织或营销创新的企业占比	%	16.4	29.0	8.8	7.1	45.6
#实现产品或工艺创新，未实现组织或营销创新的企业占比	%	12.5	24.7	5.5	3.4	27.1
#实现组织或营销创新，未实现产品或工艺创新的企业占比	%	9.3	6.5	11.8	11.3	5.5
三、产品和工艺创新情况						
(一)产品和工艺创新分布情况						
在规模(限额)以上企业中,						
开展产品或工艺创新活动企业数	个	379406	291129	12711	75566	42385
#实现产品或工艺创新企业	个	330255	258207	10740	61308	37409
#实现产品创新企业	个	225514	180636	5092	39786	28361
#实现工艺创新企业	个	261705	203407	9976	48322	29276
未开展产品或工艺创新活动企业数	个	761205	190203	62676	508326	9097
开展产品或工艺创新活动企业占比	%	33.3	60.5	16.9	12.9	82.3
#实现产品或工艺创新企业占比	%	29.0	53.6	14.2	10.5	72.7
#实现产品创新企业占比	%	19.8	37.5	6.8	6.8	55.1
#实现工艺创新企业占比	%	22.9	42.3	13.2	8.3	56.9
#1.同时实现产品和工艺创新企业占比	%	13.8	26.1	5.7	4.6	39.3
2.仅实现产品创新企业占比	%	6.0	11.4	1.0	2.2	15.8
3.仅实现工艺创新企业占比	%	9.2	16.1	7.5	3.7	17.6
4.仅有正在进行或中止的产品或工艺创新活动企业占比	%	4.3	6.8	2.6	2.4	9.7
(二)产品创新开发情况						
在实现产品创新企业中,以下列形式进行开发的企业占比						
本企业独立开发或与集团内企业合作开发	%	85.6	89.5	65.7	70.5	90.0
本企业与境内其他企业合作开发	%	9.4	7.3	18.4	17.8	10.4
本企业与境内研究机构或高等学校合作开发	%	7.0	6.4	13.7	8.4	8.1
本企业与境外企业或机构合作开发	%	1.5	1.3	1.7	2.2	1.6
在其他单位开发的基础上调整或改进，或委托其他企业或机构开发	%	7.5	5.1	23.1	16.1	5.1
其他	%	6.7	4.9	15.9	13.5	4.0
(三)工艺创新开发情况						
在实现工艺创新企业中,以下列形式进行开发的企业占比						

注：①企业数指实际参与全国企业创新调查的企业数，以下各表同。
②四种创新指产品创新、工艺创新、组织创新、营销创新，其中产品创新和工艺创新合称为技术创新。

1-1 续表 1

指 标	单位	合计	1.工业	2.建筑业	3.服务业	#高技术产业
本企业独立开发或与集团内企业合作开发	%	75.8	81.0	58.8	57.8	81.6
本企业与境内其他企业合作开发	%	11.6	10.0	14.5	17.5	13.9
本企业与境内研究机构或高等学校合作开发	%	6.5	6.2	11.0	6.4	8.0
本企业与境外企业或机构合作开发	%	1.2	1.1	1.3	1.7	1.5
在其他单位开发的基础上调整或改进，或委托其他企业或机构开发	%	13.3	10.0	25.2	24.3	11.1
其他	%	9.6	7.5	18.9	16.6	6.4
(四)新产品情况						
在实现产品创新企业中有市场新产品的企业占比	%	55.5	75.2	58.3	50.9	87.4
新产品销售收入	亿元	521618.9	341310.2	69958.4	110350.3	85883.0
新产品销售收入占营业收入的比重	%	16.9	25.3	28.2	7.4	39.7
1.仅市场新的产品	%	6.0	9.8	8.6	2.1	19.4
2.仅本企业新的产品	%	11.0	15.6	19.7	5.4	20.3
四、产品或工艺创新活动类型及创新费用情况						
(一)产品或工艺创新活动类型						
在开展产品或工艺创新活动企业中，有下列活动形式的企业占比						
内部研发	%	47.9	51.9	40.8	33.5	62.0
外部研发	%	7.2	6.1	9.8	10.9	13.7
获得机器设备和软件	%	69.1	83.5	28.4	20.7	87.9
从外部获取相关技术	%	3.1	0.9	12.7	9.9	1.7
相关培训	%	30.5	28.4	42.8	36.7	37.7
市场推介	%	13.5	13.1	9.3	15.8	19.5
相关设计	%	14.5	15.9	5.7	11.0	22.8
其他创新活动	%	19.8	19.2	25.9	21.4	27.2
(二)企业创新费用支出情况③						
创新费用支出合计	亿元	42788.6	32593.5	2190.2	8004.7	10221.7
1.内部研发经费支出	亿元	25439.8	20876.4	861.2	3702.2	6910.7
所占比重	%	59.5	64.1	39.3	46.3	67.6
2.外部研发经费支出	亿元	2141.7	1388.2	13.6	739.9	757.4
所占比重	%	5.0	4.3	0.6	9.2	7.4
3.获得机器设备和软件经费支出	亿元	14286.9	9466.8	1315.1	3504.9	2183.2
所占比重	%	33.4	29.0	60.0	43.8	21.4
4.从外部获取相关技术经费支出	亿元	920.2	862.1	0.3	57.7	370.4
所占比重	%	2.2	2.6	0.0	0.7	3.6
五、组织和营销创新情况						
在规模(限额)以上企业中，						
实现组织或营销创新企业数	个	293442	170751	15506	107185	26304
#实现组织创新企业	个	223385	127035	14518	81832	20095
#实现营销创新企业	个	208221	129609	5801	72811	20274
实现组织或营销创新企业占比	%	25.7	35.5	20.6	18.4	51.1
#实现组织创新企业占比	%	19.6	26.4	19.3	14.0	39.0
#实现营销创新企业占比	%	18.3	26.9	7.7	12.5	39.4
#同时实现组织和营销创新企业占比	%	12.1	17.8	6.4	8.1	27.3
#仅实现组织创新企业占比	%	7.5	8.5	12.9	5.9	11.7
#仅实现营销创新企业占比	%	6.1	9.1	1.3	4.3	12.1

注：③创新费用及分项指标数据不包括资质等级二级建筑业企业、批发和零售业企业。以下各表同。

1-1　续表 2

指　标	单位	1.东部地区	2.中部地区	3.西部地区	4.东北地区
一、企业基本情况					
企业数①	个	691695	238464	169050	41402
二、创新活动总体情况					
在规模(限额)以上企业中,					
开展创新活动的企业数	个	293771	103108	59709	12130
#实现创新企业	个	274049	95618	55514	10995
#同时实现四种创新企业②	个	45530	16941	7106	1328
#既实现产品或工艺创新，也实现组织或营销创新的企业	个	119313	42205	21775	4228
#实现产品或工艺创新，未实现组织或营销创新的企业	个	97097	29235	13399	3003
#实现组织或营销创新，未实现产品或工艺创新的企业	个	57639	24178	20340	3764
开展创新活动企业占比	%	42.5	43.2	35.3	29.3
#实现创新企业占比	%	39.6	40.1	32.8	26.6
#同时实现四种创新企业占比	%	6.6	7.1	4.2	3.2
#既实现产品或工艺创新，也实现组织或营销创新的企业占比	%	17.2	17.7	12.9	10.2
#实现产品或工艺创新，未实现组织或营销创新的企业占比	%	14.0	12.3	7.9	7.3
#实现组织或营销创新，未实现产品或工艺创新的企业占比	%	8.3	10.1	12.0	9.1
三、产品和工艺创新情况					
(一)产品和工艺创新分布情况					
在规模(限额)以上企业中,					
开展产品或工艺创新活动企业数	个	245872	82723	41902	8909
#实现产品或工艺创新企业	个	216410	71440	35174	7231
#实现产品创新企业	个	151387	49533	20379	4215
#实现工艺创新企业	个	169625	56833	29305	5942
未开展产品或工艺创新活动企业数	个	445823	155741	127148	32493
开展产品或工艺创新活动企业占比	%	35.5	34.7	24.8	21.5
#实现产品或工艺创新企业占比	%	31.3	30.0	20.8	17.5
#实现产品创新企业占比	%	21.9	20.8	12.1	10.2
#实现工艺创新企业占比	%	24.5	23.8	17.3	14.4
#1.同时实现产品和工艺创新企业占比	%	15.1	14.6	8.6	7.1
2.仅实现产品创新企业占比	%	6.8	6.1	3.5	3.1
3.仅实现工艺创新企业占比	%	9.4	9.2	8.8	7.3
4.仅有正在进行或中止的产品或工艺创新活动企业占比	%	4.3	4.7	4.0	4.1
(二)产品创新开发情况					
在实现产品创新企业中,以下列形式进行开发的企业占比					
本企业独立开发或与集团内企业合作开发	%	86.8	84.5	80.1	81.4
本企业与境内其他企业合作开发	%	9.1	8.9	12.5	11.6
本企业与境内研究机构或高等学校合作开发	%	6.4	7.5	9.2	9.8
本企业与境外企业或机构合作开发	%	1.6	1.0	1.2	1.6
在其他单位开发的基础上调整或改进，或委托其他企业或机构开发	%	7.2	7.1	10.1	7.5
其他	%	6.1	7.4	9.0	8.4
(三)工艺创新开发情况					
在实现工艺创新企业中,以下列形式进行开发的企业占比					

1-1 续表 3

指 标	单位	1.东部地区	2.中部地区	3.西部地区	4.东北地区
本企业独立开发或与集团内企业合作开发	%	77.8	74.7	67.6	71.4
本企业与境内其他企业合作开发	%	11.3	11.0	14.1	13.2
本企业与境内研究机构或高等学校合作开发	%	5.8	7.4	7.8	8.0
本企业与境外企业或机构合作开发	%	1.3	1.0	1.2	1.2
在其他单位开发的基础上调整或改进，或委托其他企业或机构开发	%	12.8	12.7	17.1	14.3
其他	%	8.7	10.6	13.3	11.1
(四)新产品情况					
在实现产品创新企业中有市场新产品的企业占比	%	56.1	53.5	54.6	59.7
新产品销售收入	亿元	352731.3	103524.7	55962.7	9400.2
新产品销售收入占营业收入的比重	%	17.4	21.7	12.0	8.3
1.仅市场新的产品	%	6.3	7.1	3.9	2.8
2.仅本企业新的产品	%	11.1	14.6	8.1	5.5
四、产品或工艺创新活动类型及创新费用情况					
(一)产品或工艺创新活动类型					
在开展产品或工艺创新活动企业中，有下列活动形式的企业占比					
内部研发	%	47.9	49.7	44.3	46.4
外部研发	%	7.2	6.3	8.3	9.3
获得机器设备和软件	%	73.2	66.4	54.8	49.1
从外部获取相关技术	%	3.1	2.6	4.0	3.2
相关培训	%	29.9	29.2	36.2	33.1
市场推介	%	13.8	11.7	15.2	13.7
相关设计	%	15.3	12.6	14.4	12.7
其他创新活动	%	20.1	17.1	22.5	24.2
(二)企业创新费用支出情况③					
创新费用支出合计	亿元	29305.6	7370.2	4943.5	1169.3
1.内部研发经费支出	亿元	17009.7	4876.2	2879.5	674.4
所占比重	%	58.0	66.2	58.2	57.7
2.外部研发经费支出	亿元	1583.6	254.8	245.9	57.4
所占比重	%	5.4	3.5	5.0	4.9
3.获得机器设备和软件经费支出	亿元	10014.0	2142.7	1713.5	416.7
所占比重	%	34.2	29.1	34.7	35.6
4.从外部获取相关技术经费支出	亿元	698.3	96.5	104.6	20.8
所占比重	%	2.4	1.3	2.1	1.8
五、组织和营销创新情况					
在规模(限额)以上企业中，					
实现组织或营销创新企业数	个	176952	66383	42115	7992
#实现组织创新企业	个	132900	51516	32937	6032
#实现营销创新企业	个	126838	48414	27733	5236
实现组织或营销创新企业占比	%	25.6	27.8	24.9	19.3
#实现组织创新企业占比	%	19.2	21.6	19.5	14.6
#实现营销创新企业占比	%	18.3	20.3	16.4	12.6
#同时实现组织和营销创新企业占比	%	12.0	14.1	11.0	7.9
#仅实现组织创新企业占比	%	7.2	7.5	8.5	6.7
#仅实现营销创新企业占比	%	6.4	6.2	5.4	4.7

1-2 规模(限额)以上企业创新相关情况

指　标	单位	合计	#工业	1.东部地区	2.中部地区	3.西部地区	4.东北地区
一、创新信息来源情况							
在开展创新活动企业中,下列信息对创新影响较大的企业占比							
企业内部信息或企业集团内部信息	%	34.7	35.2	34.9	33.6	35.0	35.7
来自高等学校或研究机构的信息	%	9.0	9.9	8.5	10.0	9.4	11.6
来自政府部门或行业协会的信息	%	23.0	20.2	21.8	23.3	27.9	26.6
来自设备、原材料、组件或软件供应商的信息	%	19.7	21.9	19.5	20.0	20.6	17.1
来自客户或消费者的信息	%	40.6	41.2	42.2	37.4	38.8	37.2
来自竞争对手、同行业其他企业的信息	%	27.0	25.8	27.7	24.6	28.7	23.5
来自咨询顾问、市场分析及中介机构的信息	%	9.1	7.7	9.2	8.4	9.8	8.6
来自商品交易会、展览会的信息，或来自文献、期刊、出版物的信息或互联网媒体的信息	%	17.4	18.8	19.1	14.3	14.9	17.2
其他	%	3.5	2.9	3.1	3.8	4.5	4.1
二、创新合作情况							
(一)创新合作开展情况							
开展创新合作的企业数	个	269588	177356	167886	59121	35794	6787
创新合作企业占全部企业的比重	%	23.6	36.8	24.3	24.8	21.2	16.4
在创新合作企业中,与下列伙伴开展合作的企业占比							
集团内其他企业	%	35.5	34.6	35.2	35.1	37.7	37.1
高等学校	%	28.1	31.3	27.2	29.2	29.1	33.9
研究机构	%	14.8	16.8	14.2	15.4	16.2	17.7
政府部门或行业协会	%	19.9	16.6	18.6	21.1	24.1	20.6
供应商	%	37.3	41.0	38.1	36.7	36.0	32.0
客户或消费者	%	46.1	46.5	47.9	43.6	43.3	40.4
竞争对手或同行业企业	%	21.1	19.1	21.2	20.5	22.2	17.5
咨询顾问、市场分析及中介机构	%	18.2	17.3	19.0	16.8	17.9	14.2
其他合作对象	%	15.5	13.2	14.9	15.7	17.9	16.3
(二)创新合作伙伴							
在创新合作企业中,下列合作伙伴对企业创新有较大价值的企业占比							
集团内其他企业	%	31.0	30.3	30.6	30.8	32.9	32.8
高等学校	%	24.0	27.0	23.1	25.4	24.8	30.0
研究机构	%	11.9	13.8	11.3	12.6	13.1	14.9
政府部门或行业协会	%	16.8	13.6	15.4	18.1	20.7	17.4
供应商	%	31.7	35.1	32.4	31.3	30.1	26.6
客户或消费者	%	42.2	42.7	44.0	39.6	38.9	35.9
竞争对手或同行业企业	%	16.8	15.1	17.0	16.2	17.7	13.4
咨询顾问、市场分析及中介机构	%	13.8	12.9	14.5	12.5	13.2	10.4
其他合作对象	%	11.8	9.9	11.3	12.0	13.9	12.5
(三)产学研合作形式							
开展产学研合作的企业数	个	88748	65802	53686	20267	12140	2655
在创新合作企业中产学研合作企业占比	%	32.9	37.1	32.0	34.3	33.9	39.1
在产学研合作企业中,以下列为主要合作形式的企业占比							
建立或参与创新联合体	%	20.7	18.9	20.0	21.3	22.2	23.8
合作共同完成科研项目	%	66.2	67.3	66.9	63.1	68.2	67.8
合作建立研发机构	%	18.0	18.5	17.5	20.3	16.3	16.9
开展联合人才培养	%	34.6	32.8	33.2	36.7	37.2	34.1

1-2　续表

指　标	单位	合计	#工业	1.东部地区	2.中部地区	3.西部地区	4.东北地区
聘用高校或研究机构人员到企业兼职	%	18.8	19.2	17.6	22.0	19.1	15.6
转化或实施知识产权产品或其他科研成果	%	16.7	16.8	17.1	15.7	16.7	15.5
使用科研场所或设备	%	10.6	10.9	10.6	10.4	10.9	10.1
使用检验检测等科研辅助服务	%	15.0	16.2	15.3	14.1	15.1	15.5
其他形式	%	12.6	12.1	12.5	12.4	13.6	11.2
三、创新阻碍因素情况							
在规模(限额)以上企业中，下列各项是创新主要阻碍因素的企业占比							
缺乏内部资金	%	10.2	11.1	9.8	10.8	11.5	9.0
缺乏风险投资	%	6.6	7.4	6.4	7.4	6.5	5.3
缺乏银行贷款	%	6.9	8.3	6.0	8.2	9.0	7.2
创新成本过高	%	22.3	30.1	22.9	22.4	20.9	16.4
缺乏人才或人才流失	%	25.8	35.3	25.8	26.8	25.7	20.3
缺乏技术信息	%	16.6	23.0	16.6	17.1	16.7	12.9
缺乏市场信息	%	10.3	11.8	10.2	10.3	11.1	9.3
难以找到创新合作伙伴	%	5.8	6.4	5.9	5.8	5.8	5.1
市场已被占领	%	3.2	3.1	3.2	2.9	3.5	3.1
不能确定市场需求	%	11.9	15.1	12.5	11.0	11.2	9.1
创新成果易被低成本模仿	%	4.8	7.9	5.5	4.1	3.4	2.7
没有创新的必要	%	12.4	7.7	12.3	11.6	13.9	14.4
四、知识产权及相关情况							
(一)采取知识产权保护或相关措施情况							
采取了知识产权保护或相关措施的企业数	个	484277	300551	303346	105456	61542	13933
采取了知识产权保护或相关措施的企业占全部企业的比重	%	42.5	62.4	43.9	44.2	36.4	33.7
在规模(限额)以上企业中，采取下列知识产权保护或相关措施的企业占比							
申请了发明专利	%	8.7	17.1	9.8	8.6	5.7	4.7
申请了实用新型或外观设计专利	%	11.8	24.7	13.2	11.6	7.5	7.3
申请了注册商标	%	8.7	13.3	9.4	8.2	7.1	6.0
进行了版权登记	%	2.9	3.1	3.4	2.3	2.4	2.0
形成了国家或行业技术标准	%	4.4	7.0	4.5	4.1	4.3	3.9
对技术秘密进行内部保护	%	9.0	15.2	9.5	9.0	7.8	6.9
应用了难以复制的复杂技术	%	2.1	3.4	2.1	2.4	1.9	1.7
发挥了时间上的先发优势	%	13.2	13.8	12.8	14.9	12.7	11.3
(二)专利情况							
年末拥有有效发明专利数	件	3015547	2225626	2286515	415952	240679	72401
五、未来创新战略目标制定情况							
制定创新战略目标的企业数	个	420882	245166	258413	91374	58366	12729
制定创新战略目标企业占规模(限额)以上企业的比重	%	36.9	50.9	37.4	38.3	34.5	30.7
在制定创新战略目标企业中,制定下列目标的企业占比							
保持本领域的国际领先地位	%	4.7	5.4	5.2	3.7	3.8	5.2
赶超同行业国际领先企业	%	5.6	6.6	6.2	4.8	4.6	5.4
赶超同行业国内领先企业	%	19.1	20.2	19.6	18.6	17.7	19.4
增加创新投入，提升企业竞争力	%	47.1	50.2	46.6	48.8	47.4	42.5
保持现有的技术水平和生产经营状况	%	19.3	15.0	18.5	19.5	21.5	22.5
其他目标	%	4.2	2.5	3.9	4.6	5.1	5.1

1-3 规模(限额)以上企业企业家对创新的认识及相关情况

指 标	单位	合计	#工业	1.东部地区	2.中部地区	3.西部地区	4.东北地区
一、企业家对创新的总体认识							
在企业家中,认为创新对企业的生存和发展							
起了重要作用的人员占比	%	36.9	39.5	39.1	35.6	36.3	33.6
起了一定作用的人员占比	%	53.6	51.8	52.2	55.6	53.7	53.3
不起作用的人员占比	%	9.5	8.7	8.6	8.8	10.0	13.1
二、创新成功影响因素情况							
在企业家中,认为下列各项因素对创新成功影响程度							
较大的企业家占比							
有创新精神的企业家	%	41.5	42.4	43.5	42.7	39.0	39.1
充足的经费支持	%	41.6	43.1	42.4	41.8	41.4	38.5
高素质的人才	%	49.1	49.5	50.9	49.2	47.0	49.1
员工对企业的认同感	%	28.6	27.4	26.4	28.5	30.6	31.5
企业内部的激励措施	%	21.4	20.2	19.8	21.2	23.5	20.5
有效的技术战略或计划	%	28.5	29.0	30.8	25.9	28.7	24.4
畅通的信息渠道	%	13.8	12.7	13.2	13.4	14.7	14.9
可信赖的创新合作伙伴	%	11.4	10.9	11.9	10.4	11.5	11.1
优惠政策的扶持	%	26.8	26.6	25.4	25.9	28.6	28.5
三、创新激励措施及效果情况							
在企业家中,认为下列措施对激励创新效果							
明显的企业家占比							
股权、期权、分红	%	18.5	18.8	20.3	20.8	15.6	14.7
提高工资待遇或奖金	%	53.0	54.9	55.5	56.4	48.8	48.3
协助解决落户、住房、子女就学等需求	%	20.1	21.5	24.3	21.8	15.7	13.4
职位晋升机会	%	45.1	46.1	47.9	47.0	41.8	39.8
培训或深造机会	%	37.5	38.5	38.6	39.3	35.8	34.5
四、政策对创新的影响情况							
在企业家中,认为下列政策效果明显的企业家占比							
企业研发费用加计扣除税收优惠政策	%	35.9	42.0	40.6	40.3	29.3	28.0
高新技术企业所得税优惠政策	%	29.1	33.8	33.2	33.1	22.9	24.3
企业研发活动专用仪器设备加速折旧政策	%	19.5	24.1	19.7	25.2	16.1	16.1
技术转让、技术开发收入免征增值税和技术转让减免所得税优惠政策	%	13.5	15.3	13.2	17.8	11.5	10.9
鼓励企业吸引和培养人才的相关政策	%	20.7	22.5	21.8	24.5	17.5	17.1
金融支持相关政策	%	21.7	25.3	20.4	28.0	20.1	15.9
创造和保护知识产权的相关政策	%	23.1	27.1	25.2	27.3	19.4	17.1

注：从2021年起，企业家问卷由全面调查改为抽样调查。

二、规模（限额）以上企业创新活动总体情况（2023 年）

2-1 规模(限额)以上企业

项 目	企业数(个)	开展创新活动企业数(个)	#实现创新企业	#同时实现四种创新企业	#既实现产品或工艺创新，也实现组织或营销创新的企业
总 计	**1140611**	**468718**	**436176**	**70905**	**187521**
一、按规模分①					
大型企业	23874	17336	16303	3791	9317
中型企业	152497	72197	67999	12273	31302
小型企业	736634	334230	309781	50205	134687
微型企业	227606	44955	42093	4636	12215
二、按登记注册类型分					
内资企业	1077899	436307	406339	66170	174199
#有限责任公司	1013587	400702	373020	58700	156935
股份有限公司	34002	27374	25642	6569	14849
非公司企业法人	7530	2226	2030	226	692
个人独资企业	19939	5206	4908	588	1469
合伙企业	2784	789	733	86	252
港澳台商投资企业	30683	15858	14665	2475	6688
港澳台投资有限责任公司	28574	14344	13251	2123	5887
港澳台投资股份有限公司	1146	959	902	254	547
港澳台投资合伙企业	431	226	204	39	109
其他港澳台投资企业	532	329	308	59	145
外商投资企业	32029	16553	15172	2260	6634
外商投资有限责任公司	29961	15144	13862	1945	5904
外商投资股份有限公司	1004	868	821	248	527
外商投资合伙企业	457	253	220	27	85
其他外商投资企业	607	288	269	40	118
三、按行业分					
采矿业	12005	4232	3785	208	1203
制造业	448930	300949	279458	52162	136616
电力、热力、燃气及水生产和供应业	20398	7180	6181	193	1715
建筑业	75373	20756	19644	1989	6598
批发和零售业	411630	71394	70265	7578	17441
交通运输、仓储和邮政业	44934	8240	7780	679	2162
信息传输、软件和信息技术服务业	31011	23181	20021	4398	10914
租赁和商务服务业	58816	12493	11595	1143	3160
科学研究和技术服务业	31230	18055	15448	2357	7083
水利、环境和公共设施管理业	6273	2235	1996	198	629

注：①按规模分小型企业和微型企业仅包括规模(限额)以上小型企业和微型企业。以下各表同。

创新活动总体情况

		在全部企业中占比(%)							
#实现产品或工艺创新，未实现组织或营销创新的企业	#实现组织或营销创新，未实现产品或工艺创新的企业	开展创新活动企业	实现创新企业	同时实现四种创新企业	既实现产品或工艺创新，也实现组织或营销创新的企业	实现产品或工艺创新，未实现组织或营销创新的企业	实现组织或营销创新，未实现产品或工艺创新的企业		
142734	**105921**	**41.1**	**38.2**	**6.2**	**16.4**	**12.5**	**9.3**
4608	2378	72.6	68.3	15.9	39.0	19.3	10.0
17925	18772	47.3	44.6	8.0	20.5	11.8	12.3
109760	65334	45.4	42.1	6.8	18.3	14.9	8.9
10441	19437	19.8	18.5	2.0	5.4	4.6	8.5
131039	101101	40.5	37.7	6.1	16.2	12.2	9.4
120120	95965	39.5	36.8	5.8	15.5	11.9	9.5
8348	2445	80.5	75.4	19.3	43.7	24.6	7.2
663	675	29.6	27.0	3.0	9.2	8.8	9.0
1641	1798	26.1	24.6	2.9	7.4	8.2	9.0
264	217	28.3	26.3	3.1	9.1	9.5	7.8
5498	2479	51.7	47.8	8.1	21.8	17.9	8.1
5057	2307	50.2	46.4	7.4	20.6	17.7	8.1
280	75	83.7	78.7	22.2	47.7	24.4	6.5
64	31	52.4	47.3	9.0	25.3	14.8	7.2
97	66	61.8	57.9	11.1	27.3	18.2	12.4
6197	2341	51.7	47.4	7.1	20.7	19.3	7.3
5797	2161	50.5	46.3	6.5	19.7	19.3	7.2
236	58	86.5	81.8	24.7	52.5	23.5	5.8
96	39	55.4	48.1	5.9	18.6	21.0	8.5
68	83	47.4	44.3	6.6	19.4	11.2	13.7
1688	894	35.3	31.5	1.7	10.0	14.1	7.4
114319	28523	67.0	62.3	11.6	30.4	25.5	6.4
2666	1800	35.2	30.3	0.9	8.4	13.1	8.8
4142	8904	27.5	26.1	2.6	8.8	5.5	11.8
5194	47630	17.3	17.1	1.8	4.2	1.3	11.6
1325	4293	18.3	17.3	1.5	4.8	2.9	9.6
5990	3117	74.8	64.6	14.2	35.2	19.3	10.1
1699	6736	21.2	19.7	1.9	5.4	2.9	11.5
5221	3144	57.8	49.5	7.5	22.7	16.7	10.1
490	877	35.6	31.8	3.2	10.0	7.8	14.0

2-1　续表

项　　目	企业数（个）	开展创新活动企业数（个）	#实现创新企业	#同时实现四种创新企业	#既实现产品或工艺创新，也实现组织或营销创新的企业
四、按地区分					
东部地区	691695	293771	274049	45530	119313
中部地区	238464	103108	95618	16941	42205
西部地区	169050	59709	55514	7106	21775
东北地区	41402	12130	10995	1328	4228
北　京	31801	13125	10895	1470	4598
天　津	22131	5869	5386	784	2300
河　北	31804	12441	11635	1992	5087
山　西	19657	5062	4935	478	1753
内蒙古	9054	2606	2346	197	783
辽　宁	22603	6457	5775	740	2311
吉　林	8011	2318	2098	255	832
黑龙江	10788	3355	3122	333	1085
上　海	40873	15544	14392	2177	6221
江　苏	144826	61133	58044	8515	23697
浙　江	108153	56192	52727	8986	23570
安　徽	42423	21559	20485	4017	9840
福　建	53746	19046	17876	2559	6848
江　西	36331	14056	13551	2669	5987
山　东	95646	43791	42808	8027	18336
河　南	53421	20331	19188	2286	7179
湖　北	46572	20250	18369	3361	8172
湖　南	40060	21850	19090	4130	9274
广　东	158797	65554	59301	10943	28347
广　西	20080	5544	5111	595	1835
海　南	3918	1076	985	77	309
重　庆	19648	8351	7579	1428	3478
四　川	43716	17188	16170	2018	6300
贵　州	12699	4639	4372	457	1586
云　南	15361	5142	4722	623	1855
西　藏	980	325	295	40	98
陕　西	21709	8013	7535	1061	3198
甘　肃	7309	2773	2558	292	945
青　海	1700	520	475	49	186
宁　夏	3123	1391	1356	147	598
新　疆	13671	3217	2995	199	913

		在全部企业中占比(%)					
#实现产品或工艺创新，未实现组织或营销创新的企业	#实现组织或营销创新，未实现产品或工艺创新的企业	开展创新活动企业	实现创新企业	同时实现四种创新企业	既实现产品或工艺创新，也实现组织或营销创新的企业	实现产品或工艺创新，未实现组织或营销创新的企业	实现组织或营销创新，未实现产品或工艺创新的企业
97097	57639	42.5	39.6	6.6	17.2	14.0	8.3
29235	24178	43.2	40.1	7.1	17.7	12.3	10.1
13399	20340	35.3	32.8	4.2	12.9	7.9	12.0
3003	3764	29.3	26.6	3.2	10.2	7.3	9.1
3118	3179	41.3	34.3	4.6	14.5	9.8	10.0
1518	1568	26.5	24.3	3.5	10.4	6.9	7.1
3820	2728	39.1	36.6	6.3	16.0	12.0	8.6
1598	1584	25.8	25.1	2.4	8.9	8.1	8.1
595	968	28.8	25.9	2.2	8.6	6.6	10.7
1935	1529	28.6	25.6	3.3	10.2	8.6	6.8
516	750	28.9	26.2	3.2	10.4	6.4	9.4
552	1485	31.1	28.9	3.1	10.1	5.1	13.8
4417	3754	38.0	35.2	5.3	15.2	10.8	9.2
22214	12133	42.2	40.1	5.9	16.4	15.3	8.4
22828	6329	52.0	48.8	8.3	21.8	21.1	5.9
6098	4547	50.8	48.3	9.5	23.2	14.4	10.7
5277	5751	35.4	33.3	4.8	12.7	9.8	10.7
4526	3038	38.7	37.3	7.3	16.5	12.5	8.4
15569	8903	45.8	44.8	8.4	19.2	16.3	9.3
4986	7023	38.1	35.9	4.3	13.4	9.3	13.1
5506	4691	43.5	39.4	7.2	17.5	11.8	10.1
6521	3295	54.5	47.7	10.3	23.2	16.3	8.2
18144	12810	41.3	37.3	6.9	17.9	11.4	8.1
1311	1965	27.6	25.5	3.0	9.1	6.5	9.8
192	484	27.5	25.1	2.0	7.9	4.9	12.4
2116	1985	42.5	38.6	7.3	17.7	10.8	10.1
4099	5771	39.3	37.0	4.6	14.4	9.4	13.2
926	1860	36.5	34.4	3.6	12.5	7.3	14.6
919	1948	33.5	30.7	4.1	12.1	6.0	12.7
30	167	33.2	30.1	4.1	10.0	3.1	17.0
1672	2665	36.9	34.7	4.9	14.7	7.7	12.3
541	1072	37.9	35.0	4.0	12.9	7.4	14.7
86	203	30.6	27.9	2.9	10.9	5.1	11.9
446	312	44.5	43.4	4.7	19.1	14.3	10.0
658	1424	23.5	21.9	1.5	6.7	4.8	10.4

2–2　规模以上工业企业

项　　目	企业数（个）	开展创新活动企业数（个）	#实现创新企　业	#同时实现四种创新企　业	#既实现产品或工艺创新，也实现组织或营销创新的企业
总　计	**481332**	**312361**	**289424**	**52563**	**139534**
一、按规模分					
大型企业	8185	7460	7169	2129	4608
中型企业	37561	30889	29414	7301	17049
小型企业	382177	252211	233229	41037	110968
微型企业	53409	21801	19612	2096	6909
二、按登记注册类型分					
内资企业	440703	286963	265980	48753	128692
#有限责任公司	406363	261410	241915	42888	115392
股份有限公司	22716	20502	19459	5307	11674
非公司企业法人	2094	997	882	112	341
个人独资企业	8223	3458	3182	388	1086
合伙企业	1263	587	537	57	198
港澳台商投资企业	19504	12204	11317	1963	5373
港澳台投资有限责任公司	18171	11149	10332	1707	4798
港澳台投资股份有限公司	852	760	718	208	445
港澳台投资合伙企业	284	171	154	27	82
其他港澳台投资企业	197	124	113	21	48
外商投资企业	21125	13194	12127	1847	5469
外商投资有限责任公司	19874	12200	11196	1607	4909
外商投资股份有限公司	715	662	636	202	429
外商投资合伙企业	324	205	179	22	73
其他外商投资企业	212	127	116	16	58
三、按行业分					
采矿业	**12005**	**4232**	**3785**	**208**	**1203**
煤炭开采和洗选业	4840	1416	1302	29	390
石油和天然气开采业	162	98	88		32
黑色金属矿采选业	1496	497	450	36	169
有色金属矿采选业	1262	588	512	25	164
非金属矿采选业	3855	1469	1294	110	389
开采专业及辅助性活动	379	158	134	8	56
其他采矿业	11	6	5		3

创新活动总体情况

		在全部企业中占比(%)					
#实现产品或工艺创新，未实现组织或营销创新的企业	#实现组织或营销创新，未实现产品或工艺创新的企业	开展创新活动企业	实现创新企业	同时实现四种创新企业	既实现产品或工艺创新，也实现组织或营销创新的企业	实现产品或工艺创新，未实现组织或营销创新的企业	实现组织或营销创新，未实现产品或工艺创新的企业
118673	**31217**	**64.9**	**60.1**	**10.9**	**29.0**	**24.7**	**6.5**
2287	274	91.1	87.6	26.0	56.3	27.9	3.3
10596	1769	82.2	78.3	19.4	45.4	28.2	4.7
97374	24887	66.0	61.0	10.7	29.0	25.5	6.5
8416	4287	40.8	36.7	3.9	12.9	15.8	8.0
108399	28889	65.1	60.4	11.1	29.2	24.6	6.6
99397	27126	64.3	59.5	10.6	28.4	24.5	6.7
6812	973	90.3	85.7	23.4	51.4	30.0	4.3
406	135	47.6	42.1	5.3	16.3	19.4	6.4
1531	565	42.1	38.7	4.7	13.2	18.6	6.9
250	89	46.5	42.5	4.5	15.7	19.8	7.0
4802	1142	62.6	58.0	10.1	27.5	24.6	5.9
4453	1081	61.4	56.9	9.4	26.4	24.5	5.9
238	35	89.2	84.3	24.4	52.2	27.9	4.1
59	13	60.2	54.2	9.5	28.9	20.8	4.6
52	13	62.9	57.4	10.7	24.4	26.4	6.6
5472	1186	62.5	57.4	8.7	25.9	25.9	5.6
5159	1128	61.4	56.3	8.1	24.7	26.0	5.7
187	20	92.6	89.0	28.3	60.0	26.2	2.8
84	22	63.3	55.2	6.8	22.5	25.9	6.8
42	16	59.9	54.7	7.5	27.4	19.8	7.5
1688	**894**	**35.3**	**31.5**	**1.7**	**10.0**	**14.1**	**7.4**
610	302	29.3	26.9	0.6	8.1	12.6	6.2
39	17	60.5	54.3		19.8	24.1	10.5
205	76	33.2	30.1	2.4	11.3	13.7	5.1
231	117	46.6	40.6	2.0	13.0	18.3	9.3
557	348	38.1	33.6	2.9	10.1	14.4	9.0
45	33	41.7	35.4	2.1	14.8	11.9	8.7
1	1	54.5	45.5		27.3	9.1	9.1

2-2 续表 1

项 目	企业数(个)	开展创新活动企业数(个)	#实现创新企业	#同时实现四种创新企业	#既实现产品或工艺创新，也实现组织或营销创新的企业
制造业	**448929**	**300949**	**279458**	**52162**	**136616**
农副食品加工业	24755	14285	13322	2237	6343
食品制造业	9826	6905	6484	1325	3713
酒、饮料和精制茶制造业	5646	3744	3497	645	1869
烟草制品业	184	165	150	48	97
纺织业	20260	12245	11536	1654	4481
纺织服装、服饰业	12755	5797	5408	715	2101
皮革、毛皮、羽毛及其制品和制鞋业	8206	4668	4260	542	1588
木材加工和木、竹、藤、棕、草制品业	12414	5763	5354	873	2080
家具制造业	7057	4340	4044	790	1920
造纸和纸制品业	7630	4434	4111	708	1950
印刷和记录媒介复制业	6612	4130	3848	643	1854
文教、工美、体育和娱乐用品制造业	10124	6240	5863	1097	2786
石油、煤炭及其他燃料加工业	2236	1288	1186	166	538
化学原料和化学制品制造业	24975	18375	16974	3125	8534
医药制造业	9408	7990	7243	1458	4179
化学纤维制造业	2321	1645	1527	263	685
橡胶和塑料制品业	26014	17198	15940	2851	7357
非金属矿物制品业	47906	25427	23179	3232	9452
黑色金属冶炼和压延加工业	6060	3199	2970	473	1262
有色金属冶炼和压延加工业	9676	6007	5546	833	2418
金属制品业	35266	22219	20540	3512	9179
通用设备制造业	34397	26886	25160	5168	12898
专用设备制造业	26691	21850	20419	4372	10999
汽车制造业	18502	13910	12921	2490	6319
铁路、船舶、航空航天和其他运输设备制造业	5832	4339	4041	724	2012
电气机械和器材制造业	33820	25801	24115	5407	13098
计算机、通信和其他电子设备制造业	27008	22264	20702	4898	11967
仪器仪表制造业	6964	6129	5733	1446	3426
其他制造业	2122	1445	1350	251	675
废弃资源综合利用业	3465	1814	1634	188	669
金属制品、机械和设备修理业	797	447	401	28	167
电力、热力、燃气及水生产和供应业	**20398**	**7180**	**6181**	**193**	**1715**
电力、热力生产和供应业	12805	4431	3795	99	1047
燃气生产和供应业	3819	1273	1149	44	306
水的生产和供应业	3774	1476	1237	50	362

		在全部企业中占比(%)					
#实现产品或工艺创新，未实现组织或营销创新的企业	#实现组织或营销创新，未实现产品或工艺创新的企业	开展创新活动企业	实现创新企业	同时实现四种创新企业	既实现产品或工艺创新，也实现组织或营销创新的企业	实现产品或工艺创新，未实现组织或营销创新的企业	实现组织或营销创新，未实现产品或工艺创新的企业
114319	**28523**	**67.0**	**62.3**	**11.6**	**30.4**	**25.5**	**6.4**
4336	2643	57.7	53.8	9.0	25.6	17.5	10.7
1757	1014	70.3	66.0	13.5	37.8	17.9	10.3
875	753	66.3	61.9	11.4	33.1	15.5	13.3
39	14	89.7	81.5	26.1	52.7	21.2	7.6
5834	1221	60.4	56.9	8.2	22.1	28.8	6.0
2433	874	45.4	42.4	5.6	16.5	19.1	6.9
2179	493	56.9	51.9	6.6	19.4	26.6	6.0
2413	861	46.4	43.1	7.0	16.8	19.4	6.9
1635	489	61.5	57.3	11.2	27.2	23.2	6.9
1607	554	58.1	53.9	9.3	25.6	21.1	7.3
1571	423	62.5	58.2	9.7	28.0	23.8	6.4
2345	732	61.6	57.9	10.8	27.5	23.2	7.2
478	170	57.6	53.0	7.4	24.1	21.4	7.6
6960	1480	73.6	68.0	12.5	34.2	27.9	5.9
2333	731	84.9	77.0	15.5	44.4	24.8	7.8
739	103	70.9	65.8	11.3	29.5	31.8	4.4
7052	1531	66.1	61.3	11.0	28.3	27.1	5.9
10261	3466	53.1	48.4	6.7	19.7	21.4	7.2
1329	379	52.8	49.0	7.8	20.8	21.9	6.3
2600	528	62.1	57.3	8.6	25.0	26.9	5.5
9313	2048	63.0	58.2	10.0	26.0	26.4	5.8
10681	1581	78.2	73.1	15.0	37.5	31.1	4.6
8077	1343	81.9	76.5	16.4	41.2	30.3	5.0
5746	856	75.2	69.8	13.5	34.2	31.1	4.6
1732	297	74.4	69.3	12.4	34.5	29.7	5.1
9254	1763	76.3	71.3	16.0	38.7	27.4	5.2
7365	1370	82.4	76.7	18.1	44.3	27.3	5.1
1994	313	88.0	82.3	20.8	49.2	28.6	4.5
513	162	68.1	63.6	11.8	31.8	24.2	7.6
701	264	52.4	47.2	5.4	19.3	20.2	7.6
167	67	56.1	50.3	3.5	21.0	21.0	8.4
2666	**1800**	**35.2**	**30.3**	**0.9**	**8.4**	**13.1**	**8.8**
1703	1045	34.6	29.6	0.8	8.2	13.3	8.2
402	441	33.3	30.1	1.2	8.0	10.5	11.5
561	314	39.1	32.8	1.3	9.6	14.9	8.3

2–2 续表 2

项 目	企业数（个）	开展创新活动企业数（个）	#实现创新企业	#同时实现四种创新企业	#既实现产品或工艺创新，也实现组织或营销创新的企业
四、按地区分					
东部地区	289014	198164	185290	34050	89043
中部地区	109980	72380	66096	13069	32760
西部地区	65560	34198	31237	4584	14727
东北地区	16778	7619	6801	860	3004
北 京	3017	2334	2053	304	1025
天 津	5756	3036	2782	474	1401
河 北	17778	9567	8926	1720	4357
山 西	8037	2930	2846	266	1150
内蒙古	3744	1534	1320	113	535
辽 宁	9122	4307	3824	497	1696
吉 林	3149	1376	1211	151	559
黑龙江	4507	1936	1766	212	749
上 海	9148	5915	5359	898	2743
江 苏	66130	44775	42432	6366	18676
浙 江	56451	45377	42637	7829	20145
安 徽	22160	15450	14576	3233	7873
福 建	20427	11423	10506	1762	4801
江 西	17167	10195	9856	2151	4838
山 东	38896	30408	29699	6532	14485
河 南	23723	13323	12359	1541	5290
湖 北	18733	13575	12030	2491	6019
湖 南	20160	16907	14429	3387	7590
广 东	70724	44968	40587	8139	21271
广 西	8982	3280	2951	391	1252
海 南	687	361	309	26	139
重 庆	7274	5293	4764	1031	2532
四 川	18070	9985	9295	1322	4289
贵 州	4818	2610	2394	262	1057
云 南	5137	2651	2354	359	1158
西 藏	190	81	66	6	21
陕 西	7786	4350	4063	729	2146
甘 肃	2810	1504	1347	166	616
青 海	626	250	217	15	102
宁 夏	1488	983	954	103	475
新 疆	4635	1677	1512	87	544

		在全部企业中占比(%)					
#实现产品或工艺创新，未实现组织或营销创新的企业	#实现组织或营销创新，未实现产品或工艺创新的企业	开展创新活动企业	实现创新企业	同时实现四种创新企业	既实现产品或工艺创新，也实现组织或营销创新的企业	实现产品或工艺创新，未实现组织或营销创新的企业	实现组织或营销创新，未实现产品或工艺创新的企业
80621	15626	68.6	64.1	11.8	30.8	27.9	5.4
25334	8002	65.8	60.1	11.9	29.8	23.0	7.3
10367	6143	52.2	47.6	7.0	22.5	15.8	9.4
2351	1446	45.4	40.5	5.1	17.9	14.0	8.6
815	213	77.4	68.0	10.1	34.0	27.0	7.1
1033	348	52.7	48.3	8.2	24.3	17.9	6.0
3396	1173	53.8	50.2	9.7	24.5	19.1	6.6
1249	447	36.5	35.4	3.3	14.3	15.5	5.6
481	304	41.0	35.3	3.0	14.3	12.8	8.1
1571	557	47.2	41.9	5.4	18.6	17.2	6.1
374	278	43.7	38.5	4.8	17.8	11.9	8.8
406	611	43.0	39.2	4.7	16.6	9.0	13.6
2059	557	64.7	58.6	9.8	30.0	22.5	6.1
19656	4100	67.7	64.2	9.6	28.2	29.7	6.2
20781	1711	80.4	75.5	13.9	35.7	36.8	3.0
5318	1385	69.7	65.8	14.6	35.5	24.0	6.3
4079	1626	55.9	51.4	8.6	23.5	20.0	8.0
4110	908	59.4	57.4	12.5	28.2	23.9	5.3
13715	1499	78.2	76.4	16.8	37.2	35.3	3.9
4125	2944	56.2	52.1	6.5	22.3	17.4	12.4
4778	1233	72.5	64.2	13.3	32.1	25.5	6.6
5754	1085	83.9	71.6	16.8	37.6	28.5	5.4
14990	4326	63.6	57.4	11.5	30.1	21.2	6.1
1017	682	36.5	32.9	4.4	13.9	11.3	7.6
97	73	52.5	45.0	3.8	20.2	14.1	10.6
1803	429	72.8	65.5	14.2	34.8	24.8	5.9
3106	1900	55.3	51.4	7.3	23.7	17.2	10.5
703	634	54.2	49.7	5.4	21.9	14.6	13.2
687	509	51.6	45.8	7.0	22.5	13.4	9.9
7	38	42.6	34.7	3.2	11.1	3.7	20.0
1241	676	55.9	52.2	9.4	27.6	15.9	8.7
405	326	53.5	47.9	5.9	21.9	14.4	11.6
57	58	39.9	34.7	2.4	16.3	9.1	9.3
385	94	66.1	64.1	6.9	31.9	25.9	6.3
475	493	36.2	32.6	1.9	11.7	10.2	10.6

2-3 资质等级以上建筑业

项目	企业数(个)	开展创新活动企业数(个)	#实现创新企业	#同时实现四种创新企业	#既实现产品或工艺创新，也实现组织或营销创新的企业
总计	**75387**	**20760**	**19648**	**1989**	**6598**
一、按规模分					
大型企业	3172	2581	2439	473	1472
中型企业	22536	8052	7544	742	2645
小型企业	35817	7790	7409	600	1935
微型企业	13862	2337	2256	174	546
二、按登记注册类型分					
内资企业	75073	20654	19547	1976	6555
#有限责任公司	72617	19678	18642	1839	6158
股份有限公司	1159	689	630	116	322
非公司企业法人	1195	268	256	17	67
个人独资企业	90	15	15	NA	7
合伙企业	10	4	4	NA	NA
港澳台商投资企业	200	62	59	10	24
#港澳台投资有限责任公司	181	49	46	8	20
港澳台投资股份有限公司	10	10	10	NA	NA
外商投资企业	114	44	42	NA	19
#外商投资有限责任公司	105	37	35	NA	14
外商投资股份有限公司	8	7	7	NA	5
三、按行业分					
房屋建筑业	33368	8776	8395	824	2693
土木工程建筑业	15495	5250	4925	560	1871
建筑安装业	7924	2414	2225	217	782
建筑装饰、装修和其他建筑业	18586	4316	4099	388	1252

注：NA表示企业个数小于或等于3。以下同。

企业创新活动总体情况

		在全部企业中占比(%)					
#实现产品或工艺创新，未实现组织或营销创新的企业	#实现组织或营销创新，未实现产品或工艺创新的企业	开展创新活动企业	实现创新企　业	同时实现四种创新企　业	既实现产品或工艺创新，也实现组织或营销创新的企业	实现产品或工艺创新，未实现组织或营销创新的企业	实现组织或营销创新，未实现产品或工艺创新的企业
4142	**8908**	**27.5**	**26.1**	**2.6**	**8.8**	**5.5**	**11.8**
748	219	81.4	76.9	14.9	46.4	23.6	6.9
1837	3062	35.7	33.5	3.3	11.7	8.2	13.6
1275	4199	21.7	20.7	1.7	5.4	3.6	11.7
282	1428	16.9	16.3	1.3	3.9	2.0	10.3
4115	8877	27.5	26.0	2.6	8.7	5.5	11.8
3870	8614	27.1	25.7	2.5	8.5	5.3	11.9
182	126	59.4	54.4	10.0	27.8	15.7	10.9
62	127	22.4	21.4	1.4	5.6	5.2	10.6
NA	7	16.7	16.7	3.3	7.8	1.1	7.8
	NA	40.0	40.0	10.0	10.0		30.0
18	17	31.0	29.5	5.0	12.0	9.0	8.5
11	15	27.1	25.4	4.4	11.1	6.1	8.3
5	NA	100.0	100.0	20.0	30.0	50.0	20.0
9	14	38.6	36.8	2.6	16.7	7.9	12.3
8	13	35.2	33.3	1.9	13.3	7.6	12.4
NA	NA	87.5	87.5	12.5	62.5	12.5	12.5
1631	4071	26.3	25.2	2.5	8.1	4.9	12.2
1201	1853	33.9	31.8	3.6	12.1	7.8	12.0
532	911	30.5	28.1	2.7	9.9	6.7	11.5
778	2069	23.2	22.1	2.1	6.7	4.2	11.1

2–3 续表

项　　目	企业数（个）	开展创新活动企业数（个）	#实现创新企业	#同时实现四种创新企业	#既实现产品或工艺创新，也实现组织或营销创新的企业
四、按地区分					
东部地区	36237	10311	9727	1019	3376
中部地区	18553	5559	5315	562	1798
西部地区	15691	4061	3843	335	1188
东北地区	4906	829	763	73	236
北　京	2052	646	562	59	216
天　津	2138	448	416	37	147
河　北	1807	432	413	39	123
山　西	1501	390	375	44	141
内蒙古	556	126	116	13	39
辽　宁	2374	385	343	34	107
吉　林	1117	204	196	24	66
黑龙江	1415	240	224	15	63
上　海	1578	449	427	47	156
江　苏	7102	1810	1738	163	553
浙　江	5293	1559	1467	134	545
安　徽	4540	1502	1449	141	472
福　建	3749	981	933	100	279
江　西	2267	634	591	75	214
山　东	6536	2113	2052	247	718
河　南	5082	1413	1373	121	399
湖　北	3368	937	889	109	324
湖　南	1795	683	638	72	248
广　东	5818	1813	1662	190	618
广　西	1071	288	277	28	85
海　南	164	60	57	NA	21
重　庆	1554	383	354	46	129
四　川	4125	1096	1042	86	289
贵　州	1373	361	352	32	106
云　南	1697	413	377	27	112
西　藏	181	42	42	NA	11
陕　西	2687	726	691	51	223
甘　肃	947	281	264	23	89
青　海	221	62	58	8	20
宁　夏	375	84	81	NA	19
新　疆	904	199	189	15	66

		在全部企业中占比(%)					
#实现产品或工艺创新，未实现组织或营销创新的企业	#实现组织或营销创新，未实现产品或工艺创新的企业	开展创新活动企业	实现创新企 业	同时实现四种创新企 业	既实现产品或工艺创新，也实现组织或营销创新的企业	实现产品或工艺创新，未实现组织或营销创新的企业	实现组织或营销创新，未实现产品或工艺创新的企业
2308	4043	28.5	26.8	2.8	9.3	6.4	11.2
1021	2496	30.0	28.6	3.0	9.7	5.5	13.5
666	1989	25.9	24.5	2.1	7.6	4.2	12.7
147	380	16.9	15.6	1.5	4.8	3.0	7.7
173	173	31.5	27.4	2.9	10.5	8.4	8.4
84	185	21.0	19.5	1.7	6.9	3.9	8.7
85	205	23.9	22.9	2.2	6.8	4.7	11.3
74	160	26.0	25.0	2.9	9.4	4.9	10.7
27	50	22.7	20.9	2.3	7.0	4.9	9.0
79	157	16.2	14.4	1.4	4.5	3.3	6.6
35	95	18.3	17.5	2.1	5.9	3.1	8.5
33	128	17.0	15.8	1.1	4.5	2.3	9.0
129	142	28.5	27.1	3.0	9.9	8.2	9.0
333	852	25.5	24.5	2.3	7.8	4.7	12.0
435	487	29.5	27.7	2.5	10.3	8.2	9.2
258	719	33.1	31.9	3.1	10.4	5.7	15.8
196	458	26.2	24.9	2.7	7.4	5.2	12.2
134	243	28.0	26.1	3.3	9.4	5.9	10.7
429	905	32.3	31.4	3.8	11.0	6.6	13.8
224	750	27.8	27.0	2.4	7.9	4.4	14.8
139	426	27.8	26.4	3.2	9.6	4.1	12.6
192	198	38.1	35.5	4.0	13.8	10.7	11.0
436	608	31.2	28.6	3.3	10.6	7.5	10.5
51	141	26.9	25.9	2.6	7.9	4.8	13.2
8	28	36.6	34.8	1.8	12.8	4.9	17.1
64	161	24.6	22.8	3.0	8.3	4.1	10.4
187	566	26.6	25.3	2.1	7.0	4.5	13.7
45	201	26.3	25.6	2.3	7.7	3.3	14.6
53	212	24.3	22.2	1.6	6.6	3.1	12.5
7	24	23.2	23.2	1.7	6.1	3.9	13.3
128	340	27.0	25.7	1.9	8.3	4.8	12.7
44	131	29.7	27.9	2.4	9.4	4.6	13.8
8	30	28.1	26.2	3.6	9.1	3.6	13.6
14	48	22.4	21.6	0.8	5.1	3.7	12.8
38	85	22.0	20.9	1.7	7.3	4.2	9.4

2–4 规模(限额)以上服务业

项　　目	企业数（个）	开展创新活动企业数（个）	#实现创新企　　业	#同时实现四种创新企　　业	#既实现产品或工艺创新，也实现组织或营销创新的企业
总　计	**583892**	**135597**	**127104**	**16353**	**41389**
一、按规模分					
大型企业	12517	7295	6695	1189	3237
中型企业	92400	33256	31041	4230	11608
小型企业	318640	74229	69143	8568	21784
微型企业	160335	20817	20225	2366	4760
二、按登记注册类型分					
内资企业	562123	128690	120812	15441	38952
#有限责任公司	534607	119614	112463	13973	35385
股份有限公司	10127	6183	5553	1146	2853
非公司企业法人	4241	961	892	97	284
个人独资企业	11626	1733	1711	197	376
合伙企业	1511	198	192	28	53
港澳台商投资企业	10979	3592	3289	502	1291
港澳台投资有限责任公司	10222	3146	2873	408	1069
港澳台投资股份有限公司	284	189	174	44	99
港澳台投资合伙企业	143	54	49	12	27
其他港澳台投资企业	330	203	193	38	96
外商投资企业	10790	3315	3003	410	1146
外商投资有限责任公司	9982	2907	2631	336	981
外商投资股份有限公司	281	199	178	45	93
外商投资合伙企业	133	48	41	5	12
其他外商投资企业	394	161	153	24	60
三、按行业分					
批发和零售业	**411629**	**71394**	**70265**	**7578**	**17441**
批发业	260805	40109	39216	4257	10231
零售业	150824	31285	31049	3321	7210
交通运输、仓储和邮政业	**44934**	**8240**	**7780**	**679**	**2162**
#道路运输业	23639	4157	3951	370	1056
水上运输业	2743	553	509	31	141
航空运输业	457	164	155	13	66
管道运输业	131	59	50	5	15
多式联运和运输代理业	10392	1668	1558	137	437
装卸搬运和仓储业	5288	1135	1062	70	297
邮政业	2272	502	493	53	149
信息传输、软件和信息技术服务业	**31011**	**23181**	**20021**	**4398**	**10914**
电信、广播电视和卫星传输服务	3158	1802	1609	344	808
互联网和相关服务	6019	3826	3312	653	1672
软件和信息技术服务业	21834	17553	15100	3401	8434
租赁和商务服务业	**58816**	**12493**	**11595**	**1143**	**3160**
租赁业	4485	879	817	90	228
商务服务业	54331	11614	10778	1053	2932

企业创新活动总体情况

		在全部企业中占比(%)					
#实现产品或工艺创新，未实现组织或营销创新的企业	#实现组织或营销创新，未实现产品或工艺创新的企业	开展创新活动企业	实现创新企业	同时实现四种创新企业	既实现产品或工艺创新，也实现组织或营销创新的企业	实现产品或工艺创新，未实现组织或营销创新的企业	实现组织或营销创新，未实现产品或工艺创新的企业
19919	**65796**	**23.2**	**21.8**	**2.8**	**7.1**	**3.4**	**11.3**
1573	1885	58.3	53.5	9.5	25.9	12.6	15.1
5492	13941	36.0	33.6	4.6	12.6	5.9	15.1
11111	36248	23.3	21.7	2.7	6.8	3.5	11.4
1743	13722	13.0	12.6	1.5	3.0	1.1	8.6
18525	63335	22.9	21.5	2.7	6.9	3.3	11.3
16853	60225	22.4	21.0	2.6	6.6	3.2	11.3
1354	1346	61.1	54.8	11.3	28.2	13.4	13.3
195	413	22.7	21.0	2.3	6.7	4.6	9.7
109	1226	14.9	14.7	1.7	3.2	0.9	10.5
14	125	13.1	12.7	1.9	3.5	0.9	8.3
678	1320	32.7	30.0	4.6	11.8	6.2	12.0
593	1211	30.8	28.1	4.0	10.5	5.8	11.8
37	38	66.5	61.3	15.5	34.9	13.0	13.4
4	18	37.8	34.3	8.4	18.9	2.8	12.6
44	53	61.5	58.5	11.5	29.1	13.3	16.1
716	1141	30.7	27.8	3.8	10.6	6.6	10.6
630	1020	29.1	26.4	3.4	9.8	6.3	10.2
48	37	70.8	63.3	16.0	33.1	17.1	13.2
12	17	36.1	30.8	3.8	9.0	9.0	12.8
26	67	40.9	38.8	6.1	15.2	6.6	17.0
5194	**47630**	**17.3**	**17.1**	**1.8**	**4.2**	**1.3**	**11.6**
3636	25349	15.4	15.0	1.6	3.9	1.4	9.7
1558	22281	20.7	20.6	2.2	4.8	1.0	14.8
1325	**4293**	**18.3**	**17.3**	**1.5**	**4.8**	**2.9**	**9.6**
606	2289	17.6	16.7	1.6	4.5	2.6	9.7
119	249	20.2	18.6	1.1	5.1	4.3	9.1
27	62	35.9	33.9	2.8	14.4	5.9	13.6
21	14	45.0	38.2	3.8	11.5	16.0	10.7
246	875	16.1	15.0	1.3	4.2	2.4	8.4
260	505	21.5	20.1	1.3	5.6	4.9	9.6
46	298	22.1	21.7	2.3	6.6	2.0	13.1
5990	**3117**	**74.8**	**64.6**	**14.2**	**35.2**	**19.3**	**10.1**
401	400	57.1	51.0	10.9	25.6	12.7	12.7
886	754	63.6	55.0	10.8	27.8	14.7	12.5
4703	1963	80.4	69.2	15.6	38.6	21.5	9.0
1699	**6736**	**21.2**	**19.7**	**1.9**	**5.4**	**2.9**	**11.5**
128	461	19.6	18.2	2.0	5.1	2.9	10.3
1571	6275	21.4	19.8	1.9	5.4	2.9	11.6

2-4 续表

项　　目	企业数(个)	开展创新活动企业数(个)	#实现创新企业	#同时实现四种创新企业	#既实现产品或工艺创新，也实现组织或营销创新的企业
科学研究和技术服务业	**31229**	**18054**	**15447**	**2357**	**7083**
研究和试验发展	3285	2659	2257	471	1243
专业技术服务业	23017	12626	10816	1446	4708
科技推广和应用服务业	4927	2769	2374	440	1132
水利、环境和公共设施管理业	**6273**	**2235**	**1996**	**198**	**629**
水利管理业	199	84	70	7	25
生态保护和环境治理业	1536	803	682	74	257
公共设施管理业	4131	1222	1125	109	314
土地管理业	407	126	119	8	33
四、按地区分					
东部地区	366444	85296	79032	10461	26894
中部地区	109931	25169	24207	3310	7647
西部地区	87799	21450	20434	2187	5860
东北地区	19718	3682	3431	395	988
北　京	26732	10145	8280	1107	3357
天　津	14237	2385	2188	273	752
河　北	12219	2442	2296	233	607
山　西	10119	1742	1714	168	462
内蒙古	4754	946	910	71	209
辽　宁	11107	1765	1608	209	508
吉　林	3745	738	691	80	207
黑龙江	4866	1179	1132	106	273
上　海	30147	9180	8606	1232	3322
江　苏	71594	14548	13874	1986	4468
浙　江	46409	9256	8623	1023	2880
安　徽	15723	4607	4460	643	1495
福　建	29570	6642	6437	697	1768
江　西	16897	3227	3104	443	935
山　东	50214	11270	11057	1248	3133
河　南	24616	5595	5456	624	1490
湖　北	24471	5738	5450	761	1829
湖　南	18105	4260	4023	671	1436
广　东	82255	18773	17052	2614	6458
广　西	10027	1976	1883	176	498
海　南	3067	655	619	48	149
重　庆	10820	2675	2461	351	817
四　川	21521	6107	5833	610	1722
贵　州	6508	1668	1626	163	423
云　南	8527	2078	1991	237	585
西　藏	609	202	187	31	66
陕　西	11236	2937	2781	281	829
甘　肃	3552	988	947	103	240
青　海	853	208	200	26	64
宁　夏	1260	324	321	41	104
新　疆	8132	1341	1294	97	303

		在全部企业中占比(%)					
#实现产品或工艺创新，未实现组织或营销创新的企业	#实现组织或营销创新，未实现产品或工艺创新的企业	开展创新活动企业	实现创新企业	同时实现四种创新企业	既实现产品或工艺创新，也实现组织或营销创新的企业	实现产品或工艺创新，未实现组织或营销创新的企业	实现组织或营销创新，未实现产品或工艺创新的企业
5221	**3143**	**57.8**	**49.5**	**7.5**	**22.7**	**16.7**	**10.1**
684	330	80.9	68.7	14.3	37.8	20.8	10.0
3857	2251	54.9	47.0	6.3	20.5	16.8	9.8
680	562	56.2	48.2	8.9	23.0	13.8	11.4
490	**877**	**35.6**	**31.8**	**3.2**	**10.0**	**7.8**	**14.0**
24	21	42.2	35.2	3.5	12.6	12.1	10.6
254	171	52.3	44.4	4.8	16.7	16.5	11.1
191	620	29.6	27.2	2.6	7.6	4.6	15.0
21	65	31.0	29.2	2.0	8.1	5.2	16.0
14168	37970	23.3	21.6	2.9	7.3	3.9	10.4
2880	13680	22.9	22.0	3.0	7.0	2.6	12.4
2366	12208	24.4	23.3	2.5	6.7	2.7	13.9
505	1938	18.7	17.4	2.0	5.0	2.6	9.8
2130	2793	38.0	31.0	4.1	12.6	8.0	10.4
401	1035	16.8	15.4	1.9	5.3	2.8	7.3
339	1350	20.0	18.8	1.9	5.0	2.8	11.0
275	977	17.2	16.9	1.7	4.6	2.7	9.7
87	614	19.9	19.1	1.5	4.4	1.8	12.9
285	815	15.9	14.5	1.9	4.6	2.6	7.3
107	377	19.7	18.5	2.1	5.5	2.9	10.1
113	746	24.2	23.3	2.2	5.6	2.3	15.3
2229	3055	30.5	28.5	4.1	11.0	7.4	10.1
2225	7181	20.3	19.4	2.8	6.2	3.1	10.0
1612	4131	19.9	18.6	2.2	6.2	3.5	8.9
522	2443	29.3	28.4	4.1	9.5	3.3	15.5
1002	3667	22.5	21.8	2.4	6.0	3.4	12.4
282	1887	19.1	18.4	2.6	5.5	1.7	11.2
1425	6499	22.4	22.0	2.5	6.2	2.8	12.9
637	3329	22.7	22.2	2.5	6.1	2.6	13.5
589	3032	23.4	22.3	3.1	7.5	2.4	12.4
575	2012	23.5	22.2	3.7	7.9	3.2	11.1
2718	7876	22.8	20.7	3.2	7.9	3.3	9.6
243	1142	19.7	18.8	1.8	5.0	2.4	11.4
87	383	21.4	20.2	1.6	4.9	2.8	12.5
249	1395	24.7	22.7	3.2	7.6	2.3	12.9
806	3305	28.4	27.1	2.8	8.0	3.7	15.4
178	1025	25.6	25.0	2.5	6.5	2.7	15.8
179	1227	24.4	23.3	2.8	6.9	2.1	14.4
16	105	33.2	30.7	5.1	10.8	2.6	17.2
303	1649	26.1	24.8	2.5	7.4	2.7	14.7
92	615	27.8	26.7	2.9	6.8	2.6	17.3
21	115	24.4	23.4	3.0	7.5	2.5	13.5
47	170	25.7	25.5	3.3	8.3	3.7	13.5
145	846	16.5	15.9	1.2	3.7	1.8	10.4

2–5 规模以上高技术产业

项　　目	企业数（个）	开展创新活动企业数（个）	#实现创新企　业	#同时实现四种创新企　业	#既实现产品或工艺创新，也实现组织或营销创新的企业
总　计	**51482**	**43489**	**40262**	**9398**	**23451**
一、按规模分					
大型企业	2013	1883	1815	525	1172
中型企业	6558	5995	5742	1627	3675
小型企业	39529	33482	30838	6990	17754
微型企业	3382	2129	1867	256	850
二、按登记注册类型分					
内资企业	44622	38463	35646	8556	21124
#有限责任公司	39932	34050	31488	7294	18334
股份有限公司	4320	4193	3971	1231	2694
非公司企业法人	103	72	63	10	35
个人独资企业	198	98	81	10	36
合伙企业	65	48	42	10	24
港澳台商投资企业	3118	2361	2181	427	1119
港澳台投资有限责任公司	2766	2036	1878	337	937
港澳台投资股份有限公司	253	246	229	72	147
港澳台投资合伙企业	60	50	47	11	24
其他港澳台投资企业	39	29	27	7	11
外商投资企业	3742	2665	2435	415	1208
外商投资有限责任公司	3386	2356	2147	348	1028
外商投资股份有限公司	248	241	227	60	150
外商投资合伙企业	72	45	40	4	16
其他外商投资企业	36	23	21	NA	14
三、按行业（高技术制造业）分					
医药制造业	**9408**	**7990**	**7243**	**1458**	**4179**
#化学药品制造	2734	2481	2246	417	1248
中成药生产	1608	1353	1213	260	759
生物药品制品制造	1085	1002	885	166	515
电子及通信设备制造业	**28359**	**23484**	**21855**	**5169**	**12565**
#电子工业专用设备制造	2287	1964	1831	448	1047
光纤、光缆制造及锂离子电池制造	2101	1783	1657	465	994

(制造业)创新活动总体情况

		在全部企业中占比(%)					
#实现产品或工艺创新，未实现组织或营销创新的企业	#实现组织或营销创新，未实现产品或工艺创新的企业	开展创新活动企业	实现创新企业	同时实现四种创新企业	既实现产品或工艺创新，也实现组织或营销创新的企业	实现产品或工艺创新，未实现组织或营销创新的企业	实现组织或营销创新，未实现产品或工艺创新的企业
13958	**2853**	**84.5**	**78.2**	**18.3**	**45.6**	**27.1**	**5.5**
591	52	93.5	90.2	26.1	58.2	29.4	2.6
1843	224	91.4	87.6	24.8	56.0	28.1	3.4
10811	2273	84.7	78.0	17.7	44.9	27.4	5.8
713	304	63.0	55.2	7.6	25.1	21.1	9.0
11998	2524	86.2	79.9	19.2	47.3	26.9	5.7
10841	2313	85.3	78.9	18.3	45.9	27.1	5.8
1090	187	97.1	91.9	28.5	62.4	25.2	4.3
22	6	69.9	61.2	9.7	34.0	21.4	5.8
31	14	49.5	40.9	5.1	18.2	15.7	7.1
14	4	73.8	64.6	15.4	36.9	21.5	6.2
923	139	75.7	69.9	13.7	35.9	29.6	4.5
818	123	73.6	67.9	12.2	33.9	29.6	4.4
70	12	97.2	90.5	28.5	58.1	27.7	4.7
22	NA	83.3	78.3	18.3	40.0	36.7	1.7
13	NA	74.4	69.2	17.9	28.2	33.3	7.7
1037	190	71.2	65.1	11.1	32.3	27.7	5.1
944	175	69.6	63.4	10.3	30.4	27.9	5.2
68	9	97.2	91.5	24.2	60.5	27.4	3.6
21	NA	62.5	55.6	5.6	22.2	29.2	4.2
4	NA	63.9	58.3	8.3	38.9	11.1	8.3
2333	**731**	**84.9**	**77.0**	**15.5**	**44.4**	**24.8**	**7.8**
837	161	90.7	82.2	15.3	45.6	30.6	5.9
286	168	84.1	75.4	16.2	47.2	17.8	10.4
290	80	92.4	81.6	15.3	47.5	26.7	7.4
7876	**1414**	**82.8**	**77.1**	**18.2**	**44.3**	**27.8**	**5.0**
674	110	85.9	80.1	19.6	45.8	29.5	4.8
551	112	84.9	78.9	22.1	47.3	26.2	5.3

2–5 续表 1

项　　目	企业数(个)	开展创新活动企业数(个)	#实现创新企　业	#同时实现四种创新企　业	#既实现产品或工艺创新，也实现组织或营销创新的企业
#锂离子电池制造	1734	1469	1355	402	826
通信设备制造、雷达及配套设备制造	2429	2101	1934	462	1187
#通信系统设备制造	1233	1089	1013	244	613
通信终端设备制造	1052	876	792	185	487
雷达及配套设备制造	144	136	129	33	87
广播电视设备制造	609	506	484	111	288
非专业视听设备制造	1130	866	804	186	505
电子器件制造	6253	5309	4922	1190	2849
#电子真空器件制造	464	352	326	54	159
半导体分立器件制造	528	449	427	108	245
集成电路制造	1382	1255	1159	247	672
光电子器件制造	1045	910	842	225	506
电子元件及电子专用设备制造	10306	8202	7651	1600	4067
#电阻电容电感元件制造	1314	1020	954	189	471
电子专用材料制造	2744	2309	2185	413	1128
电子电路制造	1974	1577	1445	301	794
智能消费设备制造	1671	1472	1388	396	919
其他电子设备制造	1573	1281	1184	311	709
计算机及办公设备制造业	**3195**	**2633**	**2437**	**655**	**1493**
#计算机整机制造	418	355	327	103	211
计算机零部件制造	1031	799	736	168	398
计算机外围设备制造	879	731	676	179	426
办公设备制造	280	217	205	57	127
医疗仪器设备及仪器仪表制造业	**9663**	**8628**	**8030**	**1992**	**4820**
#医疗仪器设备及器械制造	3158	2810	2585	600	1555
#医疗诊断、监护及治疗设备制造	988	919	847	199	507
医疗、外科及兽医用器械制造	770	668	623	149	362
通用仪器仪表制造	4463	3997	3740	939	2213
专用仪器仪表制造	1190	1089	1015	279	632
信息化学品制造业	**146**	**113**	**109**	**25**	**59**
四、按地区分					
东部地区	34491	29285	27211	6365	15775
中部地区	10400	8831	8176	2075	4880
西部地区	5426	4443	4082	816	2363
东北地区	1165	930	793	142	433

		在全部企业中占比(%)					
#实现产品或工艺创新，未实现组织或营销创新的企业	#实现组织或营销创新，未实现产品或工艺创新的企业	开展创新活动企业	实现创新企业	同时实现四种创新企业	既实现产品或工艺创新，也实现组织或营销创新的企业	实现产品或工艺创新，未实现组织或营销创新的企业	实现组织或营销创新，未实现产品或工艺创新的企业
430	99	84.7	78.1	23.2	47.6	24.8	5.7
620	127	86.5	79.6	19.0	48.9	25.5	5.2
343	57	88.3	82.2	19.8	49.7	27.8	4.6
242	63	83.3	75.3	17.6	46.3	23.0	6.0
35	7	94.4	89.6	22.9	60.4	24.3	4.9
168	28	83.1	79.5	18.2	47.3	27.6	4.6
231	68	76.6	71.2	16.5	44.7	20.4	6.0
1750	323	84.9	78.7	19.0	45.6	28.0	5.2
139	28	75.9	70.3	11.6	34.3	30.0	6.0
157	25	85.0	80.9	20.5	46.4	29.7	4.7
417	70	90.8	83.9	17.9	48.6	30.2	5.1
301	35	87.1	80.6	21.5	48.4	28.8	3.3
3125	459	79.6	74.2	15.5	39.5	30.3	4.5
435	48	77.6	72.6	14.4	35.8	33.1	3.7
936	121	84.1	79.6	15.1	41.1	34.1	4.4
554	97	79.9	73.2	15.2	40.2	28.1	4.9
378	91	88.1	83.1	23.7	55.0	22.6	5.4
379	96	81.4	75.3	19.8	45.1	24.1	6.1
761	**183**	**82.4**	**76.3**	**20.5**	**46.7**	**23.8**	**5.7**
85	31	84.9	78.2	24.6	50.5	20.3	7.4
286	52	77.5	71.4	16.3	38.6	27.7	5.0
192	58	83.2	76.9	20.4	48.5	21.8	6.6
64	14	77.5	73.2	20.4	45.4	22.9	5.0
2724	**486**	**89.3**	**83.1**	**20.6**	**49.9**	**28.2**	**5.0**
829	201	89.0	81.9	19.0	49.2	26.3	6.4
255	85	93.0	85.7	20.1	51.3	25.8	8.6
226	35	86.8	80.9	19.4	47.0	29.4	4.5
1332	195	89.6	83.8	21.0	49.6	29.8	4.4
322	61	91.5	85.3	23.4	53.1	27.1	5.1
49	**NA**	**77.4**	**74.7**	**17.1**	**40.4**	**33.6**	**0.7**
9651	1785	84.9	78.9	18.5	45.7	28.0	5.2
2724	572	84.9	78.6	20.0	46.9	26.2	5.5
1317	402	81.9	75.2	15.0	43.6	24.3	7.4
266	94	79.8	68.1	12.2	37.2	22.8	8.1

2-5 续表 2

项　目	企业数（个）	开展创新活动企业数（个）	#实现创新企业	#同时实现四种创新企业	#既实现产品或工艺创新，也实现组织或营销创新的企业
北　京	961	899	786	128	430
天　津	598	482	445	97	261
河　北	930	780	698	128	369
山　西	300	245	242	45	142
内蒙古	142	121	104	17	52
辽　宁	574	472	405	75	207
吉　林	351	252	206	36	118
黑龙江	240	206	182	31	108
上　海	1403	1153	1033	173	547
江　苏	8280	6930	6533	1254	3403
浙　江	4787	4332	4150	1084	2472
安　徽	2317	2006	1897	518	1203
福　建	1415	1181	1088	264	638
江　西	2453	1963	1881	514	1062
山　东	2573	2308	2271	668	1388
河　南	1515	1179	1100	219	635
湖　北	1667	1503	1340	305	810
湖　南	2148	1935	1716	474	1028
广　东	13472	11157	10154	2563	6240
广　西	565	350	320	71	178
海　南	72	63	53	6	27
重　庆	859	747	687	171	409
四　川	1953	1640	1521	278	875
贵　州	350	277	257	39	148
云　南	314	259	221	41	119
西　藏	18	14	8		NA
陕　西	830	723	683	159	426
甘　肃	198	153	135	18	70
青　海	47	39	34	5	21
宁　夏	63	60	60	11	39
新　疆	87	60	52	6	25

		在全部企业中占比(%)					
#实现产品或工艺创新，未实现组织或营销创新的企业	#实现组织或营销创新，未实现产品或工艺创新的企业	开展创新活动企业	实现创新企业	同时实现四种创新企业	既实现产品或工艺创新，也实现组织或营销创新的企业	实现产品或工艺创新，未实现组织或营销创新的企业	实现组织或营销创新，未实现产品或工艺创新的企业
290	66	93.5	81.8	13.3	44.7	30.2	6.9
149	35	80.6	74.4	16.2	43.6	24.9	5.9
269	60	83.9	75.1	13.8	39.7	28.9	6.5
84	16	81.7	80.7	15.0	47.3	28.0	5.3
45	7	85.2	73.2	12.0	36.6	31.7	4.9
160	38	82.2	70.6	13.1	36.1	27.9	6.6
55	33	71.8	58.7	10.3	33.6	15.7	9.4
51	23	85.8	75.8	12.9	45.0	21.3	9.6
399	87	82.2	73.6	12.3	39.0	28.4	6.2
2728	402	83.7	78.9	15.1	41.1	32.9	4.9
1555	123	90.5	86.7	22.6	51.6	32.5	2.6
579	115	86.6	81.9	22.4	51.9	25.0	5.0
360	90	83.5	76.9	18.7	45.1	25.4	6.4
716	103	80.0	76.7	21.0	43.3	29.2	4.2
828	55	89.7	88.3	26.0	53.9	32.2	2.1
330	135	77.8	72.6	14.5	41.9	21.8	8.9
433	97	90.2	80.4	18.3	48.6	26.0	5.8
582	106	90.1	79.9	22.1	47.9	27.1	4.9
3060	854	82.8	75.4	19.0	46.3	22.7	6.3
97	45	61.9	56.6	12.6	31.5	17.2	8.0
13	13	87.5	73.6	8.3	37.5	18.1	18.1
243	35	87.0	80.0	19.9	47.6	28.3	4.1
509	137	84.0	77.9	14.2	44.8	26.1	7.0
73	36	79.1	73.4	11.1	42.3	20.9	10.3
60	42	82.5	70.4	13.1	37.9	19.1	13.4
	7	77.8	44.4		5.6		38.9
207	50	87.1	82.3	19.2	51.3	24.9	6.0
37	28	77.3	68.2	9.1	35.4	18.7	14.1
8	5	83.0	72.3	10.6	44.7	17.0	10.6
19	NA	95.2	95.2	17.5	61.9	30.2	3.2
19	8	69.0	59.8	6.9	28.7	21.8	9.2

三、规模（限额）以上企业产品和工艺创新情况（2023 年）

3–1 规模(限额)以上企业产品

项　　目	开展产品或工艺创新活动企业数(个)	#实现产品或工艺创新企业	#实现产品创新企业	#实现工艺创新企业	未开展产品或工艺创新活动企业数(个)
总　计	**379406**	**330255**	**225514**	**261705**	**761205**
一、按规模分					
大型企业	15575	13925	9540	12221	8299
中型企业	56067	49227	33626	40795	96430
小型企业	280750	244447	168833	190619	455884
微型企业	27014	22656	13515	18070	200592
二、按登记注册类型分					
内资企业	350771	305238	207985	242022	727128
#有限责任公司	318992	277055	186692	219666	694595
股份有限公司	26022	23197	18187	18427	7980
非公司企业法人	1627	1355	767	1132	5903
个人独资企业	3530	3110	2031	2393	16409
合伙企业	591	516	304	400	2193
港澳台商投资企业	13919	12186	8544	9651	16764
港澳台投资有限责任公司	12515	10944	7582	8655	16059
港澳台投资股份有限公司	924	827	671	671	222
港澳台投资合伙企业	206	173	126	135	225
其他港澳台投资企业	274	242	165	190	258
外商投资企业	14716	12831	8985	10032	17313
外商投资有限责任公司	13428	11701	8112	9106	16533
外商投资股份有限公司	839	763	631	637	165
外商投资合伙企业	231	181	131	140	226
其他外商投资企业	218	186	111	149	389
三、按行业分					
采矿业	3477	2891	969	2573	8528
制造业	282005	250935	178681	196753	166925
电力、热力、燃气及水生产和供应业	5647	4381	986	4081	14751
建筑业	12710	10740	5092	9976	62663
批发和零售业	25515	22635	13651	18822	386115
交通运输、仓储和邮政业	4182	3487	1530	3089	40752
信息传输、软件和信息技术服务业	21814	16904	13057	12079	9197
租赁和商务服务业	6325	4859	2998	3689	52491
科学研究和技术服务业	16242	12304	7979	9687	14988
水利、环境和公共设施管理业	1489	1119	571	956	4784

和工艺创新分布情况

在全部企业中占比(%)							
开展产品或工艺创新活动企业	#实现产品或工艺创新企业	#实现产品创新企业	#实现工艺创新企业	1.同时实现产品和工艺创新企业	2.仅实现产品创新企业	3.仅实现工艺创新企业	4.仅有正在进行或中止的产品或工艺创新活动企业
33.3	**29.0**	**19.8**	**22.9**	**13.8**	**6.0**	**9.2**	**4.3**
65.2	58.3	40.0	51.2	32.8	7.1	18.4	6.9
36.8	32.3	22.1	26.8	16.5	5.5	10.2	4.5
38.1	33.2	22.9	25.9	15.6	7.3	10.3	4.9
11.9	10.0	5.9	7.9	3.9	2.0	4.0	1.9
32.5	28.3	19.3	22.5	13.4	5.9	9.0	4.2
31.5	27.3	18.4	21.7	12.8	5.7	8.9	4.1
76.5	68.2	53.5	54.2	39.5	14.0	14.7	8.3
21.6	18.0	10.2	15.0	7.2	3.0	7.8	3.6
17.7	15.6	10.2	12.0	6.6	3.6	5.4	2.1
21.2	18.5	10.9	14.4	6.8	4.2	7.6	2.7
45.4	39.7	27.8	31.5	19.6	8.3	11.9	5.6
43.8	38.3	26.5	30.3	18.5	8.0	11.8	5.5
80.6	72.2	58.6	58.6	44.9	13.6	13.6	8.5
47.8	40.1	29.2	31.3	20.4	8.8	10.9	7.7
51.5	45.5	31.0	35.7	21.2	9.8	14.5	6.0
45.9	40.1	28.1	31.3	19.3	8.7	12.0	5.9
44.8	39.1	27.1	30.4	18.4	8.7	12.0	5.8
83.6	76.0	62.8	63.4	50.3	12.6	13.1	7.6
50.5	39.6	28.7	30.6	19.7	9.0	10.9	10.9
35.9	30.6	18.3	24.5	12.2	6.1	12.4	5.3
29.0	24.1	8.1	21.4	5.4	2.6	16.0	4.9
62.8	55.9	39.8	43.8	27.7	12.1	16.1	6.9
27.7	21.5	4.8	20.0	3.4	1.5	16.6	6.2
16.9	14.2	6.8	13.2	5.7	1.0	7.5	2.6
6.2	5.5	3.3	4.6	2.4	0.9	2.2	0.7
9.3	7.8	3.4	6.9	2.5	0.9	4.4	1.5
70.3	54.5	42.1	39.0	26.5	15.6	12.4	15.8
10.8	8.3	5.1	6.3	3.1	2.0	3.2	2.5
52.0	39.4	25.5	31.0	17.2	8.4	13.8	12.6
23.7	17.8	9.1	15.2	6.5	2.6	8.7	5.9

3-1　续表

项　目	开展产品或工艺创新活动企业数(个)	#实现产品或工艺创新企业	#实现产品创新企业	#实现工艺创新企业	未开展产品或工艺创新活动企业数(个)
四、按地区分					
东部地区	245872	216410	151387	169625	445823
中部地区	82723	71440	49533	56833	155741
西部地区	41902	35174	20379	29305	127148
东北地区	8909	7231	4215	5942	32493
北　京	10904	7716	5257	5740	20897
天　津	4535	3818	2542	3033	17596
河　北	10114	8907	5848	7190	21690
山　西	3564	3351	1567	2914	16093
内蒙古	1750	1378	596	1212	7304
辽　宁	5196	4246	2483	3489	17407
吉　林	1683	1348	805	1089	6328
黑龙江	2030	1637	927	1364	8758
上　海	12529	10638	7143	8165	28344
江　苏	50776	45911	28511	37537	94050
浙　江	50928	46398	34768	35331	57225
安　徽	17681	15938	10997	13060	24742
福　建	14021	12125	7365	9787	39725
江　西	11349	10513	8705	7886	24982
山　东	35474	33905	26092	26558	60172
河　南	14200	12165	6324	10343	39221
湖　北	16384	13678	9451	10824	30188
湖　南	19545	15795	12489	11806	20515
广　东	55936	46491	33619	35866	102861
广　西	3812	3146	1770	2665	16268
海　南	655	501	242	418	3263
重　庆	6685	5594	4193	4385	12963
四　川	12146	10399	6112	8518	31570
贵　州	3058	2512	1221	2184	9641
云　南	3436	2774	1490	2401	11925
西　藏	181	128	72	110	799
陕　西	5643	4870	2988	4055	16066
甘　肃	1829	1486	764	1233	5480
青　海	337	272	119	233	1363
宁　夏	1093	1044	419	948	2030
新　疆	1932	1571	635	1361	11739

在全部企业中占比(%)							
开展产品或工艺创新活动企业	#实现产品或工艺创新企业	#实现产品创新企业	#实现工艺创新企业	1.同时实现产品和工艺创新企业	2.仅实现产品创新企业	3.仅实现工艺创新企业	4.仅有正在进行或中止的产品或工艺创新活动企业
35.5	31.3	21.9	24.5	15.1	6.8	9.4	4.3
34.7	30.0	20.8	23.8	14.6	6.1	9.2	4.7
24.8	20.8	12.1	17.3	8.6	3.5	8.8	4.0
21.5	17.5	10.2	14.4	7.1	3.1	7.3	4.1
34.3	24.3	16.5	18.1	10.3	6.2	7.7	10.0
20.5	17.3	11.5	13.7	7.9	3.5	5.8	3.2
31.8	28.0	18.4	22.6	13.0	5.4	9.6	3.8
18.1	17.0	8.0	14.8	5.7	2.2	9.1	1.1
19.3	15.2	6.6	13.4	4.7	1.8	8.6	4.1
23.0	18.8	11.0	15.4	7.6	3.3	7.8	4.2
21.0	16.8	10.0	13.6	6.8	3.2	6.8	4.2
18.8	15.2	8.6	12.6	6.1	2.5	6.6	3.6
30.7	26.0	17.5	20.0	11.4	6.1	8.6	4.6
35.1	31.7	19.7	25.9	13.9	5.8	12.0	3.4
47.1	42.9	32.1	32.7	21.9	10.2	10.8	4.2
41.7	37.6	25.9	30.8	19.1	6.8	11.6	4.1
26.1	22.6	13.7	18.2	9.4	4.4	8.9	3.5
31.2	28.9	24.0	21.7	16.7	7.2	5.0	2.3
37.1	35.4	27.3	27.8	19.6	7.7	8.2	1.6
26.6	22.8	11.8	19.4	8.4	3.4	10.9	3.8
35.2	29.4	20.3	23.2	14.2	6.1	9.1	5.8
48.8	39.4	31.2	29.5	21.2	10.0	8.3	9.4
35.2	29.3	21.2	22.6	14.5	6.7	8.1	5.9
19.0	15.7	8.8	13.3	6.4	2.4	6.9	3.3
16.7	12.8	6.2	10.7	4.1	2.1	6.6	3.9
34.0	28.5	21.3	22.3	15.2	6.2	7.1	5.6
27.8	23.8	14.0	19.5	9.7	4.3	9.8	4.0
24.1	19.8	9.6	17.2	7.0	2.6	10.2	4.3
22.4	18.1	9.7	15.6	7.3	2.4	8.4	4.3
18.5	13.1	7.3	11.2	5.5	1.8	5.7	5.4
26.0	22.4	13.8	18.7	10.0	3.8	8.7	3.6
25.0	20.3	10.5	16.9	7.0	3.5	9.9	4.7
19.8	16.0	7.0	13.7	4.7	2.3	9.0	3.8
35.0	33.4	13.4	30.4	10.3	3.1	20.0	1.6
14.1	11.5	4.6	10.0	3.1	1.5	6.8	2.6

3-2 规模以上工业企业产品和

项 目	开展产品或工艺创新活动企业数(个)	#实现产品或工艺创新企业	#实现产品创新企业	#实现工艺创新企业	未开展产品或工艺创新活动企业数(个)
总 计	**291129**	**258207**	**180636**	**203407**	**190203**
一、按规模分					
大型企业	7332	6895	5262	6094	853
中型企业	29862	27645	20813	23019	7699
小型企业	235540	208342	145666	162255	146637
微型企业	18395	15325	8895	12039	35014
二、按登记注册类型分					
内资企业	267359	237091	165660	186716	173344
#有限责任公司	242808	214789	148290	169104	163555
股份有限公司	20148	18486	14913	14716	2568
非公司企业法人	895	747	468	594	1199
个人独资企业	2986	2617	1720	1963	5237
合伙企业	514	448	265	336	749
港澳台商投资企业	11410	10175	7237	8086	8094
港澳台投资有限责任公司	10385	9251	6492	7347	7786
港澳台投资股份有限公司	749	683	567	553	103
港澳台投资合伙企业	162	141	103	107	122
其他港澳台投资企业	114	100	75	79	83
外商投资企业	12360	10941	7739	8605	8765
外商投资有限责任公司	11390	10068	7039	7877	8484
外商投资股份有限公司	657	616	530	520	58
外商投资合伙企业	196	157	113	124	128
其他外商投资企业	117	100	57	84	95
三、按行业分					
采矿业	**3477**	**2891**	**969**	**2573**	**8528**
煤炭开采和洗选业	1150	1000	141	951	3690
石油和天然气开采业	89	71	10	68	73
黑色金属矿采选业	436	374	148	339	1060
有色金属矿采选业	499	395	132	357	763
非金属矿采选业	1164	946	500	763	2691
开采专业及辅助性活动	133	101	36	91	246
其他采矿业	6	4	NA	4	5

工艺创新分布情况

在全部企业中占比(%)							
开展产品或工艺创新活动企业	#实现产品或工艺创新企业	#实现产品创新企业	#实现工艺创新企业	1.同时实现产品和工艺创新企业	2.仅实现产品创新企业	3.仅实现工艺创新企业	4.仅有正在进行或中止的产品或工艺创新活动企业
60.5	**53.6**	**37.5**	**42.3**	**26.1**	**11.4**	**16.1**	**6.8**
89.6	84.2	64.3	74.5	54.5	9.8	20.0	5.3
79.5	73.6	55.4	61.3	43.1	12.3	18.2	5.9
61.6	54.5	38.1	42.5	26.1	12.1	16.4	7.1
34.4	28.7	16.7	22.5	10.5	6.2	12.0	5.7
60.7	53.8	37.6	42.4	26.2	11.4	16.2	6.9
59.8	52.9	36.5	41.6	25.3	11.2	16.4	6.9
88.7	81.4	65.7	64.8	49.1	16.6	15.7	7.3
42.7	35.7	22.4	28.4	15.0	7.3	13.3	7.1
36.3	31.8	20.9	23.9	13.0	8.0	10.9	4.5
40.7	35.5	21.0	26.6	12.1	8.9	14.5	5.2
58.5	52.2	37.1	41.5	26.4	10.7	15.1	6.3
57.2	50.9	35.7	40.4	25.2	10.5	15.2	6.2
87.9	80.2	66.5	64.9	51.3	15.3	13.6	7.7
57.0	49.6	36.3	37.7	24.3	12.0	13.4	7.4
57.9	50.8	38.1	40.1	27.4	10.7	12.7	7.1
58.5	51.8	36.6	40.7	25.6	11.1	15.2	6.7
57.3	50.7	35.4	39.6	24.4	11.0	15.2	6.7
91.9	86.2	74.1	72.7	60.7	13.4	12.0	5.7
60.5	48.5	34.9	38.3	24.7	10.2	13.6	12.0
55.2	47.2	26.9	39.6	19.3	7.5	20.3	8.0
29.0	**24.1**	**8.1**	**21.4**	**5.4**	**2.6**	**16.0**	**4.9**
23.8	20.7	2.9	19.6	1.9	1.0	17.7	3.1
54.9	43.8	6.2	42.0	4.3	1.9	37.7	11.1
29.1	25.0	9.9	22.7	7.6	2.3	15.1	4.1
39.5	31.3	10.5	28.3	7.4	3.0	20.8	8.2
30.2	24.5	13.0	19.8	8.2	4.7	11.6	5.7
35.1	26.6	9.5	24.0	6.9	2.6	17.2	8.4
54.5	36.4	18.2	36.4	18.2		18.2	18.2

3-2 续表 1

项　目	开展产品或工艺创新活动企业数(个)	#实现产品或工艺创新企业	#实现产品创新企业	#实现工艺创新企业	未开展产品或工艺创新活动企业数(个)
制造业	**282005**	**250935**	**178681**	**196753**	**166924**
农副食品加工业	12288	10679	7163	8255	12467
食品制造业	6207	5470	3964	4121	3619
酒、饮料和精制茶制造业	3236	2744	1832	2126	2410
烟草制品业	159	136	109	113	25
纺织业	11296	10315	6934	8217	8964
纺织服装、服饰业	5122	4534	2969	3479	7633
皮革、毛皮、羽毛及其制品和制鞋业	4294	3767	2722	2524	3912
木材加工和木、竹、藤、棕、草制品业	5042	4493	2998	3545	7372
家具制造业	3955	3555	2662	2634	3102
造纸和纸制品业	4032	3557	2395	2893	3598
印刷和记录媒介复制业	3830	3425	2174	2860	2782
文教、工美、体育和娱乐用品制造业	5696	5131	3754	3940	4428
石油、煤炭及其他燃料加工业	1172	1016	580	856	1064
化学原料和化学制品制造业	17510	15494	10948	12177	7465
医药制造业	7735	6512	4387	5324	1673
化学纤维制造业	1571	1424	930	1167	750
橡胶和塑料制品业	16190	14409	10272	11290	9824
非金属矿物制品业	22733	19713	12335	15838	25173
黑色金属冶炼和压延加工业	2891	2591	1620	2189	3169
有色金属冶炼和压延加工业	5630	5018	3274	4183	4046
金属制品业	20766	18492	12501	14784	14500
通用设备制造业	25988	23579	17688	18352	8409
专用设备制造业	21219	19076	14343	14644	5472
汽车制造业	13395	12065	9163	9605	5107
铁路、船舶、航空航天和其他运输设备制造业	4161	3744	2741	2895	1671
电气机械和器材制造业	24808	22352	17140	17285	9012
计算机、通信和其他电子设备制造业	21671	19332	15039	15037	5337
仪器仪表制造业	6023	5420	4324	4079	941
其他制造业	1354	1188	848	903	768
废弃资源综合利用业	1624	1370	719	1160	1841
金属制品、机械和设备修理业	407	334	153	278	390
电力、热力、燃气及水生产和供应业	**5647**	**4381**	**986**	**4081**	**14751**
电力、热力生产和供应业	3554	2750	559	2577	9251
燃气生产和供应业	874	708	189	647	2945
水的生产和供应业	1219	923	238	857	2555
四、按地区分					
东部地区	187885	169664	121619	132463	101129
中部地区	67048	58094	41337	45611	42932
西部地区	29659	25094	14603	20909	35901
东北地区	6537	5355	3077	4424	10241

在全部企业中占比(%)							
开展产品或工艺创新活动企业	#实现产品或工艺创新企业	#实现产品创新企业	#实现工艺创新企业	1.同时实现产品和工艺创新企业	2.仅实现产品创新企业	3.仅实现工艺创新企业	4.仅有正在进行或中止的产品或工艺创新活动企业
62.8	**55.9**	**39.8**	**43.8**	**27.7**	**12.1**	**16.1**	**6.9**
49.6	43.1	28.9	33.3	19.1	9.8	14.2	6.5
63.2	55.7	40.3	41.9	26.6	13.7	15.3	7.5
57.3	48.6	32.4	37.7	21.5	10.9	16.2	8.7
86.4	73.9	59.2	61.4	46.7	12.5	14.7	12.5
55.8	50.9	34.2	40.6	23.9	10.4	16.7	4.8
40.2	35.5	23.3	27.3	15.0	8.3	12.3	4.6
52.3	45.9	33.2	30.8	18.0	15.1	12.7	6.4
40.6	36.2	24.2	28.6	16.5	7.6	12.0	4.4
56.0	50.4	37.7	37.3	24.7	13.1	12.7	5.7
52.8	46.6	31.4	37.9	22.7	8.7	15.2	6.2
57.9	51.8	32.9	43.3	24.3	8.5	18.9	6.1
56.3	50.7	37.1	38.9	25.3	11.8	13.6	5.6
52.4	45.4	25.9	38.3	18.8	7.2	19.5	7.0
70.1	62.0	43.8	48.8	30.6	13.3	18.2	8.1
82.2	69.2	46.6	56.6	34.0	12.6	22.6	13.0
67.7	61.4	40.1	50.3	29.0	11.1	21.3	6.3
62.2	55.4	39.5	43.4	27.5	12.0	15.9	6.8
47.5	41.1	25.7	33.1	17.7	8.1	15.4	6.3
47.7	42.8	26.7	36.1	20.1	6.6	16.0	5.0
58.2	51.9	33.8	43.2	25.2	8.6	18.0	6.3
58.9	52.4	35.4	41.9	24.9	10.5	17.0	6.4
75.6	68.6	51.4	53.4	36.2	15.2	17.1	7.0
79.5	71.5	53.7	54.9	37.1	16.6	17.7	8.0
72.4	65.2	49.5	51.9	36.2	13.3	15.7	7.2
71.3	64.2	47.0	49.6	32.4	14.6	17.2	7.2
73.4	66.1	50.7	51.1	35.7	15.0	15.4	7.3
80.2	71.6	55.7	55.7	39.8	15.9	15.9	8.7
86.5	77.8	62.1	58.6	42.8	19.3	15.7	8.7
63.8	56.0	40.0	42.6	26.5	13.4	16.0	7.8
46.9	39.5	20.8	33.5	14.7	6.1	18.8	7.3
51.1	41.9	19.2	34.9	12.2	7.0	22.7	9.2
27.7	**21.5**	**4.8**	**20.0**	**3.4**	**1.5**	**16.6**	**6.2**
27.8	21.5	4.4	20.1	3.0	1.4	17.1	6.3
22.9	18.5	4.9	16.9	3.4	1.6	13.6	4.3
32.3	24.5	6.3	22.7	4.6	1.7	18.2	7.8
65.0	58.7	42.1	45.8	29.2	12.9	16.6	6.3
61.0	52.8	37.6	41.5	26.2	11.4	15.2	8.1
45.2	38.3	22.3	31.9	15.9	6.4	16.0	7.0
39.0	31.9	18.3	26.4	12.8	5.5	13.6	7.0

3–2 续表 2

项　目	开展产品或工艺创新活动企业数（个）	#实现产品或工艺创新企业	#实现产品创新企业	#实现工艺创新企业	未开展产品或工艺创新活动企业数（个）
北　京	2257	1840	1399	1268	760
天　津	2800	2434	1708	1924	2956
河　北	8695	7753	5192	6231	9083
山　西	2524	2399	995	2103	5513
内蒙古	1314	1016	412	903	2430
辽　宁	3935	3267	1877	2699	5187
吉　林	1180	933	546	768	1969
黑龙江	1422	1155	654	957	3085
上　海	5613	4802	3242	3807	3535
江　苏	41797	38332	23743	31341	24333
浙　江	44330	40926	31491	30929	12121
安　徽	14508	13191	9342	10752	7652
福　建	10306	8880	5276	7323	10121
江　西	9484	8948	7722	6543	7683
山　东	29162	28200	22767	21776	9734
河　南	11079	9415	4688	8057	12644
湖　北	12854	10797	7685	8377	5879
湖　南	16599	13344	10905	9779	3561
广　东	42605	36261	26692	27666	28119
广　西	2747	2269	1323	1896	6235
海　南	320	236	109	198	367
重　庆	5045	4335	3406	3330	2229
四　川	8538	7395	4293	6138	9532
贵　州	2189	1760	795	1544	2629
云　南	2288	1845	949	1602	2849
西　藏	58	28	13	24	132
陕　西	3818	3387	2172	2813	3968
甘　肃	1276	1021	508	838	1534
青　海	208	159	53	136	418
宁　夏	899	860	316	790	589
新　疆	1279	1019	363	895	3356

在全部企业中占比(%)							
开展产品或工艺创新活动企业	#实现产品或工艺创新企业	#实现产品创新企业	#实现工艺创新企业	1.同时实现产品和工艺创新企业	2.仅实现产品创新企业	3.仅实现工艺创新企业	4.仅有正在进行或中止的产品或工艺创新活动企业
74.8	61.0	46.4	42.0	27.4	19.0	14.6	13.8
48.6	42.3	29.7	33.4	20.8	8.9	12.6	6.4
48.9	43.6	29.2	35.0	20.6	8.6	14.4	5.3
31.4	29.8	12.4	26.2	8.7	3.7	17.5	1.6
35.1	27.1	11.0	24.1	8.0	3.0	16.1	8.0
43.1	35.8	20.6	29.6	14.4	6.2	15.2	7.3
37.5	29.6	17.3	24.4	12.1	5.2	12.3	7.8
31.6	25.6	14.5	21.2	10.1	4.4	11.1	5.9
61.4	52.5	35.4	41.6	24.6	10.9	17.1	8.9
63.2	58.0	35.9	47.4	25.3	10.6	22.1	5.2
78.5	72.5	55.8	54.8	38.1	17.7	16.7	6.0
65.5	59.5	42.2	48.5	31.2	11.0	17.4	5.9
50.5	43.5	25.8	35.9	18.2	7.6	17.6	7.0
55.2	52.1	45.0	38.1	31.0	14.0	7.1	3.1
75.0	72.5	58.5	56.0	42.0	16.5	14.0	2.5
46.7	39.7	19.8	34.0	14.0	5.7	19.9	7.0
68.6	57.6	41.0	44.7	28.1	12.9	16.6	11.0
82.3	66.2	54.1	48.5	36.4	17.7	12.1	16.1
60.2	51.3	37.7	39.1	25.6	12.2	13.5	9.0
30.6	25.3	14.7	21.1	10.6	4.2	10.5	5.3
46.6	34.4	15.9	28.8	10.3	5.5	18.5	12.2
69.4	59.6	46.8	45.8	33.0	13.8	12.8	9.8
47.3	40.9	23.8	34.0	16.8	7.0	17.2	6.3
45.4	36.5	16.5	32.0	12.0	4.5	20.0	8.9
44.5	35.9	18.5	31.2	13.7	4.7	17.4	8.6
30.5	14.7	6.8	12.6	4.7	2.1	7.9	15.8
49.0	43.5	27.9	36.1	20.5	7.4	15.6	5.5
45.4	36.3	18.1	29.8	11.6	6.5	18.3	9.1
33.2	25.4	8.5	21.7	4.8	3.7	16.9	7.8
60.4	57.8	21.2	53.1	16.5	4.7	36.6	2.6
27.6	22.0	7.8	19.3	5.2	2.7	14.2	5.6

3–3 资质等级以上建筑业

项　　目	开展产品或工艺创新活动企业数(个)	#实现产品或工艺创新企业	#实现产品创新企业	#实现工艺创新企业	未开展产品或工艺创新活动企业数(个)
总　计	**12711**	**10740**	**5092**	**9976**	**62676**
一、按规模分					
大型企业	2439	2220	1171	2171	733
中型企业	5342	4482	2000	4177	17194
小型企业	3939	3210	1552	2884	31878
微型企业	991	828	369	744	12871
二、按登记注册类型分					
内资企业	12631	10670	5055	9910	62442
#有限责任公司	11870	10028	4727	9312	60747
股份有限公司	597	504	276	466	562
非公司企业法人	154	129	47	124	1041
个人独资企业	9	8	4	7	81
合伙企业	NA	NA	NA	NA	9
港澳台商投资企业	48	42	21	41	152
#港澳台投资有限责任公司	35	31	18	30	146
港澳台投资股份有限公司	10	8	NA	8	
外商投资企业	32	28	16	25	82
#外商投资有限责任公司	25	22	12	19	80
外商投资股份有限公司	7	6	4	6	NA
三、按行业分					
房屋建筑业	5035	4324	2043	4059	28333
土木工程建筑业	3611	3072	1437	2893	11884
建筑安装业	1640	1314	638	1181	6284
建筑装饰、装修和其他建筑业	2424	2030	974	1843	16162
四、按地区分					
东部地区	6686	5684	2707	5297	29551
中部地区	3321	2819	1352	2634	15232
西部地区	2213	1854	855	1702	13478
东北地区	491	383	178	343	4415

企业产品和工艺创新分布情况

在全部企业中占比(%)							
开展产品或工艺创新活动企业	#实现产品或工艺创新企业	#实现产品创新企业	#实现工艺创新企业	1.同时实现产品和工艺创新企业	2.仅实现产品创新企业	3.仅实现工艺创新企业	4.仅有正在进行或中止的产品或工艺创新活动企业
16.9	**14.2**	**6.8**	**13.2**	**5.7**	**1.0**	**7.5**	**2.6**
76.9	70.0	36.9	68.4	35.4	1.5	33.1	6.9
23.7	19.9	8.9	18.5	7.5	1.4	11.0	3.8
11.0	9.0	4.3	8.1	3.4	0.9	4.6	2.0
7.1	6.0	2.7	5.4	2.1	0.6	3.3	1.2
16.8	14.2	6.7	13.2	5.7	1.0	7.5	2.6
16.3	13.8	6.5	12.8	5.5	1.0	7.3	2.5
51.5	43.5	23.8	40.2	20.5	3.3	19.7	8.0
12.9	10.8	3.9	10.4	3.5	0.4	6.9	2.1
10.0	8.9	4.4	7.8	3.3	1.1	4.4	1.1
10.0	10.0	10.0	10.0	10.0			
24.0	21.0	10.5	20.5	10.0	0.5	10.5	3.0
19.3	17.1	9.9	16.6	9.4	0.6	7.2	2.2
100.0	80.0	30.0	80.0	30.0		50.0	20.0
28.1	24.6	14.0	21.9	11.4	2.6	10.5	3.5
23.8	21.0	11.4	18.1	8.6	2.9	9.5	2.9
87.5	75.0	50.0	75.0	50.0		25.0	12.5
15.1	13.0	6.1	12.2	5.3	0.8	6.8	2.1
23.3	19.8	9.3	18.7	8.1	1.2	10.6	3.5
20.7	16.6	8.1	14.9	6.4	1.7	8.5	4.1
13.0	10.9	5.2	9.9	4.2	1.0	5.7	2.1
18.5	15.7	7.5	14.6	6.4	1.1	8.2	2.8
17.9	15.2	7.3	14.2	6.3	1.0	7.9	2.7
14.1	11.8	5.4	10.8	4.5	1.0	6.4	2.3
10.0	7.8	3.6	7.0	2.8	0.8	4.2	2.2

3-3 续表

项目	开展产品或工艺创新活动企业数(个)	#实现产品或工艺创新企业	#实现产品创新企业	#实现工艺创新企业	未开展产品或工艺创新活动企业数(个)
北京	512	389	183	366	1540
天津	289	231	108	212	1849
河北	247	208	100	193	1560
山西	244	215	119	201	1257
内蒙古	77	66	27	63	479
辽宁	247	186	85	166	2127
吉林	119	101	53	87	998
黑龙江	125	96	40	90	1290
上海	336	285	150	265	1242
江苏	1023	886	386	820	6079
浙江	1131	980	442	919	4162
安徽	857	730	324	682	3683
福建	551	475	229	439	3198
江西	428	348	187	326	1839
山东	1271	1147	543	1074	5265
河南	724	623	284	576	4358
湖北	553	463	232	437	2815
湖南	515	440	206	412	1280
广东	1294	1054	556	981	4524
广西	160	136	71	121	911
海南	32	29	10	28	132
重庆	241	193	89	184	1313
四川	566	476	217	433	3559
贵州	173	151	78	138	1200
云南	221	165	87	148	1476
西藏	19	18	6	15	162
陕西	412	351	156	326	2275
甘肃	153	133	59	117	794
青海	32	28	16	27	189
宁夏	37	33	11	31	338
新疆	122	104	38	99	782

在全部企业中占比(%)							
开展产品或工艺创新活动企业	#实现产品或工艺创新企业	#实现产品创新企业	#实现工艺创新企业	1.同时实现产品和工艺创新企业	2.仅实现产品创新企业	3.仅实现工艺创新企业	4.仅有正在进行或中止的产品或工艺创新活动企业
25.0	19.0	8.9	17.8	7.8	1.1	10.0	6.0
13.5	10.8	5.1	9.9	4.2	0.9	5.8	2.7
13.7	11.5	5.5	10.7	4.7	0.8	6.0	2.2
16.3	14.3	7.9	13.4	7.0	0.9	6.4	1.9
13.8	11.9	4.9	11.3	4.3	0.5	7.0	2.0
10.4	7.8	3.6	7.0	2.7	0.8	4.3	2.6
10.7	9.0	4.7	7.8	3.5	1.3	4.3	1.6
8.8	6.8	2.8	6.4	2.4	0.4	4.0	2.0
21.3	18.1	9.5	16.8	8.2	1.3	8.6	3.2
14.4	12.5	5.4	11.5	4.5	0.9	7.0	1.9
21.4	18.5	8.4	17.4	7.2	1.2	10.2	2.9
18.9	16.1	7.1	15.0	6.1	1.1	8.9	2.8
14.7	12.7	6.1	11.7	5.1	1.0	6.6	2.0
18.9	15.4	8.2	14.4	7.3	1.0	7.1	3.5
19.4	17.5	8.3	16.4	7.2	1.1	9.2	1.9
14.2	12.3	5.6	11.3	4.7	0.9	6.7	2.0
16.4	13.7	6.9	13.0	6.1	0.8	6.9	2.7
28.7	24.5	11.5	23.0	9.9	1.6	13.0	4.2
22.2	18.1	9.6	16.9	8.3	1.3	8.6	4.1
14.9	12.7	6.6	11.3	5.2	1.4	6.1	2.2
19.5	17.7	6.1	17.1	5.5	0.6	11.6	1.8
15.5	12.4	5.7	11.8	5.1	0.6	6.7	3.1
13.7	11.5	5.3	10.5	4.2	1.0	6.3	2.2
12.6	11.0	5.7	10.1	4.7	0.9	5.3	1.6
13.0	9.7	5.1	8.7	4.1	1.0	4.6	3.3
10.5	9.9	3.3	8.3	1.7	1.7	6.6	0.6
15.3	13.1	5.8	12.1	4.9	0.9	7.3	2.3
16.2	14.0	6.2	12.4	4.5	1.7	7.8	2.1
14.5	12.7	7.2	12.2	6.8	0.5	5.4	1.8
9.9	8.8	2.9	8.3	2.4	0.5	5.9	1.1
13.5	11.5	4.2	11.0	3.7	0.6	7.3	2.0

3-4 规模(限额)以上服务业

项 目	开展产品或工艺创新活动企业数(个)	#实现产品或工艺创新企业	#实现产品创新企业	#实现工艺创新企业	未开展产品或工艺创新活动企业数(个)
总 计	**75566**	**61308**	**39786**	**48322**	**508326**
一、按规模分					
大型企业	5804	4810	3107	3956	6713
中型企业	20863	17100	10813	13599	71537
小型企业	41271	32895	21615	25480	277369
微型企业	7628	6503	4251	5287	152707
二、按登记注册类型分					
内资企业	70781	57477	37270	45396	491342
#有限责任公司	64314	52238	33675	41250	470293
股份有限公司	5277	4207	2998	3245	4850
非公司企业法人	578	479	252	414	3663
个人独资企业	535	485	307	423	11091
合伙企业	76	67	38	63	1435
港澳台商投资企业	2461	1969	1286	1524	8518
港澳台投资有限责任公司	2095	1662	1072	1278	8127
港澳台投资股份有限公司	165	136	101	110	119
港澳台投资合伙企业	43	31	23	27	100
其他港澳台投资企业	158	140	90	109	172
外商投资企业	2324	1862	1230	1402	8466
外商投资有限责任公司	2013	1611	1061	1210	7969
外商投资股份有限公司	175	141	97	111	106
外商投资合伙企业	35	24	18	16	98
其他外商投资企业	101	86	54	65	293
三、按行业分					
批发和零售业	**25515**	**22635**	**13651**	**18822**	**386114**
批发业	15849	13867	8099	11599	244956
零售业	9666	8768	5552	7223	141158
交通运输、仓储和邮政业	**4182**	**3487**	**1530**	**3089**	**40752**
#道路运输业	1970	1662	820	1434	21669
水上运输业	326	260	89	240	2417
航空运输业	110	93	37	81	347
管道运输业	52	36	17	34	79
多式联运和运输代理业	849	683	298	606	9543
装卸搬运和仓储业	660	557	183	513	4628
邮政业	214	195	86	180	2058
信息传输、软件和信息技术服务业	**21814**	**16904**	**13057**	**12079**	**9197**
电信、广播电视和卫星传输服务	1500	1209	788	944	1658
互联网和相关服务	3405	2558	1907	1803	2614
软件和信息技术服务业	16909	13137	10362	9332	4925
租赁和商务服务业	**6325**	**4859**	**2998**	**3689**	**52491**
租赁业	459	356	220	281	4026
商务服务业	5866	4503	2778	3408	48465

企业产品和工艺创新分布情况

在全部企业中占比(%)							
开展产品或工艺创新活动企业	#实现产品或工艺创新企业			1.同时实现产品和工艺创新企业	2.仅实现产品创新企业	3.仅实现工艺创新企业	4.仅有正在进行或中止的产品或工艺创新活动企业
		#实现产品创新企业	#实现工艺创新企业				
12.9	**10.5**	**6.8**	**8.3**	**4.6**	**2.2**	**3.7**	**2.4**
46.4	38.4	24.8	31.6	18.0	6.8	13.6	7.9
22.6	18.5	11.7	14.7	7.9	3.8	6.8	4.1
13.0	10.3	6.8	8.0	4.5	2.3	3.5	2.6
4.8	4.1	2.7	3.3	1.9	0.8	1.4	0.7
12.6	10.2	6.6	8.1	4.5	2.1	3.6	2.4
12.0	9.8	6.3	7.7	4.2	2.1	3.5	2.3
52.1	41.5	29.6	32.0	20.1	9.5	11.9	10.6
13.6	11.3	5.9	9.8	4.4	1.5	5.4	2.3
4.6	4.2	2.6	3.6	2.1	0.5	1.5	0.4
5.0	4.4	2.5	4.2	2.3	0.3	1.9	0.6
22.4	17.9	11.7	13.9	7.7	4.1	6.2	4.5
20.5	16.3	10.5	12.5	6.7	3.8	5.8	4.2
58.1	47.9	35.6	38.7	26.4	9.2	12.3	10.2
30.1	21.7	16.1	18.9	13.3	2.8	5.6	8.4
47.9	42.4	27.3	33.0	17.9	9.4	15.2	5.5
21.5	17.3	11.4	13.0	7.1	4.3	5.9	4.3
20.2	16.1	10.6	12.1	6.6	4.0	5.5	4.0
62.3	50.2	34.5	39.5	23.8	10.7	15.7	12.1
26.3	18.0	13.5	12.0	7.5	6.0	4.5	8.3
25.6	21.8	13.7	16.5	8.4	5.3	8.1	3.8
6.2	**5.5**	**3.3**	**4.6**	**2.4**	**0.9**	**2.2**	**0.7**
6.1	5.3	3.1	4.4	2.2	0.9	2.2	0.8
6.4	5.8	3.7	4.8	2.7	1.0	2.1	0.6
9.3	**7.8**	**3.4**	**6.9**	**2.5**	**0.9**	**4.4**	**1.5**
8.3	7.0	3.5	6.1	2.5	1.0	3.6	1.3
11.9	9.5	3.2	8.8	2.5	0.7	6.2	2.4
24.1	20.4	8.1	17.7	5.5	2.6	12.3	3.7
39.7	27.5	13.0	26.0	11.5	1.5	14.5	12.2
8.2	6.6	2.9	5.8	2.1	0.7	3.7	1.6
12.5	10.5	3.5	9.7	2.6	0.8	7.1	1.9
9.4	8.6	3.8	7.9	3.1	0.7	4.8	0.8
70.3	**54.5**	**42.1**	**39.0**	**26.5**	**15.6**	**12.4**	**15.8**
47.5	38.3	25.0	29.9	16.6	8.4	13.3	9.2
56.6	42.5	31.7	30.0	19.1	12.5	10.8	14.1
77.4	60.2	47.5	42.7	30.0	17.4	12.7	17.3
10.8	**8.3**	**5.1**	**6.3**	**3.1**	**2.0**	**3.2**	**2.5**
10.2	7.9	4.9	6.3	3.2	1.7	3.0	2.3
10.8	8.3	5.1	6.3	3.1	2.0	3.2	2.5

3–4 续表

项目	开展产品或工艺创新活动企业数(个)	#实现产品或工艺创新企业	#实现产品创新企业	#实现工艺创新企业	未开展产品或工艺创新活动企业数(个)
科学研究和技术服务业	**16241**	**12304**	**7979**	**9687**	**14988**
研究和试验发展	2572	1927	1316	1548	713
专业技术服务业	11226	8565	5412	6726	11791
科技推广和应用服务业	2443	1812	1251	1413	2484
水利、环境和公共设施管理业	**1489**	**1119**	**571**	**956**	**4784**
水利管理业	65	49	20	46	134
生态保护和环境治理业	689	511	256	447	847
公共设施管理业	668	505	271	418	3463
土地管理业	67	54	24	45	340
四、按地区分					
东部地区	51301	41062	27061	31865	315143
中部地区	12354	10527	6844	8588	97577
西部地区	10030	8226	4921	6694	77769
东北地区	1881	1493	960	1175	17837
北　京	8135	5487	3675	4106	18597
天　津	1446	1153	726	897	12791
河　北	1172	946	556	766	11047
山　西	796	737	453	610	9323
内蒙古	359	296	157	246	4395
辽　宁	1014	793	521	624	10093
吉　林	384	314	206	234	3361
黑龙江	483	386	233	317	4383
上　海	6580	5551	3751	4093	23567
江　苏	7956	6693	4382	5376	63638
浙　江	5467	4492	2835	3483	40942
安　徽	2316	2017	1331	1626	13407
福　建	3164	2770	1860	2025	26406
江　西	1437	1217	796	1017	15460
山　东	5041	4558	2782	3708	45173
河　南	2397	2127	1352	1710	22219
湖　北	2977	2418	1534	2010	21494
湖　南	2431	2011	1378	1615	15674
广　东	12037	9176	6371	7219	70218
广　西	905	741	376	648	9122
海　南	303	236	123	192	2764
重　庆	1399	1066	698	871	9421
四　川	3042	2528	1602	1947	18479
贵　州	696	601	348	502	5812
云　南	927	764	454	651	7600
西　藏	104	82	53	71	505
陕　西	1413	1132	660	916	9823
甘　肃	400	332	197	278	3152
青　海	97	85	50	70	756
宁　夏	157	151	92	127	1103
新　疆	531	448	234	367	7601

在全部企业中占比(%)							
开展产品或工艺创新活动企业	#实现产品或工艺创新企业	#实现产品创新企业	#实现工艺创新企业	1.同时实现产品和工艺创新企业	2.仅实现产品创新企业	3.仅实现工艺创新企业	4.仅有正在进行或中止的产品或工艺创新活动企业
52.0	**39.4**	**25.6**	**31.0**	**17.2**	**8.4**	**13.8**	**12.6**
78.3	58.7	40.1	47.1	28.5	11.5	18.6	19.6
48.8	37.2	23.5	29.2	15.5	8.0	13.7	11.6
49.6	36.8	25.4	28.7	17.3	8.1	11.4	12.8
23.7	**17.8**	**9.1**	**15.2**	**6.5**	**2.6**	**8.7**	**5.9**
32.7	24.6	10.1	23.1	8.5	1.5	14.6	8.0
44.9	33.3	16.7	29.1	12.5	4.2	16.6	11.6
16.2	12.2	6.6	10.1	4.5	2.1	5.7	3.9
16.5	13.3	5.9	11.1	3.7	2.2	7.4	3.2
14.0	11.2	7.4	8.7	4.9	2.5	3.8	2.8
11.2	9.6	6.2	7.8	4.5	1.8	3.4	1.7
11.4	9.4	5.6	7.6	3.9	1.7	3.8	2.1
9.5	7.6	4.9	6.0	3.3	1.6	2.7	2.0
30.4	20.5	13.7	15.4	8.6	5.2	6.8	9.9
10.2	8.1	5.1	6.3	3.3	1.8	3.0	2.1
9.6	7.7	4.6	6.3	3.1	1.5	3.2	1.9
7.9	7.3	4.5	6.0	3.2	1.3	2.8	0.6
7.6	6.2	3.3	5.2	2.3	1.1	2.9	1.3
9.1	7.1	4.7	5.6	3.2	1.5	2.4	2.0
10.3	8.4	5.5	6.2	3.4	2.1	2.9	1.9
9.9	7.9	4.8	6.5	3.4	1.4	3.1	2.0
21.8	18.4	12.4	13.6	7.6	4.8	6.0	3.4
11.1	9.3	6.1	7.5	4.3	1.8	3.2	1.8
11.8	9.7	6.1	7.5	3.9	2.2	3.6	2.1
14.7	12.8	8.5	10.3	6.0	2.5	4.4	1.9
10.7	9.4	6.3	6.8	3.8	2.5	3.1	1.3
8.5	7.2	4.7	6.0	3.5	1.2	2.5	1.3
10.0	9.1	5.5	7.4	3.8	1.7	3.5	1.0
9.7	8.6	5.5	6.9	3.8	1.7	3.1	1.1
12.2	9.9	6.3	8.2	4.6	1.7	3.6	2.3
13.4	11.1	7.6	8.9	5.4	2.2	3.5	2.3
14.6	11.2	7.7	8.8	5.4	2.4	3.4	3.5
9.0	7.4	3.8	6.5	2.8	0.9	3.6	1.6
9.9	7.7	4.0	6.3	2.6	1.4	3.7	2.2
12.9	9.9	6.5	8.1	4.6	1.8	3.4	3.1
14.1	11.7	7.4	9.0	4.7	2.7	4.3	2.4
10.7	9.2	5.3	7.7	3.8	1.5	3.9	1.5
10.9	9.0	5.3	7.6	4.0	1.3	3.6	1.9
17.1	13.5	8.7	11.7	6.9	1.8	4.8	3.6
12.6	10.1	5.9	8.2	4.0	1.9	4.2	2.5
11.3	9.3	5.5	7.8	4.0	1.5	3.8	1.9
11.4	10.0	5.9	8.2	4.1	1.8	4.1	1.4
12.5	12.0	7.3	10.1	5.4	1.9	4.7	0.5
6.5	5.5	2.9	4.5	1.9	1.0	2.6	1.0

3-5 规模以上高技术产业(制造业)

项　目	开展产品或工艺创新活动企业数(个)	#实现产品或工艺创新企业	#实现产品创新企业	#实现工艺创新企业	未开展产品或工艺创新活动企业数(个)
总　计	**42385**	**37409**	**28361**	**29276**	**9097**
一、按规模分					
大型企业	1862	1763	1444	1527	151
中型企业	5928	5518	4425	4601	630
小型企业	32638	28565	21489	21991	6891
微型企业	1957	1563	1003	1157	1425
二、按登记注册类型分					
内资企业	37520	33122	25142	25912	7102
#有限责任公司	33141	29175	21881	22818	6791
股份有限公司	4174	3784	3146	2969	146
非公司企业法人	68	57	41	44	35
个人独资企业	87	67	41	53	111
合伙企业	48	38	32	27	17
港澳台商投资企业	2301	2042	1561	1577	817
港澳台投资有限责任公司	1980	1755	1318	1357	786
港澳台投资股份有限公司	244	217	187	169	9
港澳台投资合伙企业	50	46	35	34	10
其他港澳台投资企业	27	24	21	17	12
外商投资企业	2564	2245	1658	1787	1178
外商投资有限责任公司	2258	1972	1431	1565	1128
外商投资股份有限公司	240	218	189	178	8
外商投资合伙企业	44	37	27	31	28
其他外商投资企业	22	18	11	13	14
三、按高技术行业(制造业)分					
医药制造业	**7735**	**6512**	**4387**	**5324**	**1673**
#化学药品制造	2446	2085	1382	1760	288
中成药生产	1316	1045	631	876	292
生物药品制品制造	988	805	556	620	97
电子及通信设备制造业	**22856**	**20441**	**15760**	**16072**	**5503**
#电子工业专用设备制造	1918	1721	1306	1315	369
光纤、光缆制造及锂离子电池制造	1733	1545	1144	1292	368

产品和工艺创新分布情况

在全部企业中占比(%)							
开展产品或工艺创新活动企业	#实现产品或工艺创新企业	#实现产品创新企业	#实现工艺创新企业	1.同时实现产品和工艺创新企业	2.仅实现产品创新企业	3.仅实现工艺创新企业	4.仅有正在进行或中止的产品或工艺创新活动企业
82.3	**72.7**	**55.1**	**56.9**	**39.3**	**15.8**	**17.6**	**9.7**
92.5	87.6	71.7	75.9	60.0	11.7	15.8	4.9
90.4	84.1	67.5	70.2	53.5	14.0	16.7	6.3
82.6	72.3	54.4	55.6	37.7	16.6	17.9	10.3
57.9	46.2	29.7	34.2	17.7	12.0	16.6	11.7
84.1	74.2	56.3	58.1	40.2	16.2	17.9	9.9
83.0	73.1	54.8	57.1	38.9	15.9	18.3	9.9
96.6	87.6	72.8	68.7	54.0	18.9	14.8	9.0
66.0	55.3	39.8	42.7	27.2	12.6	15.5	10.7
43.9	33.8	20.7	26.8	13.6	7.1	13.1	10.1
73.8	58.5	49.2	41.5	32.3	16.9	9.2	15.4
73.8	65.5	50.1	50.6	35.2	14.9	15.4	8.3
71.6	63.4	47.7	49.1	33.3	14.4	15.8	8.1
96.4	85.8	73.9	66.8	54.9	19.0	11.9	10.7
83.3	76.7	58.3	56.7	38.3	20.0	18.3	6.7
69.2	61.5	53.8	43.6	35.9	17.9	7.7	7.7
68.5	60.0	44.3	47.8	32.1	12.2	15.7	8.5
66.7	58.2	42.3	46.2	30.2	12.0	16.0	8.4
96.8	87.9	76.2	71.8	60.1	16.1	11.7	8.9
61.1	51.4	37.5	43.1	29.2	8.3	13.9	9.7
61.1	50.0	30.6	36.1	16.7	13.9	19.4	11.1
82.2	**69.2**	**46.6**	**56.6**	**34.0**	**12.6**	**22.6**	**13.0**
89.5	76.3	50.5	64.4	38.7	11.9	25.7	13.2
81.8	65.0	39.2	54.5	28.7	10.5	25.7	16.9
91.1	74.2	51.2	57.1	34.2	17.1	22.9	16.9
80.6	**72.1**	**55.6**	**56.7**	**40.2**	**15.4**	**16.5**	**8.5**
83.9	75.3	57.1	57.5	39.4	17.8	18.1	8.6
82.5	73.5	54.5	61.5	42.4	12.0	19.1	8.9

3-5 续表 1

项　目	开展产品或工艺创新活动企业数（个）	#实现产品或工艺创新企业	#实现产品创新企业	#实现工艺创新企业	未开展产品或工艺创新活动企业数（个）
#锂离子电池制造	1425	1256	933	1044	309
通信设备制造、雷达及配套设备制造	2059	1807	1445	1335	370
#通信系统设备制造	1071	956	776	695	162
通信终端设备制造	852	729	564	553	200
雷达及配套设备制造	136	122	105	87	8
广播电视设备制造	492	456	374	325	117
非专业视听设备制造	826	736	590	523	304
电子器件制造	5175	4599	3545	3654	1078
#电子真空器件制造	333	298	221	222	131
半导体分立器件制造	440	402	315	337	88
集成电路制造	1234	1089	824	841	148
光电子器件制造	898	807	644	665	147
电子元件及电子专用设备制造	7977	7192	5408	5852	2329
#电阻电容电感元件制造	998	906	676	738	316
电子专用材料制造	2252	2064	1550	1709	492
电子电路制造	1532	1348	966	1128	442
智能消费设备制造	1439	1297	1077	956	232
其他电子设备制造	1237	1088	871	820	336
计算机及办公设备制造业	**2568**	**2254**	**1802**	**1643**	**627**
#计算机整机制造	348	296	230	233	70
计算机零部件制造	774	684	547	492	257
计算机外围设备制造	709	618	492	445	170
办公设备制造	211	191	153	139	69
医疗仪器设备及仪器仪表制造业	**8485**	**7544**	**5935**	**5678**	**1178**
#医疗仪器设备及器械制造	2759	2384	1795	1795	399
#医疗诊断、监护及治疗设备制造	911	762	586	551	77
医疗、外科及兽医用器械制造	655	588	445	458	115
通用仪器仪表制造	3936	3545	2830	2666	527
专用仪器仪表制造	1070	954	779	691	120
信息化学品制造业	**113**	**108**	**85**	**93**	**33**
四、按地区分					
东部地区	28611	25426	19461	19773	5880
中部地区	8583	7604	5860	5987	1817
西部地区	4288	3680	2585	2952	1138
东北地区	903	699	455	564	262

在全部企业中占比(%)							
开展产品或工艺创新活动企业	#实现产品或工艺创新企业	#实现产品创新企业	#实现工艺创新企业	1.同时实现产品和工艺创新企业	2.仅实现产品创新企业	3.仅实现工艺创新企业	4.仅有正在进行或中止的产品或工艺创新活动企业
82.2	72.4	53.8	60.2	41.6	12.2	18.6	9.7
84.8	74.4	59.5	55.0	40.1	19.4	14.9	10.4
86.9	77.5	62.9	56.4	41.8	21.2	14.6	9.3
81.0	69.3	53.6	52.6	36.9	16.7	15.7	11.7
94.4	84.7	72.9	60.4	48.6	24.3	11.8	9.7
80.8	74.9	61.4	53.4	39.9	21.5	13.5	5.9
73.1	65.1	52.2	46.3	33.4	18.9	12.9	8.0
82.8	73.5	56.7	58.4	41.6	15.1	16.9	9.2
71.8	64.2	47.6	47.8	31.3	16.4	16.6	7.5
83.3	76.1	59.7	63.8	47.3	12.3	16.5	7.2
89.3	78.8	59.6	60.9	41.7	17.9	19.2	10.5
85.9	77.2	61.6	63.6	48.0	13.6	15.6	8.7
77.4	69.8	52.5	56.8	39.5	13.0	17.3	7.6
76.0	69.0	51.4	56.2	38.7	12.8	17.5	7.0
82.1	75.2	56.5	62.3	43.6	12.9	18.7	6.9
77.6	68.3	48.9	57.1	37.8	11.1	19.4	9.3
86.1	77.6	64.5	57.2	44.0	20.4	13.2	8.5
78.6	69.2	55.4	52.1	38.3	17.0	13.8	9.5
80.4	**70.5**	**56.4**	**51.4**	**37.3**	**19.1**	**14.1**	**9.8**
83.3	70.8	55.0	55.7	40.0	15.1	15.8	12.4
75.1	66.3	53.1	47.7	34.4	18.6	13.3	8.7
80.7	70.3	56.0	50.6	36.3	19.7	14.3	10.4
75.4	68.2	54.6	49.6	36.1	18.6	13.6	7.1
87.8	**78.1**	**61.4**	**58.8**	**42.1**	**19.3**	**16.7**	**9.7**
87.4	75.5	56.8	56.8	38.2	18.7	18.7	11.9
92.2	77.1	59.3	55.8	38.0	21.4	17.8	15.1
85.1	76.4	57.8	59.5	40.9	16.9	18.6	8.7
88.2	79.4	63.4	59.7	43.7	19.7	16.0	8.8
89.9	80.2	65.5	58.1	43.4	22.1	14.7	9.7
77.4	**74.0**	**58.2**	**63.7**	**47.9**	**10.3**	**15.8**	**3.4**
83.0	73.7	56.4	57.3	40.0	16.4	17.3	9.2
82.5	73.1	56.3	57.6	40.8	15.5	16.8	9.4
79.0	67.8	47.6	54.4	34.2	13.4	20.2	11.2
77.5	60.0	39.1	48.4	27.5	11.6	20.9	17.5

3–5 续表 2

项　　目	开展产品或工艺创新活动企业数（个）	#实现产品或工艺创新企业	#实现产品创新企业	#实现工艺创新企业	未开展产品或工艺创新活动企业数（个）
北　京	893	720	570	486	68
天　津	469	410	317	319	129
河　北	756	638	453	502	174
山　西	233	226	136	195	67
内蒙古	120	97	67	82	22
辽　宁	461	367	246	291	113
吉　林	242	173	108	139	109
黑龙江	200	159	101	134	40
上　海	1128	946	659	730	275
江　苏	6729	6131	4196	4922	1551
浙　江	4279	4027	3370	3117	508
安　徽	1962	1782	1350	1436	355
福　建	1149	998	741	773	266
江　西	1895	1778	1582	1332	558
山　东	2275	2216	1866	1762	298
河　南	1098	965	579	805	417
湖　北	1475	1243	858	1004	192
湖　南	1920	1610	1355	1215	228
广　东	10870	9300	7268	7129	2602
广　西	327	275	187	222	238
海　南	63	40	21	33	9
重　庆	731	652	542	492	128
四　川	1582	1384	928	1108	371
贵　州	266	221	139	192	84
云　南	244	179	110	150	70
西　藏	12	NA		NA	6
陕　西	706	633	496	500	124
甘　肃	146	107	55	88	52
青　海	38	29	13	25	9
宁　夏	58	58	31	54	5
新　疆	58	44	17	38	29

在全部企业中占比(%)							
开展产品或工艺创新活动企业	#实现产品或工艺创新企业	#实现产品创新企业	#实现工艺创新企业	1.同时实现产品和工艺创新企业	2.仅实现产品创新企业	3.仅实现工艺创新企业	4.仅有正在进行或中止的产品或工艺创新活动企业
92.9	74.9	59.3	50.6	35.0	24.4	15.6	18.0
78.4	68.6	53.0	53.3	37.8	15.2	15.6	9.9
81.3	68.6	48.7	54.0	34.1	14.6	19.9	12.7
77.7	75.3	45.3	65.0	35.0	10.3	30.0	2.3
84.5	68.3	47.2	57.7	36.6	10.6	21.1	16.2
80.3	63.9	42.9	50.7	29.6	13.2	21.1	16.4
68.9	49.3	30.8	39.6	21.1	9.7	18.5	19.7
83.3	66.3	42.1	55.8	31.7	10.4	24.2	17.1
80.4	67.4	47.0	52.0	31.6	15.4	20.5	13.0
81.3	74.0	50.7	59.4	36.1	14.6	23.4	7.2
89.4	84.1	70.4	65.1	51.4	19.0	13.7	5.3
84.7	76.9	58.3	62.0	43.3	14.9	18.6	7.8
81.2	70.5	52.4	54.6	36.5	15.9	18.2	10.7
77.3	72.5	64.5	54.3	46.3	18.2	8.0	4.8
88.4	86.1	72.5	68.5	54.9	17.6	13.6	2.3
72.5	63.7	38.2	53.1	27.7	10.6	25.5	8.8
88.5	74.6	51.5	60.2	37.1	14.3	23.1	13.9
89.4	75.0	63.1	56.6	44.7	18.4	11.9	14.4
80.7	69.0	53.9	52.9	37.8	16.1	15.1	11.7
57.9	48.7	33.1	39.3	23.7	9.4	15.6	9.2
87.5	55.6	29.2	45.8	19.4	9.7	26.4	31.9
85.1	75.9	63.1	57.3	44.5	18.6	12.8	9.2
81.0	70.9	47.5	56.7	33.4	14.1	23.3	10.1
76.0	63.1	39.7	54.9	31.4	8.3	23.4	12.9
77.7	57.0	35.0	47.8	25.8	9.2	22.0	20.7
66.7	5.6		5.6			5.6	61.1
85.1	76.3	59.8	60.2	43.7	16.0	16.5	8.8
73.7	54.0	27.8	44.4	18.2	9.6	26.3	19.7
80.9	61.7	27.7	53.2	19.1	8.5	34.0	19.1
92.1	92.1	49.2	85.7	42.9	6.3	42.9	
66.7	50.6	19.5	43.7	12.6	6.9	31.0	16.1

3–6 规模(限额)以上企业产品

项　目	实现产品创新企业数(个)	在实现产品创新企业中，以下列形式进行开发的企业占比(%)			
		本企业独立开发或与集团内企业合作开发	本企业与境内其他企业合作开发	本企业与境内研究机构或高等学校合作开发	本企业与境外企业或机构合作开发
总　计	**225514**	**85.6**	**9.4**	**7.0**	**1.5**
一、按规模分					
大型企业	9540	89.7	21.6	19.5	3.7
中型企业	33626	86.1	12.9	10.3	2.0
小型企业	168833	86.3	8.0	5.8	1.2
微型企业	13515	72.9	10.1	4.4	1.5
二、按登记注册类型分					
内资企业	207985	85.3	9.4	7.0	1.2
#有限责任公司	186692	84.9	9.2	6.5	1.2
股份有限公司	18187	90.0	11.3	12.9	1.3
非公司企业法人	767	79.8	15.5	9.6	0.5
个人独资企业	2031	82.0	6.5	2.2	1.2
合伙企业	304	83.9	5.9	2.3	0.7
港澳台商投资企业	8544	89.7	9.5	6.5	3.3
港澳台投资有限责任公司	7582	89.5	9.0	5.8	3.3
港澳台投资股份有限公司	671	92.4	12.5	14.8	3.6
港澳台投资合伙企业	126	92.9	11.1	8.7	1.6
其他港澳台投资企业	165	87.3	20.0	4.2	1.2
外商投资企业	8985	87.9	10.8	6.2	5.8
外商投资有限责任公司	8112	87.7	10.3	5.4	5.9
外商投资股份有限公司	631	92.9	15.8	17.3	3.6
外商投资合伙企业	131	87.0	10.7	3.1	8.4
其他外商投资企业	111	79.3	18.9	4.5	4.5
三、按行业分					
采矿业	969	86.7	7.7	7.8	0.6
制造业	178681	89.5	7.3	6.4	1.3
电力、热力、燃气及水生产和供应业	986	84.4	9.4	5.8	0.4
建筑业	5092	65.7	18.4	13.7	1.7
批发和零售业	13651	48.5	18.1	5.9	3.5
交通运输、仓储和邮政业	1530	59.2	21.5	6.1	2.5
信息传输、软件和信息技术服务业	13057	88.0	17.7	7.9	1.3
租赁和商务服务业	2998	67.9	15.8	5.0	2.2
科学研究和技术服务业	7979	82.1	17.9	14.9	1.7
水利、环境和公共设施管理业	571	73.6	13.8	14.9	0.9

创新和工艺创新开发情况

		实现工艺创新企业数(个)	在实现工艺创新企业中，以下列形式进行开发的企业占比(%)					
在其他单位开发的基础上调整或改进，或委托其他企业或机构开发	其他		本企业独立开发或与集团内企业合作开发	本企业与境内其他企业合作开发	本企业与境内研究机构或高等学校合作开发	本企业与境外企业或机构合作开发	在其他单位开发的基础上调整或改进，或委托其他企业或机构开发	其他
7.5	**6.7**	**261705**	**75.8**	**11.6**	**6.5**	**1.2**	**13.3**	**9.6**
8.0	3.3	12221	77.8	28.6	17.8	2.7	16.8	4.7
8.4	5.5	40795	73.7	16.3	8.6	1.5	16.6	8.4
6.9	6.5	190619	77.3	9.6	5.5	1.1	12.0	9.5
12.6	13.9	18070	64.4	10.0	4.0	1.4	16.5	17.6
7.6	6.9	242022	75.5	11.3	6.5	1.0	13.4	9.9
7.8	7.2	219666	75.2	11.0	6.1	1.0	13.5	10.2
5.4	3.4	18427	80.8	16.2	12.3	1.2	11.6	5.5
10.2	8.2	1132	65.0	18.0	8.7	0.7	17.7	12.5
8.7	9.4	2393	72.2	7.2	2.1	0.8	13.1	13.7
6.9	10.2	400	77.8	7.8	1.5	0.5	11.0	11.3
5.8	4.4	9651	80.3	13.2	5.7	2.6	11.7	6.9
5.6	4.4	8655	80.1	12.4	5.1	2.6	11.5	7.2
5.4	3.0	671	82.3	20.9	14.2	3.0	12.5	2.7
8.7	4.8	135	85.2	11.1	4.4	1.5	11.1	7.4
12.7	7.3	190	80.5	22.1	5.8	2.6	18.9	7.9
5.4	4.4	10032	78.5	15.9	5.2	4.8	12.1	6.2
5.4	4.5	9106	78.3	15.1	4.5	4.9	12.0	6.4
4.1	1.7	637	82.6	23.4	15.2	3.1	13.7	3.6
6.9	5.3	140	75.0	17.1	2.9	7.1	10.0	7.1
9.0	9.0	149	79.2	26.2	7.4	2.7	13.4	7.4
6.4	5.9	2573	64.3	14.9	12.3	1.4	15.8	12.4
5.1	4.9	196753	81.6	9.8	6.1	1.1	9.8	7.4
5.7	6.4	4081	62.3	18.8	6.6	0.7	17.3	12.2
23.1	15.9	9976	58.8	14.5	11.0	1.3	25.2	18.9
24.1	26.9	18822	39.1	16.1	4.2	2.3	31.7	27.6
23.1	15.7	3089	47.8	20.1	4.7	1.1	30.0	17.1
9.9	3.6	12079	79.7	18.8	6.5	1.3	16.2	5.9
16.8	14.9	3689	53.3	16.2	3.8	1.5	27.8	16.9
10.7	6.1	9687	71.3	18.6	11.7	1.4	17.3	8.5
16.8	9.1	956	59.6	15.4	11.3	0.6	22.5	12.8

3–6 续表

项　　目	实现产品创新企业数(个)	在实现产品创新企业中，以下列形式进行开发的企业占比(%)			
		本企业独立开发或与集团内企业合作开发	本企业与境内其他企业合作开发	本企业与境内研究机构或高等学校合作开发	本企业与境外企业或机构合作开发
四、按地区分					
东部地区	151387	86.8	9.1	6.4	1.6
中部地区	49533	84.5	8.9	7.5	1.0
西部地区	20379	80.1	12.5	9.2	1.2
东北地区	4215	81.4	11.6	9.8	1.6
北　京	5257	86.6	18.2	8.9	1.8
天　津	2542	84.5	13.2	7.2	1.7
河　北	5848	88.7	5.7	4.9	0.8
山　西	1567	75.1	11.9	10.8	0.7
内蒙古	596	77.9	11.1	12.9	1.3
辽　宁	2483	82.8	11.6	10.1	1.9
吉　林	805	80.4	12.9	8.9	1.9
黑龙江	927	78.5	10.4	9.6	0.5
上　海	7143	86.0	15.1	7.3	3.4
江　苏	28511	83.9	10.2	9.3	2.1
浙　江	34768	89.1	6.7	5.1	1.2
安　徽	10997	84.2	8.9	10.0	1.2
福　建	7365	84.3	10.0	7.0	1.8
江　西	8705	85.4	7.3	4.7	1.1
山　东	26092	86.5	6.8	5.7	1.1
河　南	6324	80.8	9.2	8.3	1.0
湖　北	9451	81.9	9.9	8.4	1.1
湖　南	12489	89.3	8.7	5.8	0.7
广　东	33619	87.6	10.0	5.3	1.8
广　西	1770	82.1	13.9	10.6	1.1
海　南	242	81.4	21.1	9.1	2.1
重　庆	4193	84.2	11.9	5.6	1.4
四　川	6112	82.0	11.7	8.0	1.1
贵　州	1221	75.1	14.7	13.0	2.3
云　南	1490	79.5	13.3	9.7	0.9
西　藏	72	56.9	22.2	12.5	2.8
陕　西	2988	77.8	12.5	10.2	1.0
甘　肃	764	72.3	12.6	13.1	1.4
青　海	119	66.4	16.0	21.8	1.7
宁　夏	419	76.1	12.4	16.7	1.0
新　疆	635	71.2	12.8	12.1	1.1

			在实现工艺创新企业中，以下列形式进行开发的企业占比(%)					
在其他单位开发的基础上调整或改进，或委托其他企业或机构开发	其他	实现工艺创新企业数(个)	本企业独立开发或与集团内企业合作开发	本企业与境内其他企业合作开发	本企业与境内研究机构或高等学校合作开发	本企业与境外企业或机构合作开发	在其他单位开发的基础上调整或改进，或委托其他企业或机构开发	其他
7.2	6.1	169625	77.8	11.3	5.8	1.3	12.8	8.7
7.1	7.4	56833	74.7	11.0	7.4	1.0	12.7	10.6
10.1	9.0	29305	67.6	14.1	7.8	1.2	17.1	13.3
7.5	8.4	5942	71.4	13.2	8.0	1.2	14.3	11.1
9.8	4.1	5740	72.3	19.4	7.1	1.3	20.3	6.8
7.6	6.2	3033	72.2	15.5	7.2	1.0	15.6	9.5
5.2	6.9	7190	80.0	7.7	4.7	0.7	10.2	9.5
10.2	11.0	2914	63.0	13.1	9.4	0.8	17.0	15.4
10.6	8.4	1212	63.0	16.7	8.9	1.2	18.4	12.8
6.6	7.7	3489	74.8	13.4	7.7	1.2	12.8	9.4
8.7	9.3	1089	67.0	14.5	8.2	1.3	15.4	13.8
8.7	9.2	1364	66.1	11.7	8.5	1.1	17.4	13.3
8.7	5.0	8165	74.2	18.7	5.9	2.7	17.2	7.3
7.7	6.1	37537	76.3	11.7	7.9	1.6	12.4	8.7
6.1	5.2	35331	81.1	8.8	4.6	0.9	10.8	7.4
7.7	7.0	13060	74.5	11.0	9.0	1.0	13.6	10.4
7.7	8.0	9787	75.7	11.0	6.6	1.6	11.8	10.6
6.2	8.4	7886	78.1	8.9	5.7	0.9	10.8	10.2
6.4	6.7	26558	78.5	9.2	5.3	1.0	11.2	9.0
8.4	9.3	10343	71.0	9.5	6.3	1.0	13.8	12.7
8.7	7.4	10824	71.4	12.6	8.5	1.1	14.6	10.6
5.0	5.4	11806	82.0	11.7	6.3	0.8	9.0	8.0
8.1	6.6	35866	78.0	12.2	5.0	1.6	14.6	9.4
9.5	10.3	2665	68.8	15.2	8.1	1.0	17.3	15.3
9.1	5.0	418	63.4	23.0	8.4	1.4	17.2	15.8
9.6	7.1	4385	74.2	14.8	5.6	1.3	16.0	9.6
9.3	8.1	8518	70.4	12.2	6.8	1.0	15.6	12.2
11.2	11.8	2184	64.5	15.0	9.0	1.4	17.2	15.3
10.9	10.3	2401	66.1	15.1	7.7	1.2	17.1	15.3
19.4	25.0	110	50.9	18.2	7.3	3.6	22.7	30.9
9.9	8.4	4055	63.9	14.6	8.9	1.1	18.3	13.5
15.1	12.7	1233	60.6	13.9	9.7	1.7	20.3	16.1
14.3	16.0	233	53.6	20.6	14.2	2.1	20.2	19.7
8.4	8.1	948	72.0	12.7	9.5	0.7	14.7	9.6
12.8	14.5	1361	55.0	15.1	9.8	1.2	21.5	18.8

3–7 规模以上工业企业产品创新

项　　目	实现产品创新企业数（个）	在实现产品创新企业中，以下列形式进行开发的企业占比(%)			
		本企业独立开发或与集团内企业合作开发	本企业与境内其他企业合作开发	本企业与境内研究机构或高等学校合作开发	本企业与境外企业或机构合作开发
总　计	**180636**	**89.5**	**7.3**	**6.4**	**1.3**
一、按规模分					
大型企业	5262	92.4	17.4	17.7	4.5
中型企业	20813	91.5	10.1	10.6	2.1
小型企业	145666	89.2	6.7	5.6	1.1
微型企业	8895	86.7	6.0	4.1	0.8
二、按登记注册类型分					
内资企业	165660	89.4	7.2	6.5	1.0
#有限责任公司	148290	89.2	7.0	5.9	1.0
股份有限公司	14913	91.0	9.3	12.7	1.3
非公司企业法人	468	91.0	8.5	6.8	0.6
个人独资企业	1720	88.9	5.4	1.5	0.9
合伙企业	265	88.7	3.8	2.3	0.4
港澳台商投资企业	7237	91.0	8.1	6.5	2.9
港澳台投资有限责任公司	6492	90.7	7.9	5.8	2.9
港澳台投资股份有限公司	567	94.0	11.3	14.8	3.9
港澳台投资合伙企业	103	93.2	5.8	7.8	1.9
其他港澳台投资企业	75	88.0	10.7	2.7	
外商投资企业	7739	89.3	9.4	6.3	5.1
外商投资有限责任公司	7039	89.1	8.9	5.4	5.2
外商投资股份有限公司	530	93.0	14.9	17.9	3.8
外商投资合伙企业	113	90.3	9.7	3.5	8.9
其他外商投资企业	57	82.5	10.5	7.0	5.3
三、按行业分					
采矿业	**969**	**86.7**	**7.7**	**7.8**	**0.6**
#煤炭开采和洗选业	141	80.9	15.6	11.3	0.7
石油和天然气开采业	10	100.0	10.0	10.0	
黑色金属矿采选业	148	85.8	5.4	3.4	0.7
有色金属矿采选业	132	90.9	9.1	14.4	0.8
非金属矿采选业	500	87.0	5.8	6.2	0.4
开采专业及辅助性活动	36	88.9	8.3	11.1	2.8
制造业	**178681**	**89.5**	**7.3**	**6.4**	**1.3**
农副食品加工业	7163	87.7	6.2	7.2	0.9

和工艺创新开发情况

在其他单位开发的基础上调整或改进，或委托其他企业或机构开发	其他	实现工艺创新企业数(个)	在实现工艺创新企业中，以下列形式进行开发的企业占比(%)					
			本企业独立开发或与集团内企业合作开发	本企业与境内其他企业合作开发	本企业与境内研究机构或高等学校合作开发	本企业与境外企业或机构合作开发	在其他单位开发的基础上调整或改进，或委托其他企业或机构开发	其他
5.1	**4.9**	**203407**	**81.0**	**10.0**	**6.2**	**1.1**	**10.0**	**7.5**
4.8	2.5	6094	82.1	28.7	17.6	3.4	12.8	3.7
4.6	3.1	23019	81.7	16.1	9.6	1.7	11.2	4.8
5.2	5.2	162255	81.1	8.7	5.5	1.0	9.7	7.8
6.5	6.5	12039	77.2	7.2	3.9	1.1	10.6	11.0
5.2	5.0	186716	80.9	9.7	6.3	0.9	10.0	7.7
5.3	5.2	169104	80.8	9.3	5.8	0.9	10.1	7.9
4.1	3.3	14716	82.4	14.9	12.5	1.2	9.7	5.3
5.3	3.2	594	76.9	13.6	6.4	0.8	11.4	6.9
5.6	5.2	1963	81.0	6.1	1.5	0.6	9.3	9.0
4.5	7.5	336	83.9	6.3	1.5	0.6	8.3	7.7
4.7	3.9	8086	82.2	12.0	6.0	2.3	9.9	6.4
4.8	4.0	7347	82.0	11.5	5.4	2.3	9.8	6.6
4.6	2.5	553	84.4	19.3	15.2	3.1	11.6	2.7
4.9	4.9	107	86.0	6.5	4.7	1.9	9.3	6.5
1.3	8.0	79	81.0	12.7	6.3	2.5	13.9	6.3
4.7	3.9	8605	80.8	15.0	5.3	4.4	10.3	5.6
4.7	4.0	7877	80.7	14.3	4.5	4.4	10.1	5.8
3.8	1.3	520	83.5	22.9	16.3	3.7	12.5	2.9
8.0	3.5	124	78.2	16.9	3.2	7.3	8.9	6.5
3.5	8.8	84	78.6	22.6	9.5	2.4	11.9	8.3
6.4	**5.9**	**2573**	**64.3**	**14.9**	**12.3**	**1.4**	**15.8**	**12.4**
11.3	5.7	951	51.9	20.6	16.8	1.7	20.6	15.4
		68	73.5	36.8	32.4	2.9	17.6	11.8
6.8	6.8	339	74.6	7.4	8.3	0.9	12.1	10.0
2.3	3.8	357	71.1	17.6	14.3	0.8	10.9	7.0
6.4	6.6	763	70.8	8.0	4.8	1.0	13.8	13.0
2.8	2.8	91	67.0	13.2	19.8	4.4	14.3	6.6
5.1	**4.9**	**196753**	**81.6**	**9.8**	**6.1**	**1.1**	**9.8**	**7.4**
4.2	5.5	8255	77.6	8.4	7.0	1.0	9.6	8.9

3−7 续表 1

项　目	实现产品创新企业数(个)	在实现产品创新企业中，以下列形式进行开发的企业占比(%)			
		本企业独立开发或与集团内企业合作开发	本企业与境内其他企业合作开发	本企业与境内研究机构或高等学校合作开发	本企业与境外企业或机构合作开发
食品制造业	3964	89.7	6.5	8.5	0.8
酒、饮料和精制茶制造业	1832	86.5	7.8	10.2	1.3
烟草制品业	109	91.7	17.4	3.7	1.8
纺织业	6934	89.6	5.6	4.6	1.0
纺织服装、服饰业	2969	88.3	6.2	2.5	1.3
皮革、毛皮、羽毛及其制品和制鞋业	2722	89.3	4.3	1.8	1.8
木材加工和木、竹、藤、棕、草制品业	2998	90.0	4.1	2.3	0.4
家具制造业	2662	91.1	5.3	2.5	1.5
造纸和纸制品业	2395	89.3	4.8	4.7	1.2
印刷和记录媒介复制业	2174	90.0	5.8	3.6	0.7
文教、工美、体育和娱乐用品制造业	3754	90.0	6.0	3.7	1.9
石油、煤炭及其他燃料加工业	580	86.4	9.3	7.2	0.5
化学原料和化学制品制造业	10948	89.9	6.6	9.4	1.2
医药制造业	4387	85.5	14.4	12.0	1.2
化学纤维制造业	930	88.6	6.3	10.8	1.1
橡胶和塑料制品业	10272	89.4	5.9	4.6	1.1
非金属矿物制品业	12335	89.1	5.6	5.5	0.8
黑色金属冶炼和压延加工业	1620	88.9	8.8	9.0	0.6
有色金属冶炼和压延加工业	3274	88.7	7.6	8.3	0.6
金属制品业	12501	88.9	6.4	4.7	1.0
通用设备制造业	17688	90.5	7.0	6.8	1.3
专用设备制造业	14343	90.5	6.9	8.0	1.3
汽车制造业	9163	88.0	10.6	5.5	2.3
铁路、船舶、航空航天和其他运输设备制造业	2741	86.9	12.3	8.5	2.2
电气机械和器材制造业	17140	90.3	7.4	6.5	1.4
计算机、通信和其他电子设备制造业	15039	90.2	9.9	6.7	1.9
仪器仪表制造业	4324	92.2	9.8	9.2	1.1
其他制造业	848	91.5	7.3	5.7	0.8
废弃资源综合利用业	719	86.6	4.7	6.7	1.4
金属制品、机械和设备修理业	153	89.5	13.1	5.9	3.3
电力、热力、燃气及水生产和供应业	**986**	**84.4**	**9.4**	**5.8**	**0.4**
电力、热力生产和供应业	559	83.0	11.4	6.4	0.4
燃气生产和供应业	189	83.6	9.5	2.6	0.5
水的生产和供应业	238	88.2	4.6	6.7	0.4
四、按地区分					
东部地区	121619	90.0	6.9	5.8	1.4
中部地区	41337	88.9	7.3	7.2	0.9
西部地区	14603	86.8	10.1	8.8	1.0
东北地区	3077	87.5	10.0	10.2	1.5

		实现工艺创新企业数(个)	在实现工艺创新企业中，以下列形式进行开发的企业占比(%)					
在其他单位开发的基础上调整或改进，或委托其他企业或机构开发	其他		本企业独立开发或与集团内企业合作开发	本企业与境内其他企业合作开发	本企业与境内研究机构或高等学校合作开发	本企业与境外企业或机构合作开发	在其他单位开发的基础上调整或改进，或委托其他企业或机构开发	其他
4.9	5.1	4121	80.0	8.7	8.4	1.0	9.9	7.6
4.0	5.7	2126	77.8	10.5	10.6	1.3	8.7	7.8
4.6	3.7	113	74.3	34.5	13.3	2.7	13.3	5.3
5.0	4.9	8217	83.4	7.2	4.7	1.0	8.1	7.1
5.1	5.9	3479	79.8	8.0	2.6	1.5	10.1	8.5
4.0	6.7	2524	83.8	5.6	2.4	1.5	8.4	8.2
4.3	5.4	3545	84.8	5.7	2.9	0.4	6.4	6.9
5.7	5.4	2634	84.1	7.7	2.4	1.1	9.8	6.8
5.3	6.1	2893	79.9	8.0	4.0	0.9	10.8	8.2
5.7	6.3	2860	79.4	8.1	3.5	0.6	11.6	9.3
5.1	5.3	3940	84.4	7.3	3.7	1.5	7.8	6.8
7.6	4.7	856	74.5	14.7	7.9	1.2	13.4	8.8
4.6	4.5	12177	81.4	10.4	9.3	1.1	9.1	6.5
5.3	4.0	5324	76.6	18.7	12.7	1.4	10.3	6.8
4.2	4.6	1167	82.2	7.8	7.9	1.5	8.9	6.9
5.7	5.7	11290	82.9	7.5	4.7	1.0	9.5	7.5
5.0	6.0	15838	79.6	7.6	5.0	0.8	10.4	9.5
5.2	5.6	2189	79.2	11.9	7.6	0.3	10.6	8.3
4.7	5.5	4183	80.3	9.9	7.7	0.7	10.1	7.8
5.6	5.8	14784	81.2	7.8	4.5	0.9	9.7	8.5
4.9	4.4	18352	83.5	9.5	6.3	1.1	9.1	6.6
4.3	4.4	14644	83.3	9.6	7.7	1.1	8.7	6.7
6.7	4.2	9605	80.7	13.8	5.5	1.7	11.5	6.3
6.9	4.0	2895	78.9	15.8	7.7	1.7	11.4	6.5
5.5	4.6	17285	82.5	10.5	5.7	1.1	10.2	7.2
5.6	4.4	15037	82.4	12.9	6.4	1.7	11.8	6.7
3.9	3.0	4079	84.0	12.7	8.2	1.2	9.9	5.1
4.2	5.2	903	82.1	9.5	4.9	1.4	10.1	6.8
5.0	6.8	1160	78.2	8.0	6.5	0.5	9.6	9.1
4.6	3.9	278	81.3	14.0	5.0	0.7	10.8	3.6
5.7	**6.4**	**4081**	**62.3**	**18.8**	**6.6**	**0.7**	**17.3**	**12.2**
6.6	6.4	2577	61.9	21.5	7.3	0.9	17.9	11.3
4.8	9.5	647	62.1	13.1	3.4	0.8	16.1	16.5
4.2	3.8	857	63.7	15.3	7.0	0.1	16.2	11.8
5.2	4.9	132463	82.4	9.5	5.5	1.2	9.6	7.1
4.8	5.1	45611	80.0	10.0	7.4	0.9	9.7	7.9
6.2	5.2	20909	74.5	13.0	7.8	1.0	13.1	9.6
4.6	4.1	4424	77.5	12.5	8.5	1.0	11.3	7.1

3-7 续表 2

项　目	实现产品创新企业数(个)	在实现产品创新企业中，以下列形式进行开发的企业占比(%)			
		本企业独立开发或与集团内企业合作开发	本企业与境内其他企业合作开发	本企业与境内研究机构或高等学校合作开发	本企业与境外企业或机构合作开发
北　京	1399	91.6	13.7	7.4	1.9
天　津	1708	91.7	9.5	5.9	1.8
河　北	5192	91.5	4.4	4.7	0.7
山　西	995	85.2	9.3	11.0	0.6
内蒙古	412	86.7	9.5	13.1	1.5
辽　宁	1877	87.7	9.8	10.8	1.8
吉　林	546	87.5	11.5	8.8	2.4
黑龙江	654	87.0	9.2	9.8	0.2
上　海	3242	92.0	11.5	7.4	3.0
江　苏	23743	88.0	8.4	9.0	2.0
浙　江	31491	90.7	5.5	4.7	1.1
安　徽	9342	88.0	7.6	9.9	1.1
福　建	5276	91.8	6.5	6.7	1.9
江　西	7722	89.1	6.0	4.5	1.0
山　东	22767	89.6	5.5	5.2	0.9
河　南	4688	87.1	7.3	8.5	0.9
湖　北	7685	86.6	8.0	7.8	1.0
湖　南	10905	92.2	7.4	5.5	0.5
广　东	26692	90.4	8.0	4.6	1.7
广　西	1323	87.7	10.1	10.2	1.1
海　南	109	86.2	18.3	12.8	1.8
重　庆	3406	88.1	10.1	4.6	1.2
四　川	4293	88.1	9.6	7.7	1.0
贵　州	795	83.0	12.8	13.5	1.5
云　南	949	89.4	9.7	9.8	0.5
西　藏	13	76.9	15.4	15.4	
陕　西	2172	84.9	10.5	10.3	0.8
甘　肃	508	82.3	9.1	13.2	1.0
青　海	53	77.4	11.3	18.9	
宁　夏	316	81.3	10.8	18.0	0.6
新　疆	363	80.7	9.4	12.9	0.8

			在实现工艺创新企业中，以下列形式进行开发的企业占比(%)					
在其他单位开发的基础上调整或改进，或委托其他企业或机构开发	其他	实现工艺创新企业数(个)	本企业独立开发或与集团内企业合作开发	本企业与境内其他企业合作开发	本企业与境内研究机构或高等学校合作开发	本企业与境外企业或机构合作开发	在其他单位开发的基础上调整或改进，或委托其他企业或机构开发	其他
5.3	1.9	1268	79.6	17.4	6.2	1.4	13.9	4.7
4.2	3.4	1924	80.5	13.0	6.4	1.1	11.2	6.5
3.8	5.3	6231	83.7	6.8	4.3	0.6	8.2	7.8
5.5	4.7	2103	67.6	12.3	9.9	0.9	14.6	11.7
5.8	4.6	903	68.4	18.8	10.2	1.2	15.7	9.1
4.5	4.2	2699	80.0	12.4	8.1	0.9	10.2	6.4
3.7	4.9	768	74.7	14.2	8.6	1.2	11.5	8.2
5.5	3.1	957	72.9	11.6	9.8	1.0	14.6	8.4
4.9	3.2	3807	82.2	17.1	5.9	2.1	10.7	5.6
5.4	4.4	31341	80.5	10.6	7.7	1.5	9.8	7.0
5.1	4.7	30929	84.2	7.6	4.3	0.9	8.7	6.4
5.6	5.0	10752	79.4	10.3	9.4	0.9	10.8	8.1
4.1	4.8	7323	82.4	8.5	6.1	1.5	8.4	7.8
4.4	6.4	6543	84.0	7.9	5.7	0.7	8.2	7.1
4.6	5.2	21776	83.6	8.0	5.0	0.8	8.0	6.7
5.1	5.6	8057	75.8	8.3	6.4	0.9	10.8	10.1
6.0	5.4	8377	76.8	11.3	8.2	1.0	11.0	7.9
3.3	4.1	9779	86.7	10.7	6.0	0.7	6.3	5.8
6.1	5.6	27666	81.8	10.7	4.6	1.6	12.0	8.3
5.9	7.0	1896	75.5	12.7	8.0	1.0	13.3	12.1
5.5	0.9	198	73.2	22.2	12.1	1.5	10.1	10.6
7.6	4.7	3330	80.5	13.2	4.9	1.0	12.3	6.9
5.6	4.7	6138	76.7	10.6	6.7	0.9	12.0	9.4
7.0	6.5	1544	70.2	14.0	9.1	0.8	14.1	11.4
4.1	5.4	1602	76.0	14.4	7.9	1.1	11.4	10.2
7.7	7.7	24	75.0	25.0	8.3		16.7	12.5
5.4	4.6	2813	71.2	13.9	9.5	1.2	13.6	9.3
8.9	7.3	838	69.1	12.9	9.5	1.4	16.5	10.5
	9.4	136	61.8	23.5	14.7	1.5	14.7	11.8
4.7	4.7	790	76.5	12.2	10.0	0.8	11.6	7.6
6.9	7.2	895	61.3	14.6	11.4	1.1	18.5	13.4

3-8 资质等级以上建筑业企业产品

项目	实现产品创新企业数(个)	在实现产品创新企业中，以下列形式进行开发的企业占比(%)			
		本企业独立开发或与集团内企业合作开发	本企业与境内其他企业合作开发	本企业与境内研究机构或高等学校合作开发	本企业与境外企业或机构合作开发
总计	**5092**	**65.7**	**18.4**	**13.7**	**1.7**
一、按规模分					
大型企业	1171	83.5	32.9	33.0	1.5
中型企业	2000	68.4	15.3	9.6	1.3
小型企业	1552	53.4	12.6	6.3	2.2
微型企业	369	46.9	14.1	6.2	3.0
二、按登记注册类型分					
内资企业	5055	65.6	18.4	13.7	1.8
#有限责任公司	4727	65.3	18.3	13.4	1.8
股份有限公司	276	75.4	21.0	18.8	1.8
非公司企业法人	47	46.8	21.3	19.1	
个人独资企业	4	50.0			
合伙企业	NA				100.0
港澳台商投资企业	21	76.2	23.8	23.8	
#港澳台投资有限责任公司	18	77.8	16.7	16.7	
港澳台投资股份有限公司	NA	66.7	66.7	66.7	
外商投资企业	16	81.3	12.5	6.3	
#外商投资有限责任公司	12	75.0	16.7	8.3	
外商投资股份有限公司	4	100.0			
三、按行业分					
房屋建筑业	2043	62.3	18.4	12.0	2.2
土木工程建筑业	1437	69.3	23.5	22.3	1.7
建筑安装业	638	70.2	16.0	9.9	1.3
建筑装饰、装修和其他建筑业	974	64.7	12.7	7.2	1.3
四、按地区分					
东部地区	2707	70.6	18.6	14.6	1.9
中部地区	1352	60.1	17.8	11.1	1.3
西部地区	855	60.5	19.2	15.2	2.1
东北地区	178	60.1	16.9	12.9	1.7

创新和工艺创新开发情况

		实现工艺创新企业数(个)	在实现工艺创新企业中，以下列形式进行开发的企业占比(%)					
在其他单位开发的基础上调整或改进，或委托其他企业或机构开发	其他		本企业独立开发或与集团内企业合作开发	本企业与境内其他企业合作开发	本企业与境内研究机构或高等学校合作开发	本企业与境外企业或机构合作开发	在其他单位开发的基础上调整或改进，或委托其他企业或机构开发	其他
23.1	**15.9**	**9976**	**58.8**	**14.5**	**11.0**	**1.3**	**25.2**	**18.9**
14.9	5.1	2171	75.4	28.4	27.2	1.2	19.5	5.3
22.3	14.1	4177	61.6	11.7	8.5	1.1	23.8	17.1
27.8	24.4	2884	46.4	9.3	4.3	1.4	29.9	28.2
33.1	25.2	744	42.3	10.2	3.9	1.9	31.1	33.1
23.2	16.0	9910	58.7	14.5	11.0	1.3	25.3	19.0
23.4	16.5	9312	58.0	14.3	10.7	1.2	25.6	19.5
18.5	7.6	466	74.5	20.0	16.3	2.1	18.2	7.3
31.9	17.0	124	52.4	14.5	15.3		25.8	22.6
25.0	25.0	7	28.6				71.4	28.6
		NA		100.0				
9.5	4.8	41	73.2	22.0	14.6	2.4	7.3	14.6
11.1	5.6	30	76.7	20.0	13.3	3.3	6.7	20.0
		8	62.5	25.0	25.0			
6.3		25	76.0	4.0	4.0		12.0	8.0
8.3		19	68.4	5.3	5.3		15.8	10.5
		6	100.0					
24.7	17.6	4059	56.0	14.1	10.5	1.4	27.2	21.0
20.9	12.9	2893	63.6	18.5	17.4	1.2	22.2	14.1
21.8	12.1	1181	61.7	13.9	7.5	1.0	23.4	17.1
23.6	19.4	1843	55.4	9.7	4.5	1.1	26.5	23.3
21.2	12.7	5297	62.7	15.0	11.7	1.2	24.3	15.6
25.6	19.5	2634	55.5	12.8	9.5	1.2	26.6	21.6
25.7	19.5	1702	52.6	16.2	11.4	1.6	26.8	24.1
19.7	21.9	343	54.2	13.1	10.2	1.5	20.1	25.1

3-8 续表

项 目	实现产品创新企业数(个)	在实现产品创新企业中，以下列形式进行开发的企业占比(%)			
		本企业独立开发或与集团内企业合作开发	本企业与境内其他企业合作开发	本企业与境内研究机构或高等学校合作开发	本企业与境外企业或机构合作开发
北 京	183	82.0	27.9	22.4	2.2
天 津	108	67.6	23.1	16.7	1.9
河 北	100	67.0	19.0	16.0	2.0
山 西	119	65.5	13.4	16.0	1.7
内蒙古	27	63.0	14.8	18.5	
辽 宁	85	69.4	21.2	14.1	2.4
吉 林	53	54.7	18.9	11.3	1.9
黑龙江	40	47.5	5.0	12.5	
上 海	150	78.7	24.0	16.0	2.7
江 苏	386	56.2	21.2	15.5	2.9
浙 江	442	73.8	17.6	14.3	0.9
安 徽	324	54.3	18.2	9.6	0.9
福 建	229	59.8	20.1	14.0	1.7
江 西	187	60.4	16.0	6.4	0.5
山 东	543	69.4	15.1	11.8	2.2
河 南	284	62.0	15.8	11.3	1.4
湖 北	232	59.5	23.7	17.7	2.6
湖 南	206	63.6	17.0	7.3	0.5
广 东	556	78.8	15.1	14.0	1.4
广 西	71	70.4	26.8	16.9	1.4
海 南	10	80.0	10.0		
重 庆	89	56.2	27.0	9.0	1.1
四 川	217	63.1	18.9	12.4	1.8
贵 州	78	62.8	15.4	20.5	2.6
云 南	87	63.2	19.5	16.1	2.3
西 藏	6	66.7		16.7	16.7
陕 西	156	57.7	18.6	13.5	0.6
甘 肃	59	44.1	16.9	20.3	6.8
青 海	16	31.3	12.5	25.0	
宁 夏	11	72.7	18.2	27.3	
新 疆	38	68.4	10.5	18.4	5.3

		实现工艺创新企业数(个)	在实现工艺创新企业中，以下列形式进行开发的企业占比(%)					
在其他单位开发的基础上调整或改进，或委托其他企业或机构开发	其他		本企业独立开发或与集团内企业合作开发	本企业与境内其他企业合作开发	本企业与境内研究机构或高等学校合作开发	本企业与境外企业或机构合作开发	在其他单位开发的基础上调整或改进，或委托其他企业或机构开发	其他
18.0	4.9	366	75.1	18.9	15.0	1.4	22.4	9.3
17.6	13.9	212	61.8	20.3	13.2	0.5	25.9	13.7
19.0	20.0	193	58.5	9.3	15.0	0.5	19.2	22.3
28.6	10.1	201	58.2	15.4	11.4	2.0	27.9	16.4
22.2	11.1	63	46.0	6.3	7.9		23.8	28.6
16.5	16.5	166	57.8	16.3	10.8	1.2	16.3	24.7
26.4	22.6	87	46.0	14.9	10.3	2.3	25.3	27.6
17.5	32.5	90	55.6	5.6	8.9	1.1	22.2	23.3
15.3	12.0	265	67.5	20.0	12.5	1.5	20.4	13.2
23.8	17.4	820	48.8	14.5	10.9	1.2	29.0	20.4
20.8	8.6	919	64.4	14.1	11.8	1.1	24.9	12.9
27.8	22.8	682	49.6	10.9	7.6	0.9	29.3	24.5
26.6	14.4	439	55.1	20.3	16.2	2.3	24.4	18.9
26.7	24.6	326	54.9	9.8	6.4	0.9	20.6	25.5
23.8	14.7	1074	62.9	12.2	8.9	1.0	24.4	18.0
23.6	18.7	576	57.3	12.2	8.2	1.7	27.4	20.8
22.4	18.1	437	56.1	16.2	15.8	1.4	27.7	19.2
25.7	17.5	412	61.7	14.1	9.2	0.7	23.8	19.7
18.7	11.0	981	70.8	13.7	11.4	1.0	22.1	11.9
22.5	15.5	121	63.6	25.6	16.5	3.3	26.4	18.2
10.0	20.0	28	60.7	28.6	3.6		17.9	17.9
32.6	14.6	184	49.5	23.4	11.4	2.7	33.2	21.7
23.0	16.6	433	56.4	15.7	9.0	1.4	25.2	20.3
29.5	20.5	138	48.6	15.2	12.3	1.4	29.0	30.4
21.8	19.5	148	51.4	14.2	11.5	0.7	25.0	23.6
50.0	33.3	15	40.0	20.0		6.7	13.3	46.7
23.1	22.4	326	54.9	14.4	11.7	0.6	26.1	23.6
33.9	30.5	117	41.0	13.7	16.2	2.6	23.9	33.3
50.0	37.5	27	33.3	11.1	18.5		40.7	33.3
	27.3	31	48.4	16.1	3.2	3.2	32.3	25.8
26.3	18.4	99	54.5	13.1	12.1	2.0	26.3	26.3

3–9 规模(限额)以上服务业企业

项　目	实现产品创新企业数(个)	在实现产品创新企业中，以下列形式进行开发的企业占比(%)			
		本企业独立开发或与集团内企业合作开发	本企业与境内其他企业合作开发	本企业与境内研究机构或高等学校合作开发	本企业与境外企业或机构合作开发
总　计	**39786**	**70.5**	**17.8**	**8.4**	**2.2**
一、按规模分					
大型企业	3107	87.4	24.6	17.6	3.1
中型企业	10813	78.9	17.8	9.7	2.0
小型企业	21615	68.6	16.8	7.1	2.1
微型企业	4251	46.1	18.2	5.0	3.0
二、按登记注册类型分					
内资企业	37270	69.7	17.8	8.6	1.9
#有限责任公司	33675	68.5	17.5	8.1	1.9
股份有限公司	2998	86.4	20.0	13.7	1.3
非公司企业法人	252	65.1	27.4	13.1	0.4
个人独资企业	307	43.6	13.0	6.5	2.9
合伙企业	38	52.6	21.1	2.6	
港澳台商投资企业	1286	82.8	17.1	6.1	5.4
港澳台投资有限责任公司	1072	82.2	15.8	5.3	6.1
港澳台投资股份有限公司	101	84.2	17.8	12.9	2.0
港澳台投资合伙企业	23	91.3	34.8	13.0	
其他港澳台投资企业	90	86.7	27.8	5.6	2.2
外商投资企业	1230	79.2	19.9	5.7	9.8
外商投资有限责任公司	1061	78.4	19.4	5.2	10.8
外商投资股份有限公司	97	91.8	21.6	14.4	3.1
外商投资合伙企业	18	66.7	16.7		5.6
其他外商投资企业	54	75.9	27.8	1.9	3.7
三、按行业分					
批发和零售业	**13651**	**48.5**	**18.1**	**5.9**	**3.5**
批发业	8099	52.1	19.3	6.6	4.2
零售业	5552	43.2	16.2	4.8	2.4
交通运输、仓储和邮政业	**1530**	**59.2**	**21.5**	**6.1**	**2.5**
#道路运输业	820	56.2	21.3	6.0	2.2
水上运输业	89	66.3	27.0	10.1	5.6
航空运输业	37	73.0	37.8	16.2	
管道运输业	17	52.9	29.4	41.2	
多式联运和运输代理业	298	56.7	20.8	2.3	3.4
装卸搬运和仓储业	183	67.8	16.4	7.1	0.5
邮政业	86	65.1	22.1	2.3	4.7
信息传输、软件和信息技术服务业	**13057**	**88.0**	**17.7**	**7.9**	**1.3**
电信、广播电视和卫星传输服务	788	81.2	25.5	6.6	1.9
互联网和相关服务	1907	85.6	16.5	5.4	0.7
软件和信息技术服务业	10362	89.0	17.3	8.4	1.3
租赁和商务服务业	**2998**	**67.9**	**15.8**	**5.0**	**2.2**
租赁业	220	65.5	11.4	3.6	2.3
商务服务业	2778	68.1	16.1	5.1	2.2

产品创新和工艺创新开发情况

			在实现工艺创新企业中，以下列形式进行开发的企业占比(%)					
在其他单位开发的基础上调整或改进，或委托其他企业或机构开发	其他	实现工艺创新企业数(个)	本企业独立开发或与集团内企业合作开发	本企业与境内其他企业合作开发	本企业与境内研究机构或高等学校合作开发	本企业与境外企业或机构合作开发	在其他单位开发的基础上调整或改进，或委托其他企业或机构开发	其他
16.1	**13.5**	**48322**	**57.8**	**17.5**	**6.4**	**1.7**	**24.3**	**16.6**
10.8	4.0	3956	72.5	28.6	13.0	2.3	21.4	5.9
13.2	8.7	13599	63.9	18.2	6.9	1.5	23.7	11.7
16.8	14.3	25480	56.2	15.8	5.6	1.7	24.4	17.9
23.6	28.3	5287	38.3	16.1	4.3	2.2	27.8	30.6
16.4	13.9	45396	57.1	17.4	6.5	1.5	24.5	17.0
16.8	14.6	41250	56.1	17.0	6.2	1.5	24.8	17.7
10.8	3.6	3245	74.1	21.7	10.6	1.2	19.4	6.1
15.1	15.9	414	51.7	25.4	10.1	0.7	24.2	17.4
26.1	32.6	423	31.7	12.8	5.0	1.9	30.0	35.2
23.7	28.9	63	46.0	14.3	1.6		25.4	30.2
11.8	7.1	1524	70.5	19.0	3.7	4.1	21.3	9.4
10.8	7.3	1278	69.2	17.1	3.2	4.5	21.6	9.9
9.9	5.9	110	72.7	28.2	8.2	2.7	18.2	2.7
26.1	4.3	27	81.5	29.6	3.7		18.5	11.1
22.2	6.7	109	80.7	28.4	5.5	2.8	22.0	9.2
9.8	7.6	1402	64.7	21.6	5.1	7.3	23.3	9.8
10.0	7.6	1210	62.9	20.7	4.7	8.1	24.1	10.2
6.2	4.1	111	77.5	27.0	10.8	0.9	19.8	7.2
	16.7	16	50.0	18.8		6.3	18.8	12.5
14.8	9.3	65	80.0	30.8	4.6	3.1	15.4	6.2
24.1	**26.9**	**18822**	**39.1**	**16.1**	**4.2**	**2.3**	**31.7**	**27.6**
21.9	24.3	11599	41.4	17.3	4.6	2.7	31.2	25.2
27.2	30.5	7223	35.6	14.1	3.6	1.7	32.4	31.4
23.1	**15.7**	**3089**	**47.8**	**20.1**	**4.7**	**1.1**	**30.0**	**17.1**
25.0	16.7	1434	45.6	19.2	5.2	1.0	31.4	18.3
21.3	12.4	240	49.2	35.0	8.3	2.1	27.5	12.1
16.2	5.4	81	53.1	35.8	13.6	1.2	28.4	7.4
17.6	11.8	34	41.2	29.4	26.5	2.9	35.3	11.8
22.8	14.8	606	44.9	18.2	0.8	1.2	32.0	16.5
19.7	16.9	513	54.0	17.2	4.3	0.8	26.3	16.4
19.8	15.1	180	53.9	13.3	1.1	1.1	26.7	23.3
9.9	**3.6**	**12079**	**79.7**	**18.8**	**6.5**	**1.3**	**16.2**	**5.9**
16.0	7.0	944	76.0	26.0	4.9	1.5	18.8	9.4
10.5	4.6	1803	77.3	19.4	4.9	0.9	17.2	5.8
9.4	3.1	9332	80.5	18.0	7.0	1.3	15.7	5.6
16.8	**14.9**	**3689**	**53.3**	**16.2**	**3.8**	**1.5**	**27.8**	**16.9**
21.4	13.6	281	53.0	13.2	2.8	1.1	28.5	17.4
16.5	15.0	3408	53.3	16.4	3.8	1.6	27.7	16.8

3–9 续表

项　　目	实现产品创新企业数(个)	在实现产品创新企业中，以下列形式进行开发的企业占比(%)			
		本企业独立开发或与集团内企业合作开发	本企业与境内其他企业合作开发	本企业与境内研究机构或高等学校合作开发	本企业与境外企业或机构合作开发
科学研究和技术服务业	**7979**	**82.1**	**17.9**	**14.9**	**1.7**
研究和试验发展	1316	82.9	25.3	17.6	3.0
专业技术服务业	5412	82.1	16.0	14.4	1.4
科技推广和应用服务业	1251	81.5	18.3	14.4	1.8
水利、环境和公共设施管理业	**571**	**73.6**	**13.8**	**14.9**	**0.9**
水利管理业	20	65.0	15.0	25.0	5.0
生态保护和环境治理业	256	79.3	10.9	18.8	0.8
公共设施管理业	271	68.6	15.9	10.3	0.7
土地管理业	24	75.0	20.8	16.7	
四、按地区分					
东部地区	27061	73.6	18.1	8.2	2.5
中部地区	6844	63.2	16.5	8.5	1.6
西部地区	4921	63.9	18.3	9.6	1.7
东北地区	960	65.8	15.7	7.7	1.9
北　京	3675	84.9	19.4	8.8	1.7
天　津	726	70.0	20.5	9.0	1.4
河　北	556	66.5	14.9	4.9	1.6
山　西	453	55.4	17.2	9.1	0.7
内蒙古	157	57.3	14.7	11.5	1.3
辽　宁	521	67.6	16.5	6.9	2.5
吉　林	206	68.0	15.0	8.7	0.5
黑龙江	233	60.1	14.6	8.6	1.7
上　海	3751	81.0	17.8	6.8	3.8
江　苏	4382	64.3	18.8	10.5	2.7
浙　江	2835	73.2	17.6	8.3	2.4
安　徽	1331	64.9	16.1	10.5	1.7
福　建	1860	65.9	18.5	7.2	1.8
江　西	796	55.2	17.1	6.4	2.4
山　东	2782	64.6	16.0	8.3	2.9
河　南	1352	62.8	14.6	7.1	1.6
湖　北	1534	62.3	17.4	9.6	1.2
湖　南	1378	70.0	17.4	7.5	1.7
广　东	6371	76.6	18.0	7.6	2.4
广　西	376	64.9	24.7	10.9	1.1
海　南	123	77.2	24.4	6.5	2.4
重　庆	698	68.9	18.6	10.5	2.1
四　川	1602	68.3	16.2	8.2	1.4
贵　州	348	59.8	18.7	10.3	4.0
云　南	454	62.1	19.6	8.4	1.5
西　藏	53	50.9	26.4	11.3	1.9
陕　西	660	59.4	17.6	9.4	1.7
甘　肃	197	54.8	20.3	10.7	1.0
青　海	50	66.0	22.0	24.0	4.0
宁　夏	92	58.7	17.4	10.9	2.2
新　疆	234	56.8	18.4	9.8	0.9

			在实现工艺创新企业中，以下列形式进行开发的企业占比(%)					
在其他单位开发的基础上调整或改进，或委托其他企业或机构开发	其他	实现工艺创新企业数(个)	本企业独立开发或与集团内企业合作开发	本企业与境内其他企业合作开发	本企业与境内研究机构或高等学校合作开发	本企业与境外企业或机构合作开发	在其他单位开发的基础上调整或改进，或委托其他企业或机构开发	其他
10.7	**6.1**	**9687**	**71.3**	**18.6**	**11.7**	**1.4**	**17.3**	**8.5**
8.7	3.5	1548	73.7	26.6	13.9	2.8	15.9	5.9
11.4	6.6	6726	70.5	16.9	10.9	1.1	17.8	9.3
9.8	6.5	1413	72.8	18.3	13.0	1.4	16.5	7.4
16.8	**9.1**	**956**	**59.6**	**15.4**	**11.3**	**0.6**	**22.5**	**12.8**
20.0	5.0	46	58.7	13.0	10.9		30.4	13.0
12.9	5.1	447	68.7	13.9	13.9	0.4	16.3	9.2
20.7	13.3	418	52.9	17.0	9.1	1.0	26.6	16.0
12.5	8.3	45	33.3	17.8	6.7		37.8	17.8
15.1	11.1	31865	60.9	18.1	6.3	1.8	23.8	14.0
17.7	18.3	8588	52.8	16.0	6.6	1.5	24.3	21.1
19.1	18.4	6694	49.8	17.3	6.7	1.5	26.9	22.1
14.7	19.5	1175	53.2	15.7	5.2	1.9	23.8	21.9
11.1	4.9	4106	69.8	20.1	6.7	1.2	22.1	7.2
14.2	11.6	897	56.9	19.7	7.2	0.9	22.7	14.9
16.0	18.9	766	55.2	15.4	5.0	1.6	23.6	20.0
15.7	24.9	610	48.7	15.1	6.9	0.3	21.6	27.9
21.0	17.8	246	47.6	11.8	4.5	1.2	26.8	22.4
12.9	19.0	624	56.9	16.8	5.3	2.4	23.2	18.3
17.5	17.5	234	49.6	15.4	6.0	1.3	24.8	26.9
16.3	22.3	317	48.6	13.6	4.4	1.3	24.3	25.2
11.6	6.2	4093	67.2	20.0	5.4	3.3	23.1	8.4
18.7	14.6	5376	55.8	17.9	8.5	1.9	24.7	16.7
15.2	10.7	3483	58.1	17.8	5.6	1.3	25.5	15.0
17.7	17.0	1626	52.6	15.7	6.5	1.8	26.0	19.5
15.3	16.4	2025	55.9	17.7	6.2	1.6	21.1	19.1
18.3	24.5	1017	47.1	14.9	5.3	1.7	24.1	25.1
18.3	17.6	3708	53.0	15.4	5.7	1.9	25.9	19.7
16.9	20.3	1710	53.2	14.3	5.1	1.2	23.6	22.3
20.4	15.9	2010	52.2	17.5	7.9	1.6	26.7	20.0
15.7	14.4	1615	58.4	17.3	7.6	1.4	21.5	17.8
15.7	10.4	7219	64.4	17.6	5.8	1.7	23.6	13.2
19.9	20.7	648	50.0	20.8	6.8	0.6	27.3	24.4
12.2	7.3	192	53.6	22.9	5.2	1.6	24.5	20.8
16.2	17.9	871	55.5	19.1	7.1	2.1	26.3	17.6
17.5	16.0	1947	53.9	16.4	6.6	1.1	25.2	19.1
16.7	21.8	502	51.2	18.1	7.8	3.0	23.3	23.1
23.1	18.9	651	45.3	17.1	6.5	1.5	29.3	26.0
18.9	28.3	71	45.1	15.5	8.5	4.2	26.8	33.8
21.5	17.6	916	44.9	16.6	6.3	1.1	30.1	22.9
25.4	21.3	278	43.2	16.9	7.2	2.2	30.2	25.5
18.0	16.0	70	45.7	18.6	11.4	4.3	22.9	30.0
21.7	17.4	127	50.4	15.0	7.9		29.1	18.1
19.7	25.2	367	39.8	16.9	5.2	1.4	27.5	30.0

3-10 规模以上高技术产业(制造业)

项　目	实现产品创新企业数(个)	在实现产品创新企业中，以下列形式进行开发的企业占比(%)			
		本企业独立开发或与集团内企业合作开发	本企业与境内其他企业合作开发	本企业与境内研究机构或高等学校合作开发	本企业与境外企业或机构合作开发
总　计	**28361**	**90.0**	**10.4**	**8.1**	**1.6**
一、按规模分					
大型企业	1444	91.8	18.3	14.3	4.8
中型企业	4425	91.4	13.9	11.7	2.1
小型企业	21489	89.8	9.2	7.1	1.3
微型企业	1003	86.0	10.3	6.8	1.1
二、按登记注册类型分					
内资企业	25142	90.0	10.4	8.3	1.2
#有限责任公司	21881	89.8	10.0	7.6	1.2
股份有限公司	3146	91.6	12.9	13.2	1.6
非公司企业法人	41	87.8	17.1	12.2	2.4
个人独资企业	41	97.6	7.3	4.9	
合伙企业	32	81.3	12.5	3.1	3.1
港澳台商投资企业	1561	90.9	11.0	7.4	4.1
港澳台投资有限责任公司	1318	90.9	10.3	6.3	4.1
港澳台投资股份有限公司	187	92.5	16.0	13.4	4.3
港澳台投资合伙企业	35	85.7	5.7	17.1	5.7
其他港澳台投资企业	21	85.7	14.3	4.8	
外商投资企业	1658	89.6	10.6	6.6	4.9
外商投资有限责任公司	1431	89.1	10.0	5.6	5.2
外商投资股份有限公司	189	93.1	16.4	15.9	2.6
外商投资合伙企业	27	92.6			7.4
其他外商投资企业	11	90.9	18.2		
三、按高技术行业(制造业)分					
医药制造业	**4387**	**85.5**	**14.4**	**12.0**	**1.2**
#化学药品制造	1382	82.6	22.4	11.3	1.9
中成药生产	631	81.9	20.8	14.7	0.8
生物药品制品制造	556	88.8	8.5	16.0	1.4
电子及通信设备制造业	**15760**	**90.6**	**9.5**	**7.0**	**1.8**
#电子工业专用设备制造	1306	90.9	7.2	6.6	1.6
光纤、光缆制造及锂离子电池制造	1144	92.2	8.3	7.9	1.0

产品创新和工艺创新开发情况

			在实现工艺创新企业中，以下列形式进行开发的企业占比(%)					
在其他单位开发的基础上调整或改进，或委托其他企业或机构开发	其他	实现工艺创新企业数(个)	本企业独立开发或与集团内企业合作开发	本企业与境内其他企业合作开发	本企业与境内研究机构或高等学校合作开发	本企业与境外企业或机构合作开发	在其他单位开发的基础上调整或改进，或委托其他企业或机构开发	其他
5.1	**4.0**	**29276**	**81.6**	**13.9**	**8.0**	**1.5**	**11.1**	**6.4**
5.1	2.5	1527	87.6	25.8	13.4	5.0	12.1	3.5
4.7	2.8	4601	82.2	19.5	10.8	2.0	11.7	4.4
5.1	4.3	21991	81.3	12.0	7.1	1.2	10.9	6.9
6.8	5.2	1157	77.4	10.8	6.3	1.6	11.4	9.0
5.2	4.1	25912	81.5	13.7	8.2	1.1	11.2	6.6
5.3	4.3	22818	81.3	12.9	7.5	1.1	11.2	6.9
4.3	2.6	2969	82.5	20.0	13.8	1.9	11.3	4.3
9.8	2.4	44	86.4	18.2	9.1		9.1	2.3
2.4	4.9	53	77.4	11.3	5.7	1.9	9.4	7.5
3.1	12.5	27	66.7	11.1			22.2	22.2
4.7	3.7	1577	83.6	14.4	6.8	3.1	10.5	5.2
4.6	3.3	1357	83.7	13.6	6.2	3.1	10.0	5.5
5.9	4.3	169	83.4	21.9	11.8	3.0	13.6	1.8
5.7	11.4	34	88.2	8.8	8.8	2.9	11.8	8.8
	9.5	17	70.6	17.6	5.9	5.9	11.8	11.8
4.7	3.4	1787	82.4	16.3	5.5	5.4	9.8	5.3
4.9	3.9	1565	82.1	15.8	4.6	5.4	9.5	5.6
2.1	0.5	178	84.8	23.6	14.0	5.6	11.8	2.2
11.1		31	83.9		3.2	6.5	12.9	3.2
9.1		13	76.9	23.1	7.7		15.4	7.7
5.3	**4.0**	**5324**	**76.6**	**18.7**	**12.7**	**1.4**	**10.3**	**6.8**
6.4	3.1	1760	73.0	26.7	13.8	1.6	11.8	5.3
5.1	4.9	876	74.9	22.7	15.2	1.8	11.4	7.3
5.4	2.9	620	79.4	15.0	12.6	1.8	12.3	5.0
5.4	**4.3**	**16072**	**82.9**	**12.3**	**6.6**	**1.5**	**11.3**	**6.6**
5.2	3.9	1315	82.4	10.9	7.5	1.3	10.3	6.8
3.9	4.1	1292	84.8	11.5	6.7	0.9	10.2	7.4

3-10 续表 1

项　　目	实现产品创新企业数(个)	在实现产品创新企业中，以下列形式进行开发的企业占比(%)			
		本企业独立开发或与集团内企业合作开发	本企业与境内其他企业合作开发	本企业与境内研究机构或高等学校合作开发	本企业与境外企业或机构合作开发
#锂离子电池制造	933	91.3	8.8	8.0	1.1
通信设备制造、雷达及配套设备制造	1445	91.1	10.9	7.8	2.7
#通信系统设备制造	776	92.1	10.7	7.3	2.8
通信终端设备制造	564	88.8	11.2	7.4	3.0
雷达及配套设备制造	105	96.2	10.5	12.4	
广播电视设备制造	374	89.3	12.0	5.1	1.9
非专业视听设备制造	590	89.2	11.4	3.6	3.9
电子器件制造	3545	90.5	10.7	6.9	2.0
#电子真空器件制造	221	89.6	6.8	6.8	1.4
半导体分立器件制造	315	88.9	12.7	10.8	2.9
集成电路制造	824	89.9	14.4	7.9	3.0
光电子器件制造	644	92.5	10.4	6.8	2.0
电子元件及电子专用设备制造	5408	90.4	8.2	7.8	1.4
#电阻电容电感元件制造	676	90.7	9.0	7.8	1.3
电子专用材料制造	1550	90.8	7.5	11.3	1.0
电子电路制造	966	89.1	7.9	7.8	0.8
智能消费设备制造	1077	90.3	12.0	5.7	1.9
其他电子设备制造	871	90.4	9.3	4.8	1.8
计算机及办公设备制造业	**1802**	**89.1**	**10.8**	**4.8**	**2.1**
#计算机整机制造	230	87.0	14.8	4.8	2.6
计算机零部件制造	547	87.2	9.5	3.5	2.2
计算机外围设备制造	492	90.2	10.4	4.3	2.4
办公设备制造	153	92.8	7.2	5.2	1.3
医疗仪器设备及仪器仪表制造业	**5935**	**92.5**	**9.2**	**8.8**	**1.2**
#医疗仪器设备及器械制造	1795	92.9	7.7	7.9	1.7
#医疗诊断、监护及治疗设备制造	586	94.5	7.9	9.2	2.0
医疗、外科及兽医用器械制造	445	91.2	7.6	9.0	2.2
通用仪器仪表制造	2830	92.8	8.9	8.6	0.9
专用仪器仪表制造	779	91.5	12.5	10.7	0.9
信息化学品制造业	**85**	**91.8**	**7.1**	**15.3**	**1.2**
四、按地区分					
东部地区	19461	90.7	10.0	7.5	1.9
中部地区	5860	89.4	10.0	8.9	0.9
西部地区	2585	87.8	13.7	9.4	1.2
东北地区	455	83.7	13.6	17.4	0.2

		实现工艺创新企业数(个)	在实现工艺创新企业中、以下列形式进行开发的企业占比(%)					
在其他单位开发的基础上调整或改进，或委托其他企业或机构开发	其他		本企业独立开发或与集团内企业合作开发	本企业与境内其他企业合作开发	本企业与境内研究机构或高等学校合作开发	本企业与境外企业或机构合作开发	在其他单位开发的基础上调整或改进，或委托其他企业或机构开发	其他
4.1	4.7	1044	83.8	11.8	6.7	0.9	10.6	8.0
6.4	3.5	1335	81.3	14.4	6.1	1.7	15.3	5.7
6.4	3.4	695	83.0	12.4	7.2	2.0	15.0	5.0
7.4	3.9	553	79.0	17.0	4.5	1.4	15.6	6.7
1.0	1.9	87	81.6	13.8	8.0	1.1	16.1	4.6
5.9	4.3	325	82.2	11.1	5.5	2.2	12.0	6.2
5.8	5.6	523	81.8	15.1	3.8	2.5	13.2	7.1
5.9	4.1	3654	83.3	12.9	6.2	1.8	11.8	6.5
4.1	3.6	222	74.8	14.0	9.9	0.5	9.5	10.8
6.0	3.2	337	84.6	13.7	6.8	2.7	8.9	5.6
6.3	3.6	841	80.9	17.5	7.6	3.2	15.5	6.3
3.4	3.0	665	86.0	11.7	5.3	0.9	9.6	5.3
5.0	4.5	5852	82.3	11.5	7.6	1.5	10.5	6.4
4.3	4.3	738	80.5	12.3	7.6	1.5	10.0	7.0
3.8	3.7	1709	82.7	10.7	10.8	1.4	9.2	5.7
6.2	5.7	1128	82.4	11.3	6.8	1.4	12.3	8.2
5.8	4.5	956	85.1	14.3	5.5	1.5	11.0	7.3
5.7	4.1	820	83.7	12.8	4.4	1.3	9.9	8.0
5.7	**4.7**	**1643**	**79.2**	**14.9**	**4.6**	**1.9**	**14.0**	**8.2**
10.4	4.3	233	80.3	18.9	4.3	1.7	17.6	12.0
6.6	6.2	492	81.7	12.2	2.6	2.4	12.8	6.1
3.9	3.9	445	76.9	15.1	4.9	2.5	13.0	9.2
2.6	3.3	139	77.7	12.2	7.2		10.1	8.6
3.9	**3.2**	**5678**	**83.6**	**12.6**	**7.7**	**1.4**	**10.6**	**5.4**
4.2	3.7	1795	82.5	12.1	6.5	2.0	12.2	6.0
3.8	2.7	551	81.5	11.8	6.5	2.0	12.7	6.7
4.9	4.7	458	83.0	15.3	8.3	2.2	11.1	5.9
4.0	2.9	2666	84.2	12.4	7.8	1.0	9.8	5.3
3.1	3.0	691	83.2	13.9	9.1	1.3	10.0	4.1
2.4	**3.5**	**93**	**92.5**	**9.7**	**12.9**	**1.1**	**3.2**	
5.3	3.9	19773	82.2	13.7	7.2	1.7	11.4	6.2
4.5	4.7	5987	81.7	13.3	9.0	1.2	9.7	6.9
5.3	3.5	2952	79.0	16.1	10.5	1.2	12.0	7.2
4.8	4.2	564	74.5	17.2	13.5	1.1	12.8	4.3

3-10 续表 2

项 目	实现产品创新企业数(个)	在实现产品创新企业中，以下列形式进行开发的企业占比(%)			
		本企业独立开发或与集团内企业合作开发	本企业与境内其他企业合作开发	本企业与境内研究机构或高等学校合作开发	本企业与境外企业或机构合作开发
北 京	570	91.1	15.1	6.8	2.5
天 津	317	91.8	14.2	9.5	2.5
河 北	453	89.0	8.4	7.5	0.7
山 西	136	80.1	15.4	17.6	2.2
内蒙古	67	88.1	11.9	14.9	
辽 宁	246	85.8	11.8	17.5	0.4
吉 林	108	87.0	15.7	21.3	
黑龙江	101	75.2	15.8	12.9	
上 海	659	91.8	12.7	8.6	4.2
江 苏	4196	90.4	10.3	9.7	2.8
浙 江	3370	90.8	8.8	8.4	1.2
安 徽	1350	89.2	10.7	11.8	0.8
福 建	741	92.3	9.7	10.5	2.3
江 西	1582	88.2	8.7	5.9	1.1
山 东	1866	89.9	9.0	9.1	0.8
河 南	579	89.3	8.8	8.1	1.2
湖 北	858	87.8	11.8	10.5	0.8
湖 南	1355	92.8	9.7	7.8	0.4
广 东	7268	90.9	9.9	5.1	1.8
广 西	187	85.0	14.4	8.0	2.1
海 南	21	61.9	42.9	19.0	
重 庆	542	91.3	14.0	5.9	1.5
四 川	928	88.3	12.8	8.7	1.3
贵 州	139	84.2	18.0	16.5	0.7
云 南	110	90.0	11.8	11.8	0.9
西 藏					
陕 西	496	86.1	13.5	9.1	0.8
甘 肃	55	78.2	16.4	16.4	1.8
青 海	13	84.6	7.7	30.8	
宁 夏	31	80.6	16.1	25.8	
新 疆	17	94.1	23.5	17.6	

		实现工艺创新企业数(个)	在实现工艺创新企业中，以下列形式进行开发的企业占比(%)					
在其他单位开发的基础上调整或改进，或委托其他企业或机构开发	其他		本企业独立开发或与集团内企业合作开发	本企业与境内其他企业合作开发	本企业与境内研究机构或高等学校合作开发	本企业与境外企业或机构合作开发	在其他单位开发的基础上调整或改进，或委托其他企业或机构开发	其他
5.1	2.5	486	81.1	16.7	4.5	2.3	13.8	4.7
3.8	1.6	319	79.0	18.2	7.5	2.8	10.0	4.1
3.3	5.5	502	81.5	11.2	5.8	0.6	7.8	6.6
6.6	5.1	195	72.8	15.4	12.8	1.0	17.9	7.7
6.0	6.0	82	81.7	18.3	13.4	1.2	19.5	7.3
5.3	3.3	291	76.6	18.2	10.3	1.4	12.7	3.4
1.9	6.5	139	68.3	18.0	18.0	1.4	15.1	7.2
6.9	4.0	134	76.1	14.2	15.7		10.4	3.0
5.3	1.5	730	82.3	19.7	7.4	2.5	11.0	3.2
5.1	3.3	4922	82.8	13.5	9.3	1.9	10.3	5.4
4.4	3.6	3117	83.0	13.3	7.9	1.1	9.3	5.4
4.8	4.1	1436	82.3	13.9	10.2	1.7	9.5	7.2
3.5	2.4	773	82.5	14.0	8.9	1.3	11.8	5.3
4.7	6.6	1332	84.8	11.3	8.3	0.8	8.9	5.6
4.7	3.8	1762	82.6	13.7	9.1	1.2	8.6	5.4
4.1	5.5	805	77.1	9.9	7.0	1.1	10.7	9.8
6.4	4.1	1004	76.1	15.3	10.3	1.3	11.6	7.7
2.7	3.2	1215	86.7	14.8	7.9	0.9	7.2	5.4
6.3	4.8	7129	81.7	12.8	4.9	1.8	13.9	8.0
4.8	7.5	222	78.8	13.5	10.8	0.9	12.2	9.0
4.8		33	60.6	48.5	12.1		6.1	9.1
6.6	2.8	492	86.6	18.5	8.7	0.4	10.6	5.5
5.0	3.1	1108	78.6	13.7	9.0	1.4	11.7	8.0
7.9	5.0	192	73.4	24.5	14.6	2.1	13.0	7.8
1.8	2.7	150	78.0	14.0	15.3	2.0	11.3	8.7
		NA	100.0					
5.0	3.2	500	77.2	16.0	10.0	0.8	12.2	5.4
3.6	3.6	88	71.6	14.8	11.4	3.4	14.8	9.1
		25	60.0	28.0	16.0	4.0	16.0	12.0
3.2	3.2	54	81.5	16.7	18.5		5.6	3.7
5.9		38	68.4	23.7	21.1		13.2	7.9

四、规模（限额）以上企业新产品或新工艺情况（2023 年）

4-1 规模(限额)以上

项　目	实现产品创新企业数(个)	在实现产品创新企业中占比(%)	
		有市场新产品的企业	有本企业新产品的企业
总　计	**225514**	**55.5**	**100.0**
一、按规模分			
大型企业	9540	65.2	100.0
中型企业	33626	59.6	100.0
小型企业	168833	54.4	100.0
微型企业	13515	51.5	100.0
二、按登记注册类型分			
内资企业	207985	55.0	100.0
#有限责任公司	186692	54.5	100.0
股份有限公司	18187	61.6	100.0
非公司企业法人	767	54.9	100.0
个人独资企业	2031	44.3	100.0
合伙企业	304	43.8	100.0
港澳台商投资企业	8544	61.0	100.0
港澳台投资有限责任公司	7582	60.4	100.0
港澳台投资股份有限公司	671	69.0	100.0
港澳台投资合伙企业	126	63.5	100.0
其他港澳台投资企业	165	54.5	100.0
外商投资企业	8985	61.5	100.0
外商投资有限责任公司	8112	60.8	100.0
外商投资股份有限公司	631	71.2	100.0
外商投资合伙企业	131	70.2	100.0
其他外商投资企业	111	50.5	100.0
三、按行业分			
采矿业	969	35.6	100.0
制造业	178681	56.7	100.0
电力、热力、燃气及水生产和供应业	986	30.5	100.0
建筑业	5092	58.3	100.0
批发和零售业	13651	60.2	100.0
交通运输、仓储和邮政业	1530	42.7	100.0
信息传输、软件和信息技术服务业	13057	46.6	100.0
租赁和商务服务业	2998	43.4	100.0
科学研究和技术服务业	7979	47.3	100.0
水利、环境和公共设施管理业	571	41.3	100.0

注：在占实现产品创新企业比重里，较低新颖度类别包含了较高新颖度类别；在占营业收入比重里，仅按最高的新颖度类别计算，较低新颖度类别未包含较高新颖度类别。以下各表同。

企业新产品情况

新产品 销售收入 (亿元)	新产品销售收入占 营业收入的比重 (%)		
		1.仅市场 新的产品	2.仅本企业 新的产品
521618.9	**16.9**	**6.0**	**11.0**
291077.5	26.2	10.3	15.8
117225.1	13.9	4.5	9.4
105021.8	12.4	3.4	9.1
8294.5	2.9	0.8	2.1
427786.8	16.4	5.6	10.8
345671.0	15.0	4.8	10.2
77070.6	29.7	12.6	17.1
3900.1	10.0	2.7	7.3
997.3	12.2	2.7	9.5
147.4	7.0	1.3	5.8
48606.8	22.9	8.8	14.1
39048.2	21.4	8.5	12.9
8100.0	39.9	13.6	26.3
558.4	12.0	5.7	6.3
900.2	17.2	5.1	12.1
45225.3	17.7	7.6	10.0
36024.1	17.8	7.7	10.1
7001.9	29.3	13.0	16.3
663.0	15.3	4.2	11.2
1536.3	6.2	2.8	3.4
2453.7	3.9	0.5	3.4
336968.4	28.9	11.3	17.7
1888.1	1.6	0.1	1.5
69958.4	28.2	8.6	19.7
46475.7	4.0	1.2	2.7
5714.7	6.6	1.0	5.6
39394.8	34.2	7.8	26.3
4893.3	7.2	2.6	4.6
13260.9	33.5	10.7	22.8
610.9	9.4	1.9	7.4

4-1　续表

项　　目	实现产品创新企业数（个）	在实现产品创新企业中占比(%)	
		有市场新产品的企业	有本企业新产品的企业
四、按地区分			
东部地区	151387	56.1	100.0
中部地区	49533	53.5	100.0
西部地区	20379	54.6	100.0
东北地区	4215	59.7	100.0
北　京	5257	51.6	100.0
天　津	2542	56.3	100.0
河　北	5848	49.4	100.0
山　西	1567	49.1	100.0
内蒙古	596	48.2	100.0
辽　宁	2483	62.0	100.0
吉　林	805	54.2	100.0
黑龙江	927	58.5	100.0
上　海	7143	56.2	100.0
江　苏	28511	59.6	100.0
浙　江	34768	52.6	100.0
安　徽	10997	56.9	100.0
福　建	7365	56.3	100.0
江　西	8705	58.6	100.0
山　东	26092	52.0	100.0
河　南	6324	55.4	100.0
湖　北	9451	53.3	100.0
湖　南	12489	46.6	100.0
广　东	33619	61.8	100.0
广　西	1770	50.2	100.0
海　南	242	52.1	100.0
重　庆	4193	54.8	100.0
四　川	6112	54.4	100.0
贵　州	1221	57.7	100.0
云　南	1490	55.5	100.0
西　藏	72	51.4	100.0
陕　西	2988	57.8	100.0
甘　肃	764	56.7	100.0
青　海	119	51.3	100.0
宁　夏	419	56.8	100.0
新　疆	635	47.2	100.0

新产品销售收入(亿元)	新产品销售收入占营业收入的比重(%)		
		1.仅市场新的产品	2.仅本企业新的产品
352731.3	17.4	6.3	11.1
103524.7	21.7	7.1	14.6
55962.7	12.0	3.9	8.1
9400.2	8.3	2.8	5.5
27489.4	15.1	5.0	10.1
7756.7	9.6	3.2	6.4
15119.8	17.4	4.5	12.8
6822.9	10.4	3.1	7.3
3825.9	9.3	3.5	5.8
5483.6	8.2	2.8	5.4
2401.0	11.0	3.9	7.2
1515.6	6.1	2.0	4.1
33918.0	13.8	4.5	9.4
64447.1	19.1	7.4	11.8
52473.4	17.8	6.2	11.7
24882.0	28.2	9.4	18.7
13123.5	9.1	3.2	5.9
14450.5	21.7	7.5	14.2
56831.2	25.4	7.9	17.5
13890.3	16.4	5.8	10.5
23217.9	23.1	7.2	15.9
20261.1	28.4	9.0	19.5
80912.9	20.1	9.0	11.2
5077.5	10.8	3.4	7.4
659.2	2.4	0.9	1.6
10353.8	18.0	5.6	12.4
14205.1	13.7	4.1	9.6
3604.3	13.7	4.3	9.5
4319.8	10.5	2.7	7.7
149.6	6.9	3.1	3.8
8568.9	13.1	5.4	7.7
2308.9	9.4	2.8	6.6
691.0	9.7	5.0	4.7
978.2	9.0	2.4	6.6
1879.8	4.6	0.9	3.7

4-2 规模以上工业

项目	实现产品创新企业数(个)	在实现产品创新企业中的占比(%)		
		有国际市场新产品的企业	有国内市场新产品的企业	有本企业新产品的企业
总 计	**180636**	**18.8**	**56.4**	**100.0**
一、按规模分				
大型企业	5262	37.8	71.9	100.0
中型企业	20813	28.0	64.9	100.0
小型企业	145666	17.3	55.2	100.0
微型企业	8895	10.4	47.7	100.0
二、按登记注册类型分				
内资企业	165660	17.3	55.8	100.0
#有限责任公司	148290	16.8	55.2	100.0
股份有限公司	14913	23.5	63.5	100.0
非公司企业法人	468	11.3	54.9	100.0
个人独资企业	1720	8.8	41.9	100.0
合伙企业	265	10.2	40.8	100.0
港澳台商投资企业	7237	34.7	63.3	100.0
港澳台投资有限责任公司	6492	34.3	62.5	100.0
港澳台投资股份有限公司	567	36.9	72.8	100.0
港澳台投资合伙企业	103	39.8	65.0	100.0
其他港澳台投资企业	75	41.3	62.7	100.0
外商投资企业	7739	35.3	63.7	100.0
外商投资有限责任公司	7039	34.9	62.8	100.0
外商投资股份有限公司	530	40.4	73.4	100.0
外商投资合伙企业	113	44.2	75.2	100.0
其他外商投资企业	57	22.8	61.4	100.0
三、按行业分				
采矿业	**969**	**4.3**	**35.6**	**100.0**
#煤炭开采和洗选业	141	2.1	24.1	100.0
石油和天然气开采业	10		60.0	100.0
黑色金属矿采选业	148	4.1	29.1	100.0
有色金属矿采选业	132	3.8	31.1	100.0
非金属矿采选业	500	5.0	40.2	100.0
开采专业及辅助性活动	36	8.3	55.6	100.0
制造业	**178681**	**18.9**	**56.7**	**100.0**
农副食品加工业	7163	9.2	45.1	100.0

企业新产品情况

新产品销售收入（亿元）	新产品销售收入占营业收入的比重（%）			
		1.仅国际市场新的产品	2.仅国内市场新的产品	3.仅本企业新的产品
341310.2	**25.3**	**2.6**	**7.2**	**15.6**
168274.2	29.4	4.4	9.3	15.7
80479.9	27.2	1.8	7.5	17.9
89873.8	20.2	0.9	4.7	14.6
2682.3	7.6	0.1	1.6	5.9
271156.4	25.0	2.2	6.9	15.8
207773.8	23.1	1.9	6.0	15.2
61576.5	36.7	4.3	12.5	19.9
1017.2	11.6	0.9	3.3	7.3
687.7	13.2	0.2	2.3	10.7
100.8	9.0	0.3	1.3	7.3
35247.1	30.8	4.6	9.2	16.9
27370.3	29.1	4.2	9.6	15.3
7101.0	49.1	7.4	10.0	31.7
440.6	12.1	5.2	1.7	5.2
335.2	13.4	1.8	2.3	9.3
34906.7	23.4	3.5	7.5	12.3
27521.2	22.0	3.6	6.8	11.6
5823.7	41.2	4.8	14.6	21.8
617.8	18.2	2.6	2.4	13.2
944.0	14.2	0.2	7.9	6.1
2453.7	**3.9**		**0.5**	**3.4**
746.0	2.1		0.2	1.8
149.4	1.3		0.1	1.2
397.6	8.3		0.8	7.5
389.7	11.2		1.0	10.2
481.7	12.8	0.1	2.2	10.4
287.4	11.1	0.1	1.7	9.3
336968.4	**28.9**	**3.0**	**8.3**	**17.7**
7396.1	13.5	0.3	2.5	10.7

4-2 续表 1

项　　目	实现产品创新企业数(个)	在实现产品创新企业中的占比(%)		
		有国际市场新产品的企业	有国内市场新产品的企业	有本企业新产品的企业
食品制造业	3964	12.3	47.9	100.0
酒、饮料和精制茶制造业	1832	8.5	46.7	100.0
烟草制品业	109	43.1	75.2	100.0
纺织业	6934	18.1	52.1	100.0
纺织服装、服饰业	2969	19.5	48.8	100.0
皮革、毛皮、羽毛及其制品和制鞋业	2722	19.9	51.6	100.0
木材加工和木、竹、藤、棕、草制品业	2998	10.8	44.0	100.0
家具制造业	2662	24.2	55.3	100.0
造纸和纸制品业	2395	13.3	49.9	100.0
印刷和记录媒介复制业	2174	12.2	51.2	100.0
文教、工美、体育和娱乐用品制造业	3754	35.0	61.4	100.0
石油、煤炭及其他燃料加工业	580	4.5	45.5	100.0
化学原料和化学制品制造业	10948	15.5	55.9	100.0
医药制造业	4387	13.9	51.6	100.0
化学纤维制造业	930	18.5	55.3	100.0
橡胶和塑料制品业	10272	19.1	56.0	100.0
非金属矿物制品业	12335	11.2	48.6	100.0
黑色金属冶炼和压延加工业	1620	11.6	49.5	100.0
有色金属冶炼和压延加工业	3274	12.8	52.7	100.0
金属制品业	12501	17.8	54.1	100.0
通用设备制造业	17688	20.4	61.4	100.0
专用设备制造业	14343	21.9	63.2	100.0
汽车制造业	9163	17.9	58.0	100.0
铁路、船舶、航空航天和其他运输设备制造业	2741	21.9	62.6	100.0
电气机械和器材制造业	17140	23.8	61.1	100.0
计算机、通信和其他电子设备制造业	15039	28.3	65.5	100.0
仪器仪表制造业	4324	21.7	67.4	100.0
其他制造业	848	28.7	60.0	100.0
废弃资源综合利用业	719	4.7	44.1	100.0
金属制品、机械和设备修理业	153	11.1	49.0	100.0
电力、热力、燃气及水生产和供应业	**986**	**3.6**	**30.5**	**100.0**
电力、热力生产和供应业	559	3.6	30.4	100.0
燃气生产和供应业	189	4.2	26.5	100.0
水的生产和供应业	238	2.9	34.0	100.0
四、按地区分				
东部地区	121619	21.9	57.6	100.0
中部地区	41337	12.0	53.4	100.0
西部地区	14603	12.4	53.8	100.0
东北地区	3077	17.7	61.6	100.0

新产品销售收入(亿元)	新产品销售收入占营业收入的比重(%)	1.仅国际市场新的产品	2.仅国内市场新的产品	3.仅本企业新的产品
3655.5	17.1	0.9	4.7	11.5
1859.8	12.0	0.2	3.9	7.9
847.2	6.3	0.3	3.1	2.9
5508.6	23.7	2.1	5.4	16.3
2155.9	17.8	1.5	5.1	11.3
1615.3	19.6	2.0	4.1	13.5
1751.3	19.4	0.8	4.0	14.6
1876.6	27.7	3.2	8.0	16.6
4438.9	31.5	1.2	8.3	22.0
1664.3	25.9	2.0	6.6	17.3
2159.5	17.4	2.6	4.0	10.7
7266.8	11.7	0.1	1.8	9.8
25001.3	28.6	0.8	6.3	21.5
8933.5	35.5	2.3	7.8	25.4
3452.6	31.4	1.4	10.3	19.7
9007.2	31.3	3.1	8.5	19.6
12922.1	22.6	0.7	6.8	15.1
19672.0	23.0	0.6	4.8	17.7
16567.1	21.6	0.3	5.4	15.9
11659.4	25.9	1.9	6.7	17.3
17380.9	36.3	4.0	11.9	20.4
14499.3	38.8	3.3	13.0	22.5
35760.4	35.0	2.6	13.2	19.1
5901.3	43.3	7.3	14.9	21.1
46326.7	41.9	4.5	13.6	23.9
61720.8	41.1	10.6	11.7	18.7
3754.2	36.3	3.5	12.8	20.0
594.0	28.9	7.3	5.8	15.8
1412.4	11.8	0.3	2.7	8.8
207.5	9.6	0.8	2.2	6.6
1888.1	**1.6**		**0.1**	**1.5**
863.8	0.9		0.1	0.8
873.4	4.6		0.2	4.5
150.9	3.2		0.5	2.6
229754.3	29.0	3.4	8.4	17.2
75138.3	28.6	2.2	7.3	19.1
29053.7	12.6	0.8	3.8	8.0
7363.9	11.9	0.6	3.6	7.7

4-2 续表 2

项　　目	实现产品创新企业数(个)	在实现产品创新企业中的占比(%)		
		有国际市场新产品的企业	有国内市场新产品的企业	有本企业新产品的企业
北　京	1399	15.7	60.5	100.0
天　津	1708	19.6	59.1	100.0
河　北	5192	13.6	49.1	100.0
山　西	995	10.5	49.4	100.0
内蒙古	412	14.3	47.3	100.0
辽　宁	1877	21.5	64.6	100.0
吉　林	546	13.4	54.6	100.0
黑龙江	654	10.7	58.9	100.0
上　海	3242	27.6	69.6	100.0
江　苏	23743	22.0	61.0	100.0
浙　江	31491	21.1	53.5	100.0
安　徽	9342	15.7	57.1	100.0
福　建	5276	24.0	59.3	100.0
江　西	7722	12.2	58.7	100.0
山　东	22767	15.7	51.9	100.0
河　南	4688	14.9	55.9	100.0
湖　北	7685	11.2	52.9	100.0
湖　南	10905	8.3	46.3	100.0
广　东	26692	28.9	63.9	100.0
广　西	1323	13.8	49.5	100.0
海　南	109	12.8	46.8	100.0
重　庆	3406	11.5	53.3	100.0
四　川	4293	13.6	55.1	100.0
贵　州	795	10.4	56.4	100.0
云　南	949	11.7	51.5	100.0
西　藏	13		46.2	100.0
陕　西	2172	12.6	57.0	100.0
甘　肃	508	11.0	54.5	100.0
青　海	53	18.9	54.7	100.0
宁　夏	316	11.1	57.0	100.0
新　疆	363	6.9	43.5	100.0

新产品销售收入(亿元)	新产品销售收入占营业收入的比重(%)			
		1.仅国际市场新的产品	2.仅国内市场新的产品	3.仅本企业新的产品
5648.5	20.2	0.9	11.0	8.3
4124.6	17.1	1.8	4.8	10.5
11173.3	21.2	0.8	3.4	17.0
3306.8	9.3	0.7	2.4	6.3
2574.9	8.8	0.3	3.8	4.7
4491.5	12.5	0.5	3.7	8.3
1818.5	13.0	1.1	3.9	8.0
1053.9	8.8	0.6	2.7	5.5
10384.4	23.2	3.7	6.6	12.8
49561.7	29.1	4.2	8.1	16.8
41835.8	37.6	4.0	10.0	23.6
19592.1	38.3	2.6	10.4	25.3
7713.9	13.6	2.1	3.4	8.0
12466.2	30.2	2.6	8.3	19.2
47123.1	40.8	3.1	9.9	27.8
9425.3	19.5	3.5	4.0	12.1
14720.4	31.5	0.9	7.6	23.0
15627.5	39.1	2.4	10.2	26.6
51877.4	27.9	4.2	10.4	13.3
2974.7	13.3	0.7	4.0	8.7
311.6	8.9	1.0	3.4	4.5
7577.4	27.9	1.8	6.7	19.4
6081.4	12.4	0.6	3.9	8.0
1107.2	10.9	0.3	5.4	5.1
2204.6	11.0	0.2	2.8	8.1
14.7	2.6		0.3	2.3
3268.2	11.0	2.3	3.6	5.1
1377.0	12.2	0.3	3.8	8.1
205.6	4.8	0.2	2.7	2.0
813.9	10.3	0.2	2.5	7.6
854.1	4.8	0.1	0.8	3.9

4-3 资质等级以上建筑业

项　目	实现产品创新企业数(个)	在实现产品创新企业中占比(%)	
		有市场新产品的企业	有本企业新产品的企业
总　计	**5092**	**58.3**	**100.0**
一、按规模分			
大型企业	1171	67.3	100.0
中型企业	2000	53.7	100.0
小型企业	1552	56.3	100.0
微型企业	369	63.4	100.0
二、按登记注册类型分			
内资企业	5055	58.2	100.0
#有限责任公司	4727	57.9	100.0
股份有限公司	276	62.7	100.0
非公司企业法人	47	59.6	100.0
个人独资企业	4	50.0	100.0
合伙企业	NA		100.0
港澳台商投资企业	21	85.7	100.0
#港澳台投资有限责任公司	18	83.3	100.0
港澳台投资股份有限公司	NA	100.0	100.0
外商投资企业	16	68.8	100.0
#外商投资有限责任公司	12	58.3	100.0
外商投资股份有限公司	4	100.0	100.0
三、按行业分			
房屋建筑业	2043	59.2	100.0
土木工程建筑业	1437	57.8	100.0
建筑安装业	638	52.2	100.0
建筑装饰、装修和其他建筑业	974	61.2	100.0
四、按地区分			
东部地区	2707	57.8	100.0
中部地区	1352	57.3	100.0
西部地区	855	60.6	100.0
东北地区	178	62.9	100.0

注：建筑业企业新产品销售收入根据企业填报产品新颖度情况推算。

企业新产品情况

新产品销售收入（亿元）	新产品销售收入占营业收入的比重（%）		
		1.仅市场新的产品	2.仅本企业新的产品
69958.4	**28.2**	**8.6**	**19.7**
62469.3	39.0	11.9	27.1
6485.7	9.6	2.7	6.9
711.2	4.8	1.4	3.4
292.1	5.8	2.2	3.7
69156.8	28.2	8.5	19.6
63841.8	28.1	8.5	19.6
4714.6	32.9	10.1	22.8
483.1	13.9	4.6	9.3
116.9	69.3	18.1	51.2
0.3	4.0		4.0
476.8	33.4	8.6	24.9
213.1	21.3	8.1	13.2
263.7	68.8	10.8	58.0
324.8	43.1	15.4	27.7
166.3	29.2	9.4	19.9
158.5	85.7	34.1	51.6
36471.1	26.2	7.7	18.5
28785.6	35.2	11.1	24.0
2429.5	18.5	5.2	13.3
2272.2	16.8	5.1	11.7
38784.1	27.4	8.1	19.4
16413.0	29.4	10.5	19.0
14100.9	31.3	8.3	23.0
660.4	11.9	3.4	8.5

4-3 续表

项　目	实现产品创新企业数(个)	在实现产品创新企业中占比(%)	
		有市场新产品的企业	有本企业新产品的企业
北　京	183	65.6	100.0
天　津	108	58.3	100.0
河　北	100	58.0	100.0
山　西	119	57.1	100.0
内蒙古	27	51.9	100.0
辽　宁	85	63.5	100.0
吉　林	53	67.9	100.0
黑龙江	40	55.0	100.0
上　海	150	58.7	100.0
江　苏	386	57.3	100.0
浙　江	442	48.0	100.0
安　徽	324	59.0	100.0
福　建	229	60.7	100.0
江　西	187	42.8	100.0
山　东	543	58.0	100.0
河　南	284	61.6	100.0
湖　北	232	67.2	100.0
湖　南	206	51.0	100.0
广　东	556	61.7	100.0
广　西	71	54.9	100.0
海　南	10	50.0	100.0
重　庆	89	67.4	100.0
四　川	217	57.1	100.0
贵　州	78	69.2	100.0
云　南	87	65.5	100.0
西　藏	6	33.3	100.0
陕　西	156	64.1	100.0
甘　肃	59	66.1	100.0
青　海	16	43.8	100.0
宁　夏	11	36.4	100.0
新　疆	38	47.4	100.0

新产品销售收入(亿元)	新产品销售收入占营业收入的比重(%)		
		1.仅市场新的产品	2.仅本企业新的产品
6611.4	37.6	9.9	27.7
1267.7	25.5	7.0	18.5
1573.9	28.7	9.5	19.2
2156.7	37.8	11.1	26.8
319.5	24.7	3.0	21.7
327.4	11.9	3.9	8.0
215.7	15.9	4.9	10.9
117.4	8.1	0.9	7.2
4659.0	35.4	10.9	24.4
6532.3	20.4	5.5	14.9
3273.5	19.1	3.9	15.1
2053.8	22.9	6.7	16.2
2527.2	21.5	7.9	13.6
944.2	16.8	3.5	13.3
5360.5	32.8	9.7	23.1
2231.6	27.0	11.8	15.2
6100.8	35.7	14.9	20.8
2925.9	29.0	8.9	20.1
6934.8	30.8	10.7	20.1
908.3	26.9	7.9	19.0
43.7	11.1	2.9	8.2
564.1	10.8	4.0	6.8
4903.0	36.7	7.6	29.1
1518.8	50.6	13.7	36.9
943.6	25.4	6.5	18.9
3.2	1.6	0.5	1.1
3427.6	38.7	12.6	26.0
359.8	18.4	5.2	13.2
392.1	57.2	30.5	26.8
101.9	17.0	4.6	12.4
658.9	23.8	3.6	20.2

4–4 规模(限额)以上服务业

项　　目	实现产品创新企业数(个)	在实现产品创新企业中占比(%)	
		有市场新产品的企业	有本企业新产品的企业
总　计	**39786**	**50.9**	**100.0**
一、按规模分			
大型企业	3107	53.3	100.0
中型企业	10813	50.5	100.0
小型企业	21615	49.4	100.0
微型企业	4251	58.2	100.0
二、按登记注册类型分			
内资企业	37270	51.2	100.0
#有限责任公司	33675	51.0	100.0
股份有限公司	2998	52.1	100.0
非公司企业法人	252	54.0	100.0
个人独资企业	307	57.3	100.0
合伙企业	38	65.8	100.0
港澳台商投资企业	1286	47.5	100.0
港澳台投资有限责任公司	1072	47.4	100.0
港澳台投资股份有限公司	101	46.5	100.0
港澳台投资合伙企业	23	56.5	100.0
其他港澳台投资企业	90	47.8	100.0
外商投资企业	1230	47.7	100.0
外商投资有限责任公司	1061	47.4	100.0
外商投资股份有限公司	97	57.7	100.0
外商投资合伙企业	18	38.9	100.0
其他外商投资企业	54	38.9	100.0
三、按行业分			
批发和零售业	**13651**	**60.2**	**100.0**
批发业	8099	58.4	100.0
零售业	5552	62.9	100.0
交通运输、仓储和邮政业	**1530**	**42.7**	**100.0**
#道路运输业	820	44.3	100.0
水上运输业	89	37.1	100.0
航空运输业	37	43.2	100.0
管道运输业	17	35.3	100.0
多式联运和运输代理业	298	41.9	100.0
装卸搬运和仓储业	183	39.3	100.0
邮政业	86	44.2	100.0
信息传输、软件和信息技术服务业	**13057**	**46.6**	**100.0**
电信、广播电视和卫星传输服务	788	50.4	100.0
互联网和相关服务	1907	39.3	100.0
软件和信息技术服务业	10362	47.6	100.0
租赁和商务服务业	**2998**	**43.4**	**100.0**
租赁业	220	45.0	100.0
商务服务业	2778	43.3	100.0

注：服务业企业新产品销售收入根据企业填报新额度情况推算。

企业新产品情况

新产品销售收入（亿元）	新产品销售收入占营业收入的比重（%）		
		1.仅市场新的产品	2.仅本企业新的产品
110350.3	**7.4**	**2.1**	**5.4**
60334.0	15.9	4.5	11.4
30259.6	6.3	1.8	4.6
14436.7	3.8	0.9	2.9
5320.1	2.2	0.6	1.6
87473.6	6.8	1.9	4.9
74055.4	6.3	1.8	4.5
10779.5	13.9	4.0	9.8
2399.8	8.9	1.9	7.1
192.6	7.0	2.2	4.8
46.3	4.8	0.9	3.9
12882.9	13.3	2.9	10.5
11464.8	13.1	2.7	10.4
735.3	13.4	3.8	9.6
117.8	11.6	1.4	10.2
565.0	21.1	6.1	15.0
9993.9	9.5	2.8	6.6
8336.7	10.8	3.3	7.5
1019.7	10.6	3.1	7.5
45.2	4.9	1.1	3.8
592.3	3.3	0.8	2.4
46475.7	**4.0**	**1.2**	**2.7**
39873.6	3.9	1.2	2.7
6602.1	4.4	1.4	3.0
5714.7	**6.6**	**1.0**	**5.6**
2962.5	8.7	1.4	7.2
347.9	5.3	0.5	4.8
661.8	8.3	1.1	7.2
150.1	9.1	0.3	8.8
937.7	5.2	0.9	4.3
354.1	5.5	0.7	4.8
300.7	2.5	0.5	2.0
39394.8	**34.2**	**7.8**	**26.3**
6031.3	27.7	8.1	19.6
13627.2	38.2	6.0	32.2
19736.3	34.1	8.8	25.3
4893.3	**7.2**	**2.6**	**4.6**
258.8	10.5	2.9	7.6
4634.5	7.1	2.6	4.5

4-4 续表

项　目	实现产品创新企业数(个)	在实现产品创新企业中占比(%)	
		有市场新产品的企业	有本企业新产品的企业
科学研究和技术服务业	**7979**	**47.3**	**100.0**
研究和试验发展	1316	56.8	100.0
专业技术服务业	5412	44.1	100.0
科技推广和应用服务业	1251	51.0	100.0
水利、环境和公共设施管理业	**571**	**41.3**	**100.0**
水利管理业	20	40.0	100.0
生态保护和环境治理业	256	41.0	100.0
公共设施管理业	271	41.0	100.0
土地管理业	24	50.0	100.0
四、按地区分			
东部地区	27061	49.4	100.0
中部地区	6844	53.0	100.0
西部地区	4921	55.9	100.0
东北地区	960	53.1	100.0
北　京	3675	47.6	100.0
天　津	726	49.3	100.0
河　北	556	50.7	100.0
山　西	453	46.4	100.0
内蒙古	157	49.7	100.0
辽　宁	521	52.4	100.0
吉　林	206	49.5	100.0
黑龙江	233	57.9	100.0
上　海	3751	44.5	100.0
江　苏	4382	52.5	100.0
浙　江	2835	43.7	100.0
安　徽	1331	54.7	100.0
福　建	1860	47.1	100.0
江　西	796	61.3	100.0
山　东	2782	51.8	100.0
河　南	1352	52.5	100.0
湖　北	1534	53.1	100.0
湖　南	1378	48.8	100.0
广　东	6371	53.2	100.0
广　西	376	51.6	100.0
海　南	123	56.9	100.0
重　庆	698	60.2	100.0
四　川	1602	52.3	100.0
贵　州	348	58.3	100.0
云　南	454	61.9	100.0
西　藏	53	54.7	100.0
陕　西	660	58.9	100.0
甘　肃	197	59.4	100.0
青　海	50	50.0	100.0
宁　夏	92	58.7	100.0
新　疆	234	53.0	100.0

新产品销售收入（亿元）	新产品销售收入占营业收入的比重（%）	1.仅市场新的产品	2.仅本企业新的产品
13260.9	**33.5**	**10.7**	**22.8**
2068.8	40.2	15.4	24.7
10171.4	34.2	10.7	23.5
1020.6	22.0	5.7	16.4
610.9	**9.4**	**1.9**	**7.4**
93.0	28.5	11.5	17.0
191.5	15.8	2.8	13.0
302.1	8.7	1.4	7.2
24.4	1.6	0.3	1.3
84192.9	7.7	2.1	5.6
11973.4	7.6	2.1	5.5
12808.2	6.7	1.9	4.7
1375.8	3.0	0.9	2.1
15229.5	11.2	3.0	8.2
2364.3	4.5	1.2	3.3
2372.6	8.3	4.2	4.0
1359.4	5.6	1.3	4.3
931.5	9.1	2.2	6.9
664.7	2.4	0.8	1.5
366.9	5.7	1.1	4.6
344.3	3.1	0.8	2.3
18874.6	10.1	2.6	7.5
8353.1	6.2	1.6	4.6
7364.1	4.4	1.1	3.3
3236.1	11.5	3.9	7.6
2882.3	3.8	0.8	3.0
1040.0	5.3	1.5	3.8
4347.7	4.7	1.3	3.5
2233.4	7.9	1.4	6.5
2396.7	6.5	1.8	4.7
1707.7	8.0	2.3	5.8
22100.8	11.4	3.4	8.1
1194.5	5.6	1.3	4.3
304.0	1.3	0.3	1.0
2212.2	8.8	2.8	6.0
3220.7	7.8	2.5	5.3
978.2	7.5	0.9	6.6
1171.6	6.7	1.7	5.0
131.6	9.4	4.7	4.7
1873.1	7.0	2.6	4.5
572.1	5.0	1.1	3.9
93.3	4.2	1.2	3.1
62.4	2.7	0.8	1.9
366.8	1.8	0.6	1.2

4-5 规模以上高技术产业

项　目	实现产品创新企业数(个)	在实现产品创新企业中的占比(%)		
		有国际市场新产品的企业	有国内市场新产品的企业	有本企业新产品的企业
总　计	**28361**	**24.2**	**63.1**	**100.0**
一、按规模分				
大型企业	1444	46.1	75.0	100.0
中型企业	4425	30.8	68.4	100.0
小型企业	21489	21.9	61.7	100.0
微型企业	1003	14.2	54.7	100.0
二、按登记注册类型分				
内资企业	25142	22.2	62.6	100.0
#有限责任公司	21881	21.3	61.9	100.0
股份有限公司	3146	27.8	67.4	100.0
非公司企业法人	41	19.5	65.9	100.0
个人独资企业	41	22.0	53.7	100.0
合伙企业	32	28.1	75.0	100.0
港澳台商投资企业	1561	37.0	64.7	100.0
港澳台投资有限责任公司	1318	36.3	63.1	100.0
港澳台投资股份有限公司	187	40.1	74.9	100.0
港澳台投资合伙企业	35	37.1	65.7	100.0
其他港澳台投资企业	21	57.1	71.4	100.0
外商投资企业	1658	43.7	69.6	100.0
外商投资有限责任公司	1431	43.6	68.4	100.0
外商投资股份有限公司	189	40.2	76.2	100.0
外商投资合伙企业	27	66.7	81.5	100.0
其他外商投资企业	11	54.5	81.8	100.0
三、按高技术行业(制造业)分				
医药制造业	**4387**	**13.9**	**51.6**	**100.0**
#化学药品制造	1382	16.5	52.1	100.0
中成药生产	631	6.3	51.2	100.0
生物药品制品制造	556	18.9	56.8	100.0
电子及通信设备制造业	**15760**	**27.2**	**65.1**	**100.0**
#电子工业专用设备制造	1306	21.0	65.4	100.0
光纤、光缆制造及锂离子电池制造	1144	25.7	61.0	100.0
#锂离子电池制造	933	25.3	61.4	100.0
通信设备制造、雷达及配套设备制造	1445	28.4	67.9	100.0
#通信系统设备制造	776	27.6	67.3	100.0
通信终端设备制造	564	31.6	67.2	100.0
雷达及配套设备制造	105	17.1	76.2	100.0
广播电视设备制造	374	34.5	69.3	100.0
非专业视听设备制造	590	43.9	64.6	100.0
电子器件制造	3545	28.0	66.7	100.0
#电子真空器件制造	221	18.6	62.9	100.0
半导体分立器件制造	315	20.6	67.0	100.0
集成电路制造	824	23.5	65.5	100.0
光电子器件制造	644	30.7	68.0	100.0
电子元件及电子专用设备制造	5408	24.4	63.1	100.0
#电阻电容电感元件制造	676	22.5	64.1	100.0
电子专用材料制造	1550	21.5	63.0	100.0
电子电路制造	966	23.8	62.5	100.0
智能消费设备制造	1077	30.5	68.1	100.0
其他电子设备制造	871	31.0	66.0	100.0

(制造业)新产品情况

新产品销售收入(亿元)	新产品销售收入占营业收入的比重(%)	1.仅国际市场新的产品	2.仅国内市场新的产品	3.仅本企业新的产品
85883.0	**39.7**	**8.4**	**11.0**	**20.3**
54639.6	44.2	12.6	12.1	19.5
16619.1	37.4	3.4	11.3	22.7
14261.4	31.3	2.2	8.0	21.0
362.9	14.5	0.8	5.7	7.9
60585.6	42.7	8.4	12.0	22.4
45834.8	40.9	8.2	10.8	21.9
14582.0	50.2	9.1	16.8	24.4
135.4	31.6	2.5	10.0	19.1
18.6	18.8	0.5	7.4	10.9
14.8	25.9	2.4	3.6	19.9
14416.7	38.6	8.7	10.6	19.2
11371.9	35.3	7.8	10.4	17.1
2654.8	62.9	13.4	12.8	36.7
291.0	51.0	27.8	5.0	18.3
99.0	25.4	9.3	10.8	5.4
10880.7	29.3	7.9	7.7	13.7
9143.2	28.4	8.1	7.3	13.0
1356.1	48.2	10.7	16.9	20.7
344.6	17.8	1.5	1.7	14.5
36.8	20.5	1.0	3.8	15.7
8933.5	**35.5**	**2.3**	**7.8**	**25.4**
4587.1	38.3	3.7	8.2	26.4
1902.0	39.0	1.2	9.4	28.4
1093.8	31.9	0.8	5.7	25.4
63752.3	**42.3**	**10.0**	**11.7**	**20.5**
1714.6	41.9	4.0	11.6	26.2
7628.6	39.9	4.5	9.0	26.4
6916.7	39.1	4.1	8.3	26.7
19834.0	44.8	12.7	15.6	16.5
4031.1	53.4	7.1	13.8	32.6
15750.9	43.0	14.0	16.0	13.1
52.0	38.5	0.8	14.9	22.9
683.0	43.4	5.4	10.5	27.5
2919.8	43.5	8.5	7.1	27.9
11746.2	40.6	12.9	9.8	17.9
292.0	39.2	1.8	18.7	18.7
485.6	32.0	2.5	8.3	21.2
4106.4	41.7	19.3	7.0	15.4
1156.6	36.1	6.8	9.6	19.7
13695.1	39.5	7.0	10.3	22.1
822.8	31.1	7.7	6.9	16.5
6144.6	38.8	5.7	12.4	20.7
2613.3	42.3	6.9	8.6	26.8
4212.8	50.6	15.6	13.9	21.1
1318.2	42.2	10.2	12.4	19.7

4-5 续表

项　　目	实现产品创新企业数(个)	在实现产品创新企业中的占比(%)		
		有国际市场新产品的企业	有国内市场新产品的企业	有本企业新产品的企业
计算机及办公设备制造业	**1802**	**31.4**	**65.8**	**100.0**
#计算机整机制造	230	34.3	75.7	100.0
计算机零部件制造	547	31.6	58.5	100.0
计算机外围设备制造	492	34.4	66.7	100.0
办公设备制造	153	35.9	66.7	100.0
医疗仪器设备及仪器仪表制造业	**5935**	**22.6**	**65.5**	**100.0**
#医疗仪器设备及器械制造	1795	25.7	61.3	100.0
#医疗诊断、监护及治疗设备制造	586	27.6	65.2	100.0
医疗、外科及兽医用器械制造	445	26.7	59.8	100.0
通用仪器仪表制造	2830	19.6	66.7	100.0
专用仪器仪表制造	779	21.1	67.5	100.0
信息化学品制造业	**85**	**27.1**	**65.9**	**100.0**
四、按地区分				
东部地区	19461	27.9	64.7	100.0
中部地区	5860	16.3	59.0	100.0
西部地区	2585	16.8	60.8	100.0
东北地区	455	13.8	63.3	100.0
北　京	570	18.1	62.5	100.0
天　津	317	20.5	65.0	100.0
河　北	453	14.8	51.2	100.0
山　西	136	13.2	46.3	100.0
内蒙古	67	20.9	53.7	100.0
辽　宁	246	16.7	66.7	100.0
吉　林	108	14.8	63.0	100.0
黑龙江	101	5.9	55.4	100.0
上　海	659	33.1	72.2	100.0
江　苏	4196	26.2	64.3	100.0
浙　江	3370	25.0	61.2	100.0
安　徽	1350	18.3	61.3	100.0
福　建	741	29.7	65.2	100.0
江　西	1582	16.2	61.2	100.0
山　东	1866	17.2	57.2	100.0
河　南	579	17.4	57.3	100.0
湖　北	858	20.6	64.8	100.0
湖　南	1355	11.4	52.3	100.0
广　东	7268	34.2	68.9	100.0
广　西	187	20.3	59.4	100.0
海　南	21	4.8	33.3	100.0
重　庆	542	16.8	56.6	100.0
四　川	928	18.3	62.6	100.0
贵　州	139	11.5	66.2	100.0
云　南	110	18.2	50.9	100.0
西　藏				100.0
陕　西	496	14.1	63.1	100.0
甘　肃	55	5.5	61.8	100.0
青　海	13	38.5	69.2	100.0
宁　夏	31	19.4	74.2	100.0
新　疆	17	5.9	58.8	100.0

新产品销售收入(亿元)	新产品销售收入占营业收入的比重(%)			
		1.仅国际市场新的产品	2.仅国内市场新的产品	3.仅本企业新的产品
7425.5	**32.1**	**8.2**	**9.3**	**14.6**
4711.0	33.6	9.7	10.5	13.4
1022.0	29.2	5.8	6.8	16.7
886.4	28.2	7.6	6.2	14.5
178.7	22.1	3.6	5.7	12.8
5267.1	**35.5**	**3.3**	**12.4**	**19.9**
1623.6	33.1	3.0	11.0	19.1
747.6	34.4	3.1	13.8	17.5
456.0	39.3	4.4	12.0	22.9
2701.1	37.5	3.4	12.8	21.3
607.4	38.4	4.3	16.2	17.9
230.5	**43.3**	**1.4**	**10.7**	**31.2**
62315.1	41.9	9.6	12.6	19.8
16462.1	47.3	8.3	10.4	28.6
6549.8	21.9	3.0	4.5	14.3
556.1	19.5	2.8	4.5	12.3
2571.3	32.9	1.3	21.3	10.3
1043.7	33.4	7.8	11.1	14.5
842.1	38.6	1.2	7.2	30.2
499.2	28.0	5.1	2.8	20.1
339.2	39.6	1.2	6.5	31.9
255.8	15.1	1.0	2.7	11.4
215.3	27.8	7.4	6.2	14.2
85.0	21.8	1.4	8.4	12.0
1678.3	20.1	6.2	4.5	9.4
15719.6	43.5	13.1	9.7	20.7
8336.4	54.1	8.6	12.8	32.7
3302.0	49.8	6.3	14.7	28.8
2568.6	28.4	8.8	7.7	11.9
3070.7	40.4	4.7	11.4	24.3
5921.6	59.3	10.8	16.8	31.6
3974.4	51.0	18.2	3.0	29.9
2889.0	47.7	2.2	15.1	30.4
2726.7	54.7	9.1	12.0	33.7
23601.1	41.9	9.6	14.7	17.6
228.0	12.8	0.8	1.5	10.5
32.3	11.7	0.1	2.8	8.8
1868.4	27.1	2.0	5.1	20.0
2052.0	18.5	0.8	4.6	13.2
200.6	17.1	1.9	5.0	10.2
462.0	18.0	0.6	2.3	15.1
0.2	0.5			0.5
847.3	25.2	17.7	2.4	5.0
153.0	29.4	4.1	15.8	9.5
115.0	14.5	0.2	8.9	5.5
260.3	35.8	0.9	7.9	27.1
23.8	12.1		3.1	9.0

4–6　资质等级以上建筑业企业

项　目	实现工艺创新企业数(个)	在实现工艺创新企业中占比(%)	
		有市场新工艺的企业	有本企业新工艺的企业
总　计	**9976**	**47.7**	**100.0**
一、按规模分			
大型企业	2171	56.5	100.0
中型企业	4177	42.4	100.0
小型企业	2884	47.0	100.0
微型企业	744	54.6	100.0
二、按登记注册类型分			
内资企业	9910	47.6	100.0
#有限责任公司	9312	47.5	100.0
股份有限公司	466	50.4	100.0
非公司企业法人	124	50.8	100.0
个人独资企业	7	57.1	100.0
合伙企业	NA	100.0	100.0
港澳台商投资企业	41	61.0	100.0
#港澳台投资有限责任公司	30	63.3	100.0
港澳台投资股份有限公司	8	62.5	100.0
外商投资企业	25	52.0	100.0
#外商投资有限责任公司	19	42.1	100.0
外商投资股份有限公司	6	83.3	100.0
三、按行业分			
房屋建筑业	4059	49.6	100.0
土木工程建筑业	2893	47.4	100.0
建筑安装业	1181	42.4	100.0
建筑装饰、装修和其他建筑业	1843	47.4	100.0
四、按地区分			
东部地区	5297	46.2	100.0
中部地区	2634	47.5	100.0
西部地区	1702	52.6	100.0
东北地区	343	48.1	100.0

注：在占实现工艺创新企业比重里，较低新颖度类别包含了较高新颖度类别；在占营业收入比重里，仅按最高的新颖度类别计算，较低新颖度类别未包含较高新颖度类别。

工艺创新新颖度类别情况

工艺创新贡献的营业收入(亿元)	工艺创新贡献的营业收入占营业收入的比重(%)		
		1.仅市场新的工艺	2.仅本企业新的工艺
102762.9	**41.5**	**10.8**	**30.6**
88799.2	55.4	14.7	40.8
11941.3	17.7	4.1	13.6
1186.1	8.0	2.3	5.7
811.9	16.3	5.5	10.8
101758.5	41.4	10.8	30.6
93775.3	41.2	10.7	30.5
6877.0	48.0	14.0	34.1
989.3	28.5	7.3	21.2
116.6	69.2	21.7	47.5
0.3	3.6	1.3	2.2
654.5	45.9	11.5	34.4
322.2	32.3	10.7	21.5
292.4	76.3	12.8	63.5
349.9	46.4	16.4	30.0
186.2	32.7	10.3	22.4
163.8	88.5	35.3	53.3
55481.7	39.9	10.4	29.5
39178.3	47.9	12.8	35.1
4433.6	33.7	7.7	26.0
3669.3	27.2	6.9	20.3
57358.8	40.6	10.4	30.2
24567.7	44.1	13.0	31.1
19508.2	43.3	10.4	32.9
1328.2	23.9	5.1	18.9

4–6 续表

项　目	实现工艺创新企业数(个)	在实现工艺创新企业中占比(%)	
		有市场新工艺的企业	有本企业新工艺的企业
北　京	366	49.7	100.0
天　津	212	50.9	100.0
河　北	193	45.6	100.0
山　西	201	46.3	100.0
内蒙古	63	50.8	100.0
辽　宁	166	43.4	100.0
吉　林	87	58.6	100.0
黑龙江	90	46.7	100.0
上　海	265	47.9	100.0
江　苏	820	46.7	100.0
浙　江	919	38.5	100.0
安　徽	682	46.5	100.0
福　建	439	51.7	100.0
江　西	326	39.9	100.0
山　东	1074	44.8	100.0
河　南	576	49.1	100.0
湖　北	437	55.8	100.0
湖　南	412	44.7	100.0
广　东	981	49.5	100.0
广　西	121	57.0	100.0
海　南	28	42.9	100.0
重　庆	184	58.2	100.0
四　川	433	45.5	100.0
贵　州	138	63.0	100.0
云　南	148	55.4	100.0
西　藏	15	46.7	100.0
陕　西	326	52.1	100.0
甘　肃	117	61.5	100.0
青　海	27	37.0	100.0
宁　夏	31	58.1	100.0
新　疆	99	45.5	100.0

工艺创新贡献的营业收入(亿元)	工艺创新贡献的营业收入占营业收入的比重(%)		
		1.仅市场新的工艺	2.仅本企业新的工艺
8420.5	47.9	12.8	35.1
2173.2	43.7	10.2	33.5
2045.0	37.3	8.8	28.4
2808.2	49.2	12.8	36.4
403.5	31.1	3.9	27.2
610.9	22.2	5.4	16.8
361.5	26.6	6.8	19.8
355.8	24.7	2.8	21.9
5824.8	44.2	11.4	32.8
11146.3	34.9	9.6	25.2
5997.3	34.9	6.6	28.4
3140.9	35.0	9.7	25.3
4141.8	35.3	9.8	25.5
1832.4	32.6	6.9	25.6
8131.3	49.8	11.8	38.0
3330.5	40.3	14.1	26.2
8824.9	51.6	16.8	34.9
4630.9	45.9	12.1	33.8
9394.0	41.7	11.5	30.2
1459.0	43.2	10.1	33.0
84.5	21.5	6.1	15.4
1313.2	25.1	6.1	19.0
6085.4	45.5	9.8	35.8
1737.7	57.8	16.9	41.0
1717.3	46.2	12.7	33.5
14.8	7.4	1.1	6.3
4557.1	51.4	13.3	38.2
744.9	38.1	8.4	29.6
420.4	61.4	31.1	30.3
163.2	27.2	6.9	20.3
891.7	32.2	3.2	29.0

五、规模（限额）以上企业产品或工艺创新活动类型及创新费用情况（2023年）

5–1 规模(限额)以上企业产品或

项 目	开展产品或工艺创新活动企业数(个)		
		内部研发	外部研发
总 计	**379406**	**47.9**	**7.2**
一、按规模分			
大型企业	15575	66.9	24.3
中型企业	56067	59.0	13.6
小型企业	280750	46.5	5.2
微型企业	27014	27.9	4.2
二、按登记注册类型分			
内资企业	350771	47.6	7.0
#有限责任公司	318992	46.6	6.3
股份有限公司	26022	61.2	16.1
非公司企业法人	1627	43.6	11.1
个人独资企业	3530	38.5	2.1
合伙企业	591	40.9	2.4
港澳台商投资企业	13919	50.4	8.9
港澳台投资有限责任公司	12515	49.0	7.8
港澳台投资股份有限公司	924	73.1	25.4
港澳台投资合伙企业	206	49.5	8.3
其他港澳台投资企业	274	37.2	8.0
外商投资企业	14716	52.2	9.8
外商投资有限责任公司	13428	51.0	8.7
外商投资股份有限公司	839	73.9	26.6
外商投资合伙企业	231	52.8	7.4
其他外商投资企业	218	44.5	13.8
三、按行业分			
采矿业	3477	51.4	11.2
制造业	282005	52.1	6.0
电力、热力、燃气及水生产和供应业	5647	42.6	7.4
建筑业	12710	40.8	9.8
批发和零售业	25515	46.2	17.2
交通运输、仓储和邮政业	4182	14.7	3.5
信息传输、软件和信息技术服务业	21814	24.7	8.1
租赁和商务服务业	6325	12.6	2.8
科学研究和技术服务业	16242	38.8	10.4
水利、环境和公共设施管理业	1489	28.6	5.1

注：内部研发和外部研发数据不包括批发和零售业。以下各表同。

工艺创新活动类型

在开展产品或工艺创新活动企业中，有下列活动形式的企业占比(%)					
获得机器设备和软件	从外部获取相关技术	相关培训	市场推介	相关设计	其他创新活动
69.1	**3.1**	**30.5**	**13.5**	**14.5**	**19.8**
57.4	10.3	50.7	22.2	17.1	33.6
55.5	6.3	39.9	17.3	15.9	25.3
73.6	2.1	28.3	12.6	14.5	18.4
57.8	3.2	22.9	10.1	10.6	15.5
68.9	3.1	30.1	13.3	14.3	19.3
68.3	3.0	29.6	12.7	13.9	18.9
75.6	4.2	38.1	20.9	19.3	25.4
57.1	5.8	35.0	11.0	8.1	21.0
72.3	1.1	16.7	7.3	9.7	8.8
78.5	1.5	15.1	8.5	10.5	9.3
73.1	2.7	34.8	16.3	18.2	24.3
73.1	2.4	34.0	15.2	17.9	23.6
78.2	4.2	45.3	28.7	24.6	32.1
78.6	3.4	33.5	19.4	16.0	26.2
49.3	9.9	40.1	23.7	12.8	25.5
71.5	3.5	36.8	16.9	17.7	28.9
71.6	3.4	36.0	16.0	17.3	28.4
77.1	5.2	50.5	31.3	25.5	35.6
63.2	3.5	34.6	19.5	17.3	33.3
51.8	7.3	39.9	17.4	12.8	28.0
67.6	0.7	22.6	4.2	2.1	15.0
83.9	0.9	28.6	13.4	16.3	19.2
69.5	0.6	21.3	3.0	1.6	18.5
28.4	12.7	42.8	9.3	5.7	25.9
22.0	10.8	39.8	21.5	18.1	20.7
24.9	8.5	34.4	9.8	5.0	17.6
18.1	8.9	34.1	15.8	8.5	21.8
17.0	8.5	33.1	13.9	7.1	17.8
22.4	10.8	37.5	9.9	6.6	24.2
23.0	10.8	33.8	9.8	5.4	20.6

5-1 续表

项目	开展产品或工艺创新活动企业数（个）		
		内部研发	外部研发
四、按地区分			
东部地区	245872	47.9	7.2
中部地区	82723	49.7	6.3
西部地区	41902	44.3	8.3
东北地区	8909	46.4	9.3
北　京	10904	34.0	11.7
天　津	4535	46.7	9.4
河　北	10114	40.4	5.2
山　西	3564	39.9	8.3
内蒙古	1750	41.4	10.1
辽　宁	5196	55.6	9.2
吉　林	1683	26.4	8.4
黑龙江	2030	39.5	10.4
上　海	12529	42.5	10.5
江　苏	50776	62.4	8.8
浙　江	50928	44.0	6.5
安　徽	17681	48.2	7.6
福　建	14021	63.4	7.5
江　西	11349	35.6	3.8
山　东	35474	45.8	5.0
河　南	14200	64.1	6.5
湖　北	16384	44.3	7.2
湖　南	19545	54.9	5.2
广　东	55936	41.4	6.3
广　西	3812	37.6	6.1
海　南	655	32.8	13.9
重　庆	6685	52.3	7.1
四　川	12146	43.2	8.6
贵　州	3058	52.6	8.3
云　南	3436	51.5	9.0
西　藏	181	24.9	7.2
陕　西	5643	41.0	10.0
甘　肃	1829	41.2	10.0
青　海	337	29.1	7.1
宁　夏	1093	51.2	5.9
新　疆	1932	27.4	7.1

在开展产品或工艺创新活动企业中，有下列活动形式的企业占比(%)					
获得机器设备和软件	从外部获取相关技术	相关培训	市场推介	相关设计	其他创新活动
73.2	3.1	29.9	13.8	15.3	20.1
66.4	2.6	29.2	11.7	12.6	17.1
54.8	4.0	36.2	15.2	14.4	22.5
49.1	3.2	33.1	13.7	12.7	24.2
33.4	7.3	33.5	16.4	12.0	25.7
51.8	4.6	37.2	15.8	14.0	26.7
72.2	1.8	29.2	11.7	11.6	17.6
56.2	4.2	33.5	11.9	9.5	22.8
63.4	3.1	32.2	10.2	9.4	20.6
41.1	2.7	32.6	13.3	11.4	25.7
63.8	3.7	34.2	13.1	14.8	22.8
57.4	4.2	33.6	15.5	14.6	21.6
44.4	6.3	39.2	19.1	16.6	27.4
78.5	2.6	29.8	12.2	12.8	19.0
86.3	2.0	23.1	11.1	15.0	16.7
79.4	2.9	35.0	14.0	15.0	20.7
33.0	3.0	27.2	12.2	14.8	17.3
81.9	2.1	31.0	11.8	13.5	17.4
82.0	2.5	26.9	11.8	12.5	15.9
21.3	2.5	28.6	11.6	12.7	16.9
60.8	3.1	29.3	12.0	13.1	17.0
85.1	2.0	22.7	9.4	10.0	12.7
77.2	3.7	35.5	18.1	20.8	24.9
62.7	4.4	39.3	16.1	15.8	27.5
55.6	6.6	37.7	15.9	11.5	23.1
55.2	3.5	34.2	14.5	15.7	20.7
52.9	3.6	34.8	15.4	14.6	20.8
38.2	4.0	35.9	14.8	14.8	23.3
48.6	4.2	39.0	17.0	15.3	21.4
42.5	8.8	38.1	16.6	16.0	22.7
58.2	4.3	39.1	16.8	15.4	25.0
56.0	4.8	36.6	15.0	13.4	20.8
57.9	4.5	36.8	13.1	8.9	23.4
69.6	3.7	34.6	12.4	9.6	23.9
61.2	5.2	37.6	13.8	9.1	24.3

5-2 规模以上工业企业产品或

项 目	开展产品或工艺创新活动企业数（个）		
		内部研发	外部研发
总 计	**291129**	**51.9**	**6.1**
一、按规模分			
大型企业	7332	83.9	27.9
中型企业	29862	76.2	14.1
小型企业	235540	49.8	4.7
微型企业	18395	27.6	2.0
二、按登记注册类型分			
内资企业	267359	51.7	5.9
#有限责任公司	242808	50.6	5.1
股份有限公司	20148	66.7	16.3
非公司企业法人	895	46.6	6.9
个人独资企业	2986	39.6	1.0
合伙企业	514	40.7	1.8
港澳台商投资企业	11410	53.8	8.0
港澳台投资有限责任公司	10385	51.9	6.6
港澳台投资股份有限公司	749	79.2	26.4
港澳台投资合伙企业	162	57.4	8.6
其他港澳台投资企业	114	53.5	13.2
外商投资企业	12360	55.2	8.9
外商投资有限责任公司	11390	53.8	7.8
外商投资股份有限公司	657	80.1	27.2
外商投资合伙企业	196	56.6	7.7
其他外商投资企业	117	51.3	12.8
三、按行业分			
采矿业	**3477**	**51.4**	**11.2**
煤炭开采和洗选业	1150	53.1	14.1
石油和天然气开采业	89	65.2	46.1
黑色金属矿采选业	436	49.3	8.7
有色金属矿采选业	499	59.9	17.2
非金属矿采选业	1164	45.7	3.6
开采专业及辅助性活动	133	51.9	16.5
其他采矿业	6	50.0	

工艺创新活动类型

在开展产品或工艺创新活动企业中，有下列活动形式的企业占比(%)					
获得机器设备和软件	从外部获取相关技术	相关培训	市场推介	相关设计	其　他创新活动
83.5	**0.9**	**28.4**	**13.1**	**15.9**	**19.2**
83.9	5.0	52.5	26.7	25.2	37.7
82.7	2.1	39.9	18.7	20.8	27.4
84.0	0.7	27.0	12.4	15.4	18.0
77.5	0.3	18.1	7.8	10.0	13.5
83.6	0.8	27.8	12.9	15.6	18.5
83.1	0.8	27.2	12.3	15.2	18.0
90.2	1.9	37.8	21.7	21.7	25.6
79.3	1.5	25.7	10.7	9.5	16.0
81.5	0.2	13.2	5.1	9.4	7.3
86.8	0.4	12.3	6.8	10.7	7.6
84.2	1.3	34.2	15.4	19.4	24.5
83.6	1.2	33.4	14.3	18.9	23.8
89.6	2.5	44.9	28.6	27.0	32.8
91.4	1.9	31.5	17.9	17.9	22.2
87.7	0.9	36.8	20.2	17.5	30.7
80.1	2.4	36.1	16.3	18.6	29.3
79.7	2.2	35.1	15.2	18.0	28.6
90.9	3.7	53.1	34.4	28.6	37.7
73.0	4.1	35.7	20.9	20.4	34.2
72.7	3.4	38.5	15.4	19.7	35.9
67.6	**0.7**	**22.6**	**4.2**	**2.1**	**15.0**
60.6	1.0	22.6	3.1	1.2	16.1
79.8		43.8	5.6	5.6	32.6
65.1	0.7	19.5	3.7	1.4	12.2
70.1	0.6	26.7	2.0	1.2	16.0
72.5	0.5	19.5	5.6	3.4	12.2
76.7		30.8	9.0	2.3	24.1
66.7		16.7	16.7		33.3

5−2 续表 1

项　　目	开展产品或工艺创新活动企业数(个)		
		内部研发	外部研发
制造业	**282005**	**52.1**	**6.0**
农副食品加工业	12288	39.0	2.8
食品制造业	6207	45.6	6.2
酒、饮料和精制茶制造业	3236	32.4	4.4
烟草制品业	159	60.4	28.3
纺织业	11296	43.9	2.0
纺织服装、服饰业	5122	39.0	1.6
皮革、毛皮、羽毛及其制品和制鞋业	4294	45.1	1.2
木材加工和木、竹、藤、棕、草制品业	5042	46.5	1.1
家具制造业	3955	37.4	1.8
造纸和纸制品业	4032	46.3	2.2
印刷和记录媒介复制业	3830	45.0	2.5
文教、工美、体育和娱乐用品制造业	5696	44.0	2.2
石油、煤炭及其他燃料加工业	1172	52.8	8.1
化学原料和化学制品制造业	17510	54.6	8.6
医药制造业	7735	65.8	24.7
化学纤维制造业	1571	59.6	5.7
橡胶和塑料制品业	16190	50.0	3.1
非金属矿物制品业	22733	48.0	2.7
黑色金属冶炼和压延加工业	2891	52.8	5.4
有色金属冶炼和压延加工业	5630	55.5	5.8
金属制品业	20766	49.5	2.7
通用设备制造业	25988	54.8	5.8
专用设备制造业	21219	58.0	8.2
汽车制造业	13395	57.2	7.5
铁路、船舶、航空航天和其他运输设备制造业	4161	59.1	9.8
电气机械和器材制造业	24808	56.8	6.3
计算机、通信和其他电子设备制造业	21671	59.9	9.8
仪器仪表制造业	6023	62.5	14.2
其他制造业	1354	49.6	4.9
废弃资源综合利用业	1624	53.0	5.2
金属制品、机械和设备修理业	407	52.3	7.1
电力、热力、燃气及水生产和供应业	**5647**	**42.6**	**7.4**
电力、热力生产和供应业	3554	42.5	8.6
燃气生产和供应业	874	41.5	4.2
水的生产和供应业	1219	43.6	6.2
四、按地区分			
东部地区	187885	51.9	6.0
中部地区	67048	52.9	5.5
西部地区	29659	50.2	7.3
东北地区	6537	48.9	8.9

在开展产品或工艺创新活动企业中，有下列活动形式的企业占比(%)					
获得机器设备和软件	从外部获取相关技术	相关培训	市场推介	相关设计	其　他创新活动
83.9	**0.9**	**28.6**	**13.4**	**16.3**	**19.2**
76.2	0.6	22.0	14.1	20.4	11.2
76.0	1.0	29.0	21.0	29.0	16.7
76.4	1.3	27.0	18.9	28.6	14.0
83.6	3.1	56.6	37.1	44.0	52.8
85.0	0.5	18.8	7.8	9.6	10.7
75.6	0.6	17.8	7.7	12.9	8.9
77.3	0.3	14.4	6.2	13.7	7.5
80.2	0.3	15.2	6.9	8.1	7.7
82.7	0.4	23.6	12.7	20.5	12.9
80.5	0.4	24.6	10.1	17.4	14.7
83.2	0.6	28.1	8.3	20.6	14.3
84.1	0.7	21.3	11.2	21.4	12.6
82.5	2.0	28.9	12.3	8.6	19.1
84.9	1.1	31.4	15.4	12.9	20.5
84.3	3.1	40.5	20.7	23.9	25.4
87.3	0.8	21.5	10.8	9.6	13.3
85.9	0.6	27.0	11.9	15.7	17.8
77.8	0.5	24.3	9.0	8.1	15.5
82.6	1.1	27.5	9.7	6.5	16.9
83.6	1.0	28.4	8.8	8.3	17.8
84.3	0.6	26.1	8.9	12.2	17.0
87.3	0.9	30.2	14.7	16.1	21.8
87.7	1.1	32.3	18.0	18.1	23.3
81.8	1.4	33.5	11.1	14.8	25.9
82.6	1.5	32.3	13.2	16.3	25.0
88.1	0.9	32.3	16.1	21.4	23.7
88.9	1.4	36.9	17.4	21.5	27.2
88.3	1.3	36.7	23.2	24.5	27.0
79.6	0.8	25.6	14.1	20.9	16.1
77.7	0.6	22.8	6.3	4.0	15.8
76.7	1.7	33.7	7.4	5.4	27.0
69.5	**0.6**	**21.3**	**3.0**	**1.6**	**18.5**
70.3	0.8	21.2	2.5	1.2	19.3
66.1	0.1	21.4	3.4	2.2	17.0
69.7	0.5	21.7	4.1	2.4	17.5
89.3	1.0	27.9	13.5	16.7	19.5
76.8	0.7	27.0	11.2	13.4	16.3
67.1	1.1	34.2	14.6	16.2	22.6
59.9	1.0	32.3	14.3	14.6	24.7

5-2 续表 2

项　目	开展产品或工艺创新活动企业数(个)		
		内部研发	外部研发
北　京	2257	49.5	14.5
天　津	2800	50.4	8.6
河　北	8695	42.4	4.5
山　西	2524	40.8	7.3
内蒙古	1314	45.9	10.7
辽　宁	3935	58.1	8.7
吉　林	1180	28.3	8.3
黑龙江	1422	40.6	9.7
上　海	5613	53.4	8.8
江　苏	41797	66.7	7.8
浙　江	44330	46.0	5.7
安　徽	14508	51.6	7.0
福　建	10306	70.4	5.9
江　西	9484	36.6	3.0
山　东	29162	47.8	4.0
河　南	11079	69.7	5.3
湖　北	12854	47.7	6.2
湖　南	16599	58.1	4.7
广　东	42605	44.1	5.2
广　西	2747	41.1	4.7
海　南	320	44.4	18.1
重　庆	5045	57.8	5.5
四　川	8538	49.5	7.8
贵　州	2189	62.5	6.8
云　南	2288	57.9	7.0
西　藏	58	24.1	6.9
陕　西	3818	46.4	10.2
甘　肃	1276	45.1	9.2
青　海	208	33.7	6.7
宁　夏	899	56.1	5.5
新　疆	1279	30.0	6.3

在开展产品或工艺创新活动企业中，有下列活动形式的企业占比(%)					
获得机器设备和软件	从外部获取相关技术	相关培训	市场推介	相关设计	其　他创新活动
86.7	1.8	39.7	24.8	23.4	34.7
70.6	1.0	37.5	18.0	18.6	28.7
80.1	0.5	27.8	11.5	12.2	16.8
70.1	1.0	30.5	11.6	10.2	22.4
75.0	1.1	30.4	9.3	9.3	20.9
48.3	0.9	32.1	14.3	12.8	26.0
82.5	0.9	32.6	13.4	17.1	24.2
73.1	1.5	32.6	14.9	17.3	21.5
70.0	1.0	40.6	21.2	22.7	31.4
91.1	1.0	28.3	11.9	13.4	18.7
96.1	0.8	21.5	10.7	15.8	16.2
91.9	1.0	33.6	14.0	16.5	20.6
38.0	0.9	25.5	12.0	16.5	17.2
93.6	0.5	29.5	11.4	13.9	17.1
95.1	0.8	24.1	11.2	12.9	14.7
20.8	0.5	25.4	10.9	13.4	16.0
71.4	1.0	26.4	11.3	13.9	15.8
96.6	0.5	20.6	8.8	10.3	11.6
94.5	1.2	34.4	18.5	23.3	24.9
75.8	1.2	37.1	15.9	17.8	28.4
90.9	2.2	40.9	16.3	17.2	25.6
65.3	1.1	33.1	14.0	17.8	20.7
66.0	1.0	32.6	14.5	16.5	20.5
42.8	1.0	33.9	13.9	16.7	23.0
58.2	0.9	35.7	15.6	17.2	21.5
70.7		29.3	10.3	20.7	19.0
74.8	1.4	37.8	17.8	17.5	25.9
68.4	1.6	33.9	14.3	15.0	21.6
76.9	0.5	33.7	10.6	10.1	22.1
79.6	0.8	33.4	12.3	9.8	23.2
78.0	1.0	34.6	13.0	10.7	24.5

5–3　资质等级以上建筑业企业

项　　目	开展产品或工艺创新活动企业数（个）		
		内部研发	外部研发
总　计	**12711**	**40.8**	**9.8**
一、按规模分			
大型企业	2439	57.9	19.4
中型企业	5342	38.7	8.1
小型企业	3939	35.3	6.4
微型企业	991	31.5	8.6
二、按登记注册类型分			
内资企业	12631	40.7	9.8
#有限责任公司	11870	40.2	9.8
股份有限公司	597	51.3	10.4
非公司企业法人	154	41.6	6.5
个人独资企业	9	22.2	
合伙企业	NA	100.0	
港澳台商投资企业	48	50.0	10.4
#港澳台投资有限责任公司	35	45.7	8.6
港澳台投资股份有限公司	10	70.0	20.0
外商投资企业	32	50.0	6.3
#外商投资有限责任公司	25	44.0	8.0
外商投资股份有限公司	7	71.4	
三、按行业分			
房屋建筑业	5035	37.9	8.4
土木工程建筑业	3611	47.7	14.9
建筑安装业	1640	42.8	7.7
建筑装饰、装修和其他建筑业	2424	35.0	6.2
四、按地区分			
东部地区	6686	42.3	9.9
中部地区	3321	39.8	9.0
西部地区	2213	37.3	10.4
东北地区	491	42.0	9.6

产品或工艺创新活动类型

在开展产品或工艺创新活动企业中，有下列活动形式的企业占比(%)					
获得机器设备和软件	从外部获取相关技术	相关培训	市场推介	相关设计	其　他创新活动
28.4	**12.7**	**42.8**	**9.3**	**5.7**	**25.9**
40.2	17.9	58.5	11.7	4.8	34.2
26.7	12.7	41.1	7.9	4.8	22.9
23.9	10.0	36.8	9.4	6.9	24.3
26.2	10.7	37.4	10.8	8.3	27.5
28.4	12.7	42.8	9.3	5.7	25.9
28.3	12.5	42.7	9.0	5.7	25.7
29.8	16.4	44.9	13.7	6.5	29.3
30.5	14.3	42.9	9.7	3.9	26.6
33.3	11.1	44.4	22.2	11.1	44.4
100.0		100.0	100.0	100.0	100.0
27.1	10.4	45.8	16.7	2.1	35.4
31.4	11.4	40.0	14.3	2.9	34.3
10.0		60.0	20.0		30.0
25.0	6.3	50.0	12.5	6.3	18.8
24.0	8.0	48.0	8.0	4.0	24.0
28.6		57.1	28.6	14.3	
30.1	12.7	44.0	10.0	5.1	25.4
31.0	15.2	45.3	8.1	4.5	28.8
25.4	11.3	39.7	8.7	5.9	24.0
23.1	10.0	39.0	10.1	8.7	23.9
27.2	12.8	42.5	9.4	5.5	25.1
29.7	13.5	42.0	9.1	6.0	26.0
30.9	11.6	45.6	9.2	5.6	28.2
24.2	11.6	41.1	9.4	6.7	24.8

5–3 续表

项　目	开展产品或工艺创新活动企业数（个）		
		内部研发	外部研发
北　京	512	40.0	11.1
天　津	289	52.2	12.1
河　北	247	39.7	9.3
山　西	244	42.6	8.2
内蒙古	77	29.9	7.8
辽　宁	247	51.0	10.5
吉　林	119	30.3	5.9
黑龙江	125	35.2	11.2
上　海	336	42.6	13.7
江　苏	1023	34.3	10.5
浙　江	1131	38.6	8.9
安　徽	857	35.0	9.6
福　建	551	46.1	11.4
江　西	428	32.2	6.1
山　东	1271	47.3	8.3
河　南	724	42.7	8.6
湖　北	553	40.0	12.5
湖　南	515	48.4	8.0
广　东	1294	44.8	9.8
广　西	160	37.5	10.0
海　南	32	34.4	3.1
重　庆	241	35.7	9.1
四　川	566	39.8	11.0
贵　州	173	39.9	12.1
云　南	221	49.3	12.7
西　藏	19	31.6	5.3
陕　西	412	33.3	9.0
甘　肃	153	32.0	13.1
青　海	32	12.5	
宁　夏	37	54.1	5.4
新　疆	122	30.3	12.3

在开展产品或工艺创新活动企业中，有下列活动形式的企业占比(%)					
获得机器设备和软件	从外部获取相关技术	相关培训	市场推介	相关设计	其　他创新活动
27.3	11.5	45.5	9.8	6.3	28.1
24.2	12.1	44.3	10.4	4.2	27.0
32.0	12.6	40.9	11.7	8.1	32.0
30.7	18.4	52.0	8.6	4.5	29.5
28.6	10.4	45.5	7.8	3.9	27.3
22.7	10.1	41.7	7.7	7.7	20.6
23.5	16.8	42.0	13.4	5.9	29.4
28.0	9.6	39.2	8.8	5.6	28.8
29.2	11.6	44.3	12.5	7.1	28.3
27.7	10.7	43.2	9.0	5.4	23.0
25.5	14.4	38.8	7.5	3.7	25.6
27.9	13.1	42.9	9.2	4.8	25.0
28.3	15.4	37.2	9.8	6.0	22.9
27.8	11.0	36.7	8.2	8.2	22.7
26.0	12.3	44.2	10.5	5.8	22.5
31.2	13.0	41.2	9.8	7.5	26.7
30.6	15.9	45.4	11.2	6.9	27.1
30.5	12.2	37.7	6.8	3.7	26.6
28.7	13.1	44.0	8.8	5.8	26.4
33.8	13.8	50.0	10.6	4.4	35.6
18.8	21.9	31.3	6.3	3.1	21.9
33.6	9.5	36.5	9.5	8.3	26.1
27.0	11.8	43.3	8.1	4.9	22.1
37.6	13.3	45.1	12.7	5.8	35.8
35.7	9.5	47.5	8.6	5.4	26.7
31.6	5.3	36.8	5.3	15.8	36.8
27.9	9.2	47.3	11.2	6.8	33.0
34.0	12.4	50.3	8.5	6.5	22.2
28.1	15.6	46.9	6.3		40.6
21.6	16.2	51.4		5.4	32.4
32.0	19.7	53.3	6.6	1.6	28.7

5-4 规模(限额)以上服务业企业

项　　目	开展产品或工艺创新活动企业数(个)		
		内部研发	外部研发
总　计	**75566**	**33.5**	**10.9**
一、按规模分			
大型企业	5804	49.3	21.7
中型企业	20863	39.7	14.2
小型企业	41271	29.1	8.2
微型企业	7628	28.3	8.7
二、按登记注册类型分			
内资企业	70781	33.4	10.7
#有限责任公司	64314	32.7	10.2
股份有限公司	5277	41.0	16.0
非公司企业法人	578	39.6	18.7
个人独资企业	535	32.7	8.6
合伙企业	76	42.1	6.6
港澳台商投资企业	2461	34.6	13.2
港澳台投资有限责任公司	2095	34.7	13.3
港澳台投资股份有限公司	165	45.5	21.2
港澳台投资合伙企业	43	20.9	7.0
其他港澳台投资企业	158	25.3	4.4
外商投资企业	2324	36.3	14.7
外商投资有限责任公司	2013	35.1	14.0
外商投资股份有限公司	175	50.9	25.1
外商投资合伙企业	35	31.4	5.7
其他外商投资企业	101	36.6	14.9
三、按行业分			
批发和零售业	**25515**	**46.2**	**17.2**
批发业	15849	51.1	19.5
零售业	9666	38.3	13.5
交通运输、仓储和邮政业	**4182**	**14.7**	**3.5**
#道路运输业	1970	15.6	3.3
水上运输业	326	22.1	5.5
航空运输业	110	16.4	6.4
管道运输业	52	36.5	19.2
多式联运和运输代理业	849	9.0	2.4
装卸搬运和仓储业	660	17.1	3.9
邮政业	214	5.1	0.5
信息传输、软件和信息技术服务业	**21814**	**24.7**	**8.1**
电信、广播电视和卫星传输服务	1500	24.0	7.2
互联网和相关服务	3405	26.3	7.8
软件和信息技术服务业	16909	24.4	8.3
租赁和商务服务业	**6325**	**12.6**	**2.8**
租赁业	459	17.9	2.4
商务服务业	5866	12.2	2.9

产品或工艺创新活动类型

在开展产品或工艺创新活动企业中，有下列活动形式的企业占比(%)					
获得机器设备和软件	从外部获取相关技术	相关培训	市场推介	相关设计	其　　他创新活动
20.7	**9.9**	**36.7**	**15.8**	**11.0**	**21.4**
31.1	13.8	45.3	21.0	12.1	28.2
23.9	10.8	39.5	17.6	11.8	23.0
18.8	9.1	34.8	14.2	10.1	20.1
14.5	9.0	32.5	15.6	12.3	18.7
20.5	10.0	36.5	15.5	10.8	21.1
20.0	9.8	36.2	15.3	10.8	20.9
24.7	11.8	38.7	18.4	11.5	24.0
29.8	10.4	47.4	11.8	6.9	27.2
21.3	6.2	35.9	19.8	11.2	16.8
22.4	9.2	32.9	18.4	7.9	19.7
22.4	9.0	37.6	20.6	13.2	23.2
21.6	8.3	36.5	19.4	13.4	22.6
30.9	12.1	46.7	29.7	15.2	29.1
32.6	9.3	41.9	25.6	9.3	39.5
21.5	15.8	41.8	25.9	9.5	21.5
26.2	9.7	40.7	20.2	13.3	27.0
26.3	9.6	40.9	20.4	13.9	27.2
27.4	11.4	40.6	20.0	14.3	29.1
8.6		28.6	11.4		28.6
27.7	11.9	41.6	19.8	5.0	18.8
22.0	**10.8**	**39.8**	**21.5**	**18.1**	**20.7**
23.1	11.3	39.2	19.7	17.2	23.1
20.2	10.0	40.8	24.4	19.6	16.8
24.9	**8.5**	**34.4**	**9.8**	**5.0**	**17.6**
23.2	8.3	32.8	10.3	4.6	16.8
29.1	8.9	34.7	8.6	2.5	21.2
34.5	11.8	37.3	20.0	8.2	20.9
26.9	11.5	38.5	9.6		25.0
21.1	7.5	34.9	10.8	5.2	15.9
30.0	9.5	35.9	4.1	5.0	19.7
27.6	8.9	39.7	14.0	11.7	15.0
18.1	**8.9**	**34.1**	**15.8**	**8.5**	**21.8**
18.1	10.7	34.8	18.5	8.3	21.0
14.8	8.0	29.7	15.8	7.1	17.4
18.8	8.9	34.9	15.5	8.8	22.8
17.0	**8.5**	**33.1**	**13.9**	**7.1**	**17.8**
24.2	6.3	32.2	11.3	7.0	21.1
16.5	8.6	33.2	14.0	7.1	17.6

5-4 续表

项　　目	开展产品或工艺创新活动企业数(个)		
		内部研发	外部研发
科学研究和技术服务业	**16241**	**38.8**	**10.4**
研究和试验发展	2572	52.9	19.1
专业技术服务业	11226	36.5	8.5
科技推广和应用服务业	2443	34.5	10.0
水利、环境和公共设施管理业	**1489**	**28.6**	**5.1**
水利管理业	65	23.1	9.2
生态保护和环境治理业	689	34.5	5.4
公共设施管理业	668	22.9	4.6
土地管理业	67	29.9	3.0
四、按地区分			
东部地区	51301	34.0	11.2
中部地区	12354	34.6	9.9
西部地区	10030	28.6	10.7
东北地区	1881	38.8	11.0
北　京	8135	29.3	10.9
天　津	1446	38.6	10.3
河　北	1172	25.5	9.4
山　西	796	36.2	11.6
内蒙古	359	27.6	8.4
辽　宁	1014	46.7	10.9
吉　林	384	19.5	9.4
黑龙江	483	37.3	12.2
上　海	6580	33.2	11.8
江　苏	7956	43.7	13.4
浙　江	5467	29.4	12.2
安　徽	2316	31.9	10.7
福　建	3164	43.3	12.1
江　西	1437	29.7	8.3
山　东	5041	33.8	9.8
河　南	2397	44.3	11.3
湖　北	2977	30.7	10.2
湖　南	2431	34.9	7.7
广　东	12037	31.6	9.9
广　西	905	27.2	9.8
海　南	303	20.5	10.6
重　庆	1399	35.2	12.7
四　川	3042	26.2	10.4
贵　州	696	24.6	11.9
云　南	927	36.1	12.9
西　藏	104	24.0	7.7
陕　西	1413	28.5	9.8
甘　肃	400	32.3	11.5
青　海	97	24.7	10.3
宁　夏	157	22.9	8.9
新　疆	531	20.5	7.7

在开展产品或工艺创新活动企业中，有下列活动形式的企业占比(%)					
获得机器设备和软件	从外部获取相关技术	相关培训	市场推介	相关设计	其　他创新活动
22.4	**10.8**	**37.5**	**9.9**	**6.6**	**24.2**
28.5	13.2	41.5	14.5	10.3	30.3
21.3	10.4	37.2	8.2	5.3	23.0
20.7	10.4	34.4	13.0	8.9	23.7
23.0	**10.8**	**33.8**	**9.8**	**5.4**	**20.6**
16.9	9.2	33.8	7.7	3.1	23.1
22.4	10.9	34.7	7.4	4.5	24.4
24.3	10.8	34.1	12.3	7.0	16.3
22.4	11.9	22.4	11.9	1.5	22.4
20.4	9.9	35.7	15.7	11.2	22.0
20.1	9.8	38.3	15.0	10.3	19.1
23.8	10.7	40.3	18.3	11.0	20.9
18.1	8.7	33.9	13.1	8.0	22.2
19.0	8.5	31.1	14.5	9.2	23.0
21.0	10.1	35.4	12.7	6.9	22.9
22.4	9.6	37.0	13.3	7.9	20.2
20.0	10.1	37.4	13.7	8.7	22.1
28.4	9.2	36.2	14.2	10.9	18.4
17.5	7.9	32.3	10.7	6.6	25.4
18.8	8.3	36.5	12.0	10.4	16.4
18.8	10.8	35.2	19.0	8.9	19.9
23.4	10.5	37.7	17.7	11.9	24.0
19.3	10.2	36.1	14.2	10.6	19.8
19.6	8.8	33.2	14.8	11.2	19.2
20.1	11.2	41.1	15.6	9.4	19.9
17.5	7.8	30.9	13.5	10.9	16.6
20.5	9.3	39.2	15.8	12.4	18.1
20.4	10.0	39.0	15.9	11.5	21.1
20.5	8.5	39.5	14.9	11.0	18.3
20.9	10.0	38.5	14.8	10.9	20.2
18.3	9.6	33.8	14.4	9.1	17.4
21.2	11.2	38.2	17.7	13.6	24.9
28.0	12.6	44.2	17.6	11.8	23.2
22.1	9.6	35.0	16.5	6.3	20.5
22.4	10.9	37.7	17.2	9.4	20.2
21.1	9.3	39.5	19.3	11.2	21.4
24.0	10.9	39.9	18.2	11.2	21.1
28.0	11.0	45.1	22.4	12.9	19.8
28.8	14.4	43.3	22.1	13.5	22.1
22.0	10.7	40.1	15.9	12.2	20.2
25.0	11.8	39.8	19.8	10.8	17.8
26.8	9.3	40.2	20.6	9.3	20.6
23.6	17.2	37.6	15.3	9.6	25.5
27.5	11.9	41.2	17.5	7.0	22.8

5-5 规模以上高技术产业(制造业)

项 目	开展产品或工艺创新活动企业数(个)		
		内部研发	外部研发
总 计	**42385**	**62.0**	**13.7**
一、按规模分			
大型企业	1862	87.3	29.8
中型企业	5928	83.5	24.6
小型企业	32638	58.5	11.3
微型企业	1957	30.2	6.1
二、按登记注册类型分			
内资企业	37520	61.9	13.7
#有限责任公司	33141	59.7	11.6
股份有限公司	4174	80.0	30.5
非公司企业法人	68	64.7	19.1
个人独资企业	87	32.2	5.7
合伙企业	48	47.9	14.6
港澳台商投资企业	2301	62.5	15.0
港澳台投资有限责任公司	1980	59.6	12.0
港澳台投资股份有限公司	244	84.0	38.9
港澳台投资合伙企业	50	70.0	12.0
其他港澳台投资企业	27	63.0	22.2
外商投资企业	2564	62.6	12.8
外商投资有限责任公司	2258	60.1	10.9
外商投资股份有限公司	240	85.0	31.3
外商投资合伙企业	44	61.4	4.5
其他外商投资企业	22	77.3	22.7
三、按高技术行业(制造业)分			
医药制造业	**7735**	**65.8**	**24.7**
#化学药品制造	2446	73.1	38.0
中成药生产	1316	68.4	31.3
生物药品制品制造	988	70.9	26.4
电子及通信设备制造业	**22856**	**60.1**	**9.5**
#电子工业专用设备制造	1918	60.0	9.2
光纤、光缆制造及锂离子电池制造	1733	61.8	9.1
#锂离子电池制造	1425	61.3	9.9
通信设备制造、雷达及配套设备制造	2059	64.3	15.3
#通信系统设备制造	1071	64.2	15.7
通信终端设备制造	852	61.6	13.0
雷达及配套设备制造	136	80.9	25.7
广播电视设备制造	492	60.4	8.5
非专业视听设备制造	826	52.5	8.1
电子器件制造	5175	60.9	10.9
#电子真空器件制造	333	52.9	6.3
半导体分立器件制造	440	64.8	9.3
集成电路制造	1234	67.3	20.8
光电子器件制造	898	66.1	10.6
电子元件及电子专用设备制造	7977	59.5	6.9
#电阻电容电感元件制造	998	58.5	4.9
电子专用材料制造	2252	66.2	10.3
电子电路制造	1532	56.8	3.9
智能消费设备制造	1439	61.6	13.6
其他电子设备制造	1237	55.1	9.3

产品或工艺创新活动类型

在开展产品或工艺创新活动企业中，有下列活动形式的企业占比(%)					
获得机器设备和软件	从外部获取相关技术	相关培训	市场推介	相关设计	其　他创新活动
87.9	**1.7**	**37.7**	**19.5**	**22.8**	**27.2**
85.3	5.7	56.9	26.1	27.5	40.9
87.6	3.2	47.4	23.8	25.9	34.5
88.4	1.3	35.8	18.8	22.4	25.7
82.4	0.9	22.1	12.0	16.1	18.4
88.1	1.7	37.3	19.5	23.0	26.4
87.6	1.4	36.1	18.3	22.2	25.6
92.1	3.5	47.3	29.1	29.3	33.3
91.2	4.4	33.8	22.1	19.1	25.0
87.4		29.9	9.2	17.2	20.7
95.8		31.3	25.0	22.9	22.9
88.8	2.0	39.9	19.1	21.9	31.7
87.9	1.7	38.9	17.4	21.2	30.6
94.7	3.7	45.5	32.0	27.9	38.9
94.0	6.0	48.0	22.0	30.0	36.0
96.3		44.4	22.2	11.1	40.7
84.6	2.3	42.0	20.0	21.9	35.0
83.9	1.9	40.3	17.9	21.0	33.9
92.5	5.8	56.3	37.5	29.6	42.5
75.0	2.3	52.3	25.0	20.5	43.2
81.8	4.5	40.9	31.8	31.8	45.5
84.3	**3.1**	**40.5**	**20.7**	**23.9**	**25.4**
86.8	4.5	45.1	19.9	18.7	28.5
84.1	2.9	42.2	21.7	29.0	26.7
87.8	3.6	46.0	25.1	22.7	30.9
89.0	**1.4**	**37.0**	**17.2**	**20.5**	**27.2**
90.0	1.4	35.2	20.1	19.3	28.3
86.3	0.9	38.0	17.4	22.3	26.5
85.9	0.8	38.1	17.8	23.9	27.2
86.5	2.2	37.9	19.7	27.0	30.0
89.0	2.1	37.5	20.4	26.7	32.2
84.2	2.6	36.7	18.2	27.9	26.4
80.9	0.7	47.8	23.5	22.8	35.3
91.9	0.6	34.8	19.3	27.4	26.0
91.0	1.7	32.6	18.4	32.6	24.3
89.1	1.7	38.4	18.4	19.1	28.1
84.4	0.3	29.4	12.3	17.4	22.8
91.1	0.9	44.5	20.0	15.7	30.0
89.9	4.2	41.2	20.8	13.7	31.4
90.0	1.2	40.5	21.3	23.6	30.1
88.8	1.1	37.4	13.0	14.9	26.1
87.0	1.1	36.3	11.5	15.7	23.7
87.8	1.0	37.9	14.1	10.3	26.5
89.9	1.4	40.7	10.0	9.3	25.1
90.2	1.1	35.6	25.1	31.3	27.0
91.8	1.4	33.5	18.8	26.6	27.3

5-5 续表

项　目	开展产品或工艺创新活动企业数(个)		
		内部研发	外部研发
计算机及办公设备制造业	**2568**	**58.9**	**11.3**
#计算机整机制造	348	55.2	14.9
计算机零部件制造	774	60.5	4.0
计算机外围设备制造	709	57.1	11.0
办公设备制造	211	58.3	13.3
医疗仪器设备及仪器仪表制造业	**8485**	**63.7**	**15.3**
#医疗仪器设备及器械制造	2759	65.2	16.7
#医疗诊断、监护及治疗设备制造	911	68.4	22.8
医疗、外科及兽医用器械制造	655	68.6	14.8
通用仪器仪表制造	3936	62.3	13.7
专用仪器仪表制造	1070	65.9	19.6
信息化学品制造业	**113**	**68.1**	**17.7**
四、按地区分			
东部地区	28611	62.3	13.6
中部地区	8583	61.3	12.2
西部地区	4288	61.1	15.2
东北地区	903	60.4	24.4
北　京	893	58.1	21.8
天　津	469	64.0	19.2
河　北	756	52.9	14.2
山　西	233	46.8	19.7
内蒙古	120	57.5	21.7
辽　宁	461	65.1	22.3
吉　林	242	49.6	26.0
黑龙江	200	62.5	27.0
上　海	1128	65.3	16.1
江　苏	6729	73.0	14.9
浙　江	4279	64.0	18.2
安　徽	1962	64.2	14.1
福　建	1149	78.0	17.8
江　西	1895	45.5	7.3
山　东	2275	62.7	14.2
河　南	1098	80.0	14.8
湖　北	1475	56.3	15.8
湖　南	1920	68.9	10.1
广　东	10870	53.9	8.9
广　西	327	49.8	11.3
海　南	63	76.2	68.3
重　庆	731	66.2	12.2
四　川	1582	59.9	15.4
贵　州	266	76.3	17.7
云　南	244	68.0	17.6
西　藏	12	41.7	25.0
陕　西	706	61.3	16.9
甘　肃	146	45.2	17.1
青　海	38	34.2	10.5
宁　夏	58	79.3	5.2
新　疆	58	39.7	19.0

在开展产品或工艺创新活动企业中，有下列活动形式的企业占比(%)					
获得机器设备和软件	从外部获取相关技术	相关培训	市场推介	相关设计	其　他创新活动
87.5	**1.5**	**34.6**	**21.2**	**30.3**	**27.6**
85.1	2.9	39.4	27.0	33.9	33.0
84.1	0.6	32.0	13.2	23.4	23.3
90.0	1.8	34.6	23.6	33.7	28.4
88.6	1.4	31.3	21.3	32.2	29.9
89.5	**1.5**	**37.6**	**25.0**	**27.2**	**28.4**
91.1	1.7	38.9	28.3	33.0	30.8
92.2	1.6	43.0	33.3	35.5	36.8
91.6	2.0	39.4	27.9	31.1	31.6
90.2	1.2	35.9	22.3	22.5	26.2
87.6	2.1	39.4	27.6	30.2	30.2
81.4	**2.7**	**32.7**	**15.9**	**9.7**	**24.8**
92.6	1.8	37.9	20.7	24.2	28.4
82.4	1.3	35.1	15.9	19.1	22.8
70.9	1.6	40.8	18.9	21.3	28.4
73.6	2.1	40.6	20.3	21.7	27.7
88.4	2.2	43.7	28.4	26.4	38.0
72.9	1.9	46.5	25.8	27.7	38.8
85.5	2.0	34.9	16.4	16.8	25.1
79.0	2.1	42.5	22.3	21.9	27.9
90.0	2.5	42.5	12.5	12.5	26.7
55.7	1.5	42.7	23.2	21.3	31.0
94.2	1.7	40.1	19.4	24.0	27.3
90.0	4.0	36.5	14.5	20.0	20.5
73.3	1.3	45.4	25.2	25.5	36.3
94.2	1.5	36.5	17.0	18.2	25.7
97.7	2.0	34.0	19.2	22.9	25.8
95.1	1.9	40.7	18.8	21.4	25.6
54.9	2.6	37.5	19.6	23.6	28.5
96.1	0.7	35.7	13.1	18.1	22.3
96.6	2.0	36.5	19.1	22.1	23.5
23.3	1.2	33.3	15.5	20.8	21.8
72.9	2.0	36.7	18.3	21.2	26.0
97.2	0.8	27.8	13.3	14.9	17.9
96.3	1.8	39.2	23.0	29.0	30.1
79.2	1.5	37.6	16.8	24.2	32.1
98.4	3.2	57.1	23.8	33.3	39.7
69.5	1.9	39.3	18.6	23.5	27.5
68.6	1.6	39.9	18.0	20.5	26.1
44.0	0.8	47.0	18.8	20.3	31.6
68.0	0.8	41.4	16.8	18.0	22.1
91.7		33.3	8.3	8.3	16.7
78.0	2.3	44.5	25.2	22.7	33.9
67.1	2.1	30.8	15.1	23.3	22.6
92.1		42.1	21.1	10.5	36.8
89.7		43.1	15.5	22.4	31.0
84.5		46.6	20.7	22.4	39.7

5–6 规模(限额)以上企业

项　　目	创新费用支出合计(亿元)	1.内部研发经费支出	所占比重(%)
总　计	**42788.6**	**25439.8**	**59.5**
一、按规模分			
大型企业	23400.7	13325.4	56.9
中型企业	9240.6	5763.2	62.4
小型企业	9819.1	6175.4	62.9
微型企业	328.3	175.8	53.5
二、按登记注册类型分			
内资企业	34500.2	20571.1	59.6
#有限责任公司	27158.3	16168.1	59.5
股份有限公司	7071.9	4236.5	59.9
非公司企业法人	198.4	120.6	60.8
个人独资企业	59.3	38.1	64.3
合伙企业	11.7	7.7	65.8
港澳台商投资企业	4417.0	2598.7	58.8
港澳台投资有限责任公司	3580.0	2030.1	56.7
港澳台投资股份有限公司	723.9	507.1	70.1
港澳台投资合伙企业	52.2	29.1	55.7
其他港澳台投资企业	60.9	32.4	53.2
外商投资企业	3871.6	2270.1	58.6
外商投资有限责任公司	3074.7	1781.7	57.9
外商投资股份有限公司	647.0	403.0	62.3
外商投资合伙企业	83.1	49.1	59.1
其他外商投资企业	66.7	36.2	54.3
三、按行业分			
采矿业	819.6	518.3	63.2
制造业	30993.9	20019.5	64.6
电力、热力、燃气及水生产和供应业	780.0	338.6	43.4
建筑业	2190.2	861.2	39.3
批发和零售业	10.5	5.9	56.2
交通运输、仓储和邮政业	132.9	60.7	45.7
信息传输、软件和信息技术服务业	5575.0	2444.4	43.8
租赁和商务服务业	235.3	99.2	42.2
科学研究和技术服务业	2001.0	1071.4	53.5
水利、环境和公共设施管理业	50.2	20.6	41.0

注：内部研发和外部研发数据不包括批发和零售业。以下各表同。

创新费用支出情况

2.外部研发经费支出	所占比重(%)	3.获得机器设备和软件经费支出	所占比重(%)	4.从外部获取相关技术经费支出	所占比重(%)
2141.7	**5.0**	**14286.9**	**33.4**	**920.2**	**2.2**
1467.2	6.3	7835.8	33.5	772.3	3.3
420.5	4.6	2961.6	32.1	95.3	1.0
229.0	2.3	3363.9	34.3	50.8	0.5
25.0	7.6	125.6	38.3	1.9	0.6
1681.7	4.9	11685.1	33.9	562.3	1.6
1394.3	5.1	9149.0	33.7	446.9	1.6
274.1	3.9	2448.5	34.6	112.8	1.6
11.3	5.7	64.1	32.3	2.4	1.2
1.9	3.2	19.2	32.4	0.1	0.2
0.1	0.9	3.9	33.3		
238.4	5.4	1530.1	34.6	49.8	1.1
190.3	5.3	1326.6	37.1	33.0	0.9
36.0	5.0	166.3	23.0	14.5	2.0
6.4	12.3	16.4	31.4	0.3	0.6
5.8	9.5	20.7	34.0	2.0	3.3
221.6	5.7	1071.7	27.7	308.2	8.0
187.3	6.1	826.6	26.9	279.1	9.1
28.7	4.4	203.3	31.4	12.0	1.9
2.2	2.6	25.8	31.0	6.0	7.2
3.4	5.1	16.0	24.0	11.1	16.6
41.6	5.1	258.6	31.6	1.1	0.1
1270.9	4.1	8883.1	28.7	820.4	2.6
75.7	9.7	325.1	41.7	40.6	5.2
13.6	0.6	1315.1	60.0	0.3	0.0
0.9	8.6	3.0	28.6	0.7	6.7
7.2	5.4	63.0	47.4	2.0	1.5
503.6	9.0	2596.8	46.6	30.2	0.5
9.6	4.1	121.4	51.6	5.1	2.2
217.8	10.9	692.7	34.6	19.1	1.0
0.8	1.6	28.2	56.2	0.6	1.2

5-6　续表

项　　目	创新费用支出合计（亿元）	1.内部研发经费支出	所占比重(%)
四、按地区分			
东部地区	29305.6	17009.7	58.0
中部地区	7370.2	4876.2	66.2
西部地区	4943.5	2879.5	58.2
东北地区	1169.3	674.4	57.7
北　京	2995.9	1319.2	44.0
天　津	619.7	455.6	73.5
河　北	1181.2	768.8	65.1
山　西	463.4	247.9	53.5
内蒙古	414.0	200.3	48.4
辽　宁	639.3	451.1	70.6
吉　林	335.7	110.2	32.8
黑龙江	194.3	113.1	58.2
上　海	3020.6	1431.4	47.4
江　苏	5209.7	3618.0	69.4
浙　江	3900.5	2181.1	55.9
安　徽	1636.5	997.7	61.0
福　建	1335.4	1026.6	76.9
江　西	799.7	499.9	62.5
山　东	3167.8	2089.2	66.0
河　南	1177.8	1024.0	86.9
湖　北	1790.6	1067.4	59.6
湖　南	1502.5	1039.2	69.2
广　东	7780.0	4096.5	52.7
广　西	388.2	175.0	45.1
海　南	95.4	23.4	24.5
重　庆	823.5	594.5	72.2
四　川	1255.4	782.8	62.4
贵　州	274.3	165.5	60.3
云　南	373.4	247.1	66.2
西　藏	4.3	2.1	48.8
陕　西	738.2	477.5	64.7
甘　肃	177.9	61.7	34.7
青　海	44.7	20.3	45.4
宁　夏	156.5	68.5	43.8
新　疆	293.6	84.4	28.7

2.外部研发经费支出	所占比重（%）	3.获得机器设备和软件经费支出	所占比重（%）	4.从外部获取相关技术经费支出	所占比重（%）
1583.6	5.4	10014.0	34.2	698.3	2.4
254.8	3.5	2142.7	29.1	96.5	1.3
245.9	5.0	1713.5	34.7	104.6	2.1
57.4	4.9	416.7	35.6	20.8	1.8
192.4	6.4	1463.7	48.9	20.6	0.7
41.0	6.6	119.8	19.3	3.3	0.5
25.7	2.2	378.6	32.1	8.1	0.7
12.8	2.8	201.5	43.5	1.2	0.3
12.8	3.1	160.3	38.7	40.6	9.8
25.0	3.9	155.0	24.2	8.2	1.3
24.5	7.3	191.7	57.1	9.3	2.8
7.9	4.1	70.1	36.1	3.2	1.6
176.9	5.9	1276.3	42.3	136.0	4.5
181.9	3.5	1262.9	24.2	146.9	2.8
290.3	7.4	1397.1	35.8	32.0	0.8
75.7	4.6	544.9	33.3	18.2	1.1
36.1	2.7	229.6	17.2	43.1	3.2
16.9	2.1	278.6	34.8	4.3	0.5
73.1	2.3	973.3	30.7	32.2	1.0
28.0	2.4	114.6	9.7	11.2	1.0
72.4	4.0	595.4	33.3	55.4	3.1
49.2	3.3	407.8	27.1	6.3	0.4
557.3	7.2	2854.6	36.7	271.6	3.5
6.5	1.7	198.1	51.0	8.6	2.2
8.9	9.3	58.6	61.4	4.5	4.7
43.7	5.3	163.5	19.9	21.8	2.6
51.7	4.1	410.4	32.7	10.5	0.8
55.8	20.3	52.0	19.0	1.0	0.4
14.1	3.8	98.7	26.4	13.5	3.6
0.3	7.0	1.9	44.2		
39.5	5.4	215.2	29.2	6.0	0.8
5.3	3.0	109.2	61.4	1.7	1.0
1.5	3.4	22.9	51.2		
4.8	3.1	83.2	53.2		
10.1	3.4	198.3	67.5	0.8	0.3

5-7 规模以上工业企业

项　　目	创新费用支出合计(亿元)	1.内部研发经费支出	所占比重(%)
总　计	**32593.5**	**20876.4**	**64.1**
一、按规模分			
大型企业	16257.8	10018.2	61.6
中型企业	7122.8	4846.5	68.0
小型企业	8937.2	5851.2	65.5
微型企业	275.8	160.5	58.2
二、按登记注册类型分			
内资企业	26684.0	17128.3	64.2
#有限责任公司	20364.9	13162.4	64.6
股份有限公司	6108.7	3827.5	62.7
非公司企业法人	147.8	97.4	65.9
个人独资企业	51.2	33.3	65.0
合伙企业	11.4	7.6	66.7
港澳台商投资企业	2703.7	1826.7	67.6
港澳台投资有限责任公司	2009.0	1321.0	65.8
港澳台投资股份有限公司	613.0	455.3	74.3
港澳台投资合伙企业	42.4	24.9	58.7
其他港澳台投资企业	39.3	25.5	64.9
外商投资企业	3205.9	1921.4	59.9
外商投资有限责任公司	2528.2	1490.5	59.0
外商投资股份有限公司	562.5	361.1	64.2
外商投资合伙企业	53.2	36.6	68.8
其他外商投资企业	61.9	33.2	53.6
三、按行业分			
采矿业	**819.6**	**518.3**	**63.2**
煤炭开采和洗选业	392.7	220.6	56.2
石油和天然气开采业	198.0	137.6	69.5
黑色金属矿采选业	62.7	44.9	71.6
有色金属矿采选业	61.3	38.6	63.0
非金属矿采选业	44.1	29.4	66.7
开采专业及辅助性活动	60.6	47.1	77.7
其他采矿业	0.3	0.1	33.3

创新费用支出情况

2.外部研发经费支出	所占比重(%)	3.获得机器设备和软件经费支出	所占比重(%)	4.从外部获取相关技术经费支出	所占比重(%)
1388.2	**4.3**	**9466.8**	**29.0**	**862.1**	**2.6**
938.8	5.8	4561.4	28.1	739.4	4.5
255.9	3.6	1941.4	27.3	79.0	1.1
179.5	2.0	2863.3	32.0	43.2	0.5
14.0	5.1	100.8	36.5	0.5	0.2
1137.1	4.3	7906.1	29.6	512.5	1.9
888.1	4.4	5909.7	29.0	404.7	2.0
238.2	3.9	1937.7	31.7	105.3	1.7
10.3	7.0	37.7	25.5	2.4	1.6
0.5	1.0	17.3	33.8	0.1	0.2
0.1	0.9	3.7	32.5		
92.6	3.4	741.2	27.4	43.2	1.6
63.8	3.2	594.0	29.6	30.2	1.5
18.3	3.0	126.8	20.7	12.6	2.1
6.3	14.9	10.9	25.7	0.3	0.7
4.2	10.7	9.6	24.4		
158.5	4.9	819.6	25.6	306.4	9.6
130.0	5.1	628.9	24.9	278.8	11.0
23.3	4.1	167.6	29.8	10.5	1.9
2.1	3.9	8.5	16.0	6.0	11.3
3.1	5.0	14.5	23.4	11.1	17.9
41.6	**5.1**	**258.6**	**31.6**	**1.1**	**0.1**
15.7	4.0	155.6	39.6	0.8	0.2
18.9	9.5	41.5	21.0		
2.0	3.2	15.7	25.0	0.1	0.2
2.0	3.3	20.7	33.8		
0.5	1.1	14.1	32.0	0.1	0.2
2.6	4.3	10.9	18.0		
		0.2	66.7		

5-7 续表 1

项　　目	创新费用支出合计(亿元)	1.内部研发经费支出	所占比重(%)
制造业	**30993.9**	**20019.5**	**64.6**
农副食品加工业	486.8	316.6	65.0
食品制造业	313.8	186.8	59.5
酒、饮料和精制茶制造业	199.3	87.2	43.8
烟草制品业	185.0	36.3	19.6
纺织业	423.5	281.1	66.4
纺织服装、服饰业	160.1	101.6	63.5
皮革、毛皮、羽毛及其制品和制鞋业	137.3	104.3	76.0
木材加工和木、竹、藤、棕、草制品业	120.5	84.9	70.5
家具制造业	146.8	94.8	64.6
造纸和纸制品业	284.3	179.3	63.1
印刷和记录媒介复制业	151.9	93.0	61.2
文教、工美、体育和娱乐用品制造业	181.2	120.8	66.7
石油加工、炼焦和核燃料加工业	574.0	190.7	33.2
化学原料和化学制品制造业	1970.0	1215.3	61.7
医药制造业	1601.0	1096.3	68.5
化学纤维制造业	218.5	172.2	78.8
橡胶和塑料制品业	772.8	533.3	69.0
非金属矿物制品业	1144.4	724.0	63.3
黑色金属冶炼和压延加工业	2183.2	967.9	44.3
有色金属冶炼和压延加工业	1074.4	642.4	59.8
金属制品业	1017.0	719.0	70.7
通用设备制造业	1734.5	1218.2	70.2
专用设备制造业	1627.3	1163.8	71.5
汽车制造业	2963.2	1797.6	60.7
铁路、船舶、航空航天和其他运输设备制造业	704.9	604.0	85.7
电气机械和器材制造业	3221.8	2377.0	73.8
计算机、通信和其他电子设备制造业	6655.9	4366.2	65.6
仪器仪表制造业	504.0	354.0	70.2
其他制造业	78.9	77.3	98.0
废弃资源综合利用业	111.2	88.6	79.7
金属制品、机械和设备修理业	47.2	25.1	53.2
电力、热力、燃气及水生产和供应业	**780.0**	**338.6**	**43.4**
电力、热力生产和供应业	670.1	262.6	39.2
燃气生产和供应业	64.0	43.6	68.1
水的生产和供应业	46.0	32.4	70.4
四、按地区分			
东部地区	21378.7	13578.4	63.5
中部地区	6272.0	4349.1	69.3
西部地区	3887.3	2347.0	60.4
东北地区	1055.6	601.9	57.0

2.外部研发经费支出	所占比重(%)	3.获得机器设备和软件经费支出	所占比重(%)	4.从外部获取相关技术经费支出	所占比重(%)
1270.9	**4.1**	**8883.1**	**28.7**	**820.4**	**2.6**
2.2	0.5	165.0	33.9	3.0	0.6
8.0	2.5	112.3	35.8	6.7	2.1
2.4	1.2	103.9	52.1	5.8	2.9
5.8	3.1	113.8	61.5	29.1	15.7
2.2	0.5	138.9	32.8	1.3	0.3
1.0	0.6	57.2	35.7	0.3	0.2
1.1	0.8	31.9	23.2		
0.4	0.3	35.0	29.0	0.2	0.2
2.7	1.8	49.2	33.5	0.1	0.1
0.8	0.3	104.0	36.6	0.2	0.1
0.8	0.5	56.8	37.4	1.3	0.9
1.1	0.6	58.8	32.5	0.5	0.3
4.8	0.8	371.1	64.7	7.4	1.3
29.2	1.5	711.0	36.1	14.5	0.7
154.6	9.7	297.3	18.6	52.8	3.3
1.1	0.5	43.8	20.0	1.4	0.6
12.3	1.6	217.8	28.2	9.4	1.2
6.7	0.6	408.5	35.7	5.2	0.5
11.3	0.5	1098.2	50.3	105.8	4.8
10.6	1.0	417.6	38.9	3.8	0.4
5.7	0.6	285.0	28.0	7.3	0.7
36.9	2.1	455.3	26.3	24.1	1.4
36.1	2.2	415.1	25.5	12.3	0.8
279.3	9.4	703.8	23.8	182.5	6.2
56.1	8.0	12.5	1.8	32.3	4.6
93.0	2.9	713.3	22.1	38.5	1.2
480.6	7.2	1543.7	23.2	265.4	4.0
16.7	3.3	130.6	25.9	2.7	0.5
5.8	7.4	-5.3	-6.7	1.1	1.4
1.3	1.2	21.1	19.0	0.2	0.2
0.5	1.1	16.4	34.7	5.2	11.0
75.7	**9.7**	**325.1**	**41.7**	**40.6**	**5.2**
73.0	10.9	293.9	43.9	40.6	6.1
1.9	3.0	18.5	28.9		
0.8	1.7	12.7	27.6	0.1	0.2
953.3	4.5	6189.6	29.0	657.4	3.1
221.7	3.5	1615.1	25.8	86.1	1.4
159.3	4.1	1283.0	33.0	98.0	2.5
54.0	5.1	379.1	35.9	20.6	2.0

5-7 续表 2

项目	创新费用支出合计(亿元)	1.内部研发经费支出	所占比重(%)
北京	663.7	406.7	61.3
天津	392.7	296.0	75.4
河北	1061.2	703.5	66.3
山西	367.5	217.6	59.2
内蒙古	393.2	192.0	48.8
辽宁	562.3	392.2	69.7
吉林	315.6	103.7	32.9
黑龙江	177.7	106.0	59.7
上海	1498.3	810.9	54.1
江苏	4607.6	3301.6	71.7
浙江	2962.0	1827.6	61.7
安徽	1449.3	926.1	63.9
福建	1166.5	917.2	78.6
江西	753.2	483.9	64.2
山东	2790.3	1869.3	67.0
河南	1009.9	897.3	88.9
湖北	1396.1	882.8	63.2
湖南	1295.9	941.4	72.6
广东	6154.8	3426.6	55.7
广西	335.7	150.3	44.8
海南	82.1	18.9	23.0
重庆	674.3	499.0	74.0
四川	856.2	571.8	66.8
贵州	171.8	126.2	73.5
云南	320.5	210.1	65.6
西藏	2.9	1.2	41.4
陕西	509.6	376.6	73.9
甘肃	162.8	56.8	34.9
青海	33.8	15.2	45.0
宁夏	151.5	66.9	44.2
新疆	275.3	81.1	29.5

2.外部研发经费支出	所占比重(%)	3.获得机器设备和软件经费支出	所占比重(%)	4.从外部获取相关技术经费支出	所占比重(%)
34.2	5.2	210.5	31.7	12.3	1.9
22.9	5.8	70.7	18.0	3.1	0.8
20.4	1.9	330.3	31.1	7.0	0.7
12.3	3.3	136.5	37.1	1.1	0.3
12.7	3.2	147.9	37.6	40.6	10.3
22.9	4.1	139.0	24.7	8.2	1.5
24.1	7.6	178.6	56.6	9.2	2.9
7.0	3.9	61.5	34.6	3.2	1.8
79.6	5.3	478.0	31.9	129.8	8.7
146.7	3.2	1019.1	22.1	140.2	3.0
99.3	3.4	1004.2	33.9	30.9	1.0
67.4	4.7	438.0	30.2	17.8	1.2
30.0	2.6	176.3	15.1	43.0	3.7
16.2	2.2	248.9	33.0	4.2	0.6
64.7	2.3	824.6	29.6	31.7	1.1
21.7	2.1	79.8	7.9	11.1	1.1
57.2	4.1	410.4	29.4	45.7	3.3
46.8	3.6	301.5	23.3	6.2	0.5
447.3	7.3	2025.6	32.9	255.3	4.1
6.2	1.8	170.7	50.8	8.5	2.5
8.3	10.1	50.7	61.8	4.2	5.1
29.2	4.3	125.2	18.6	20.9	3.1
33.4	3.9	245.0	28.6	6.0	0.7
11.9	6.9	33.2	19.3	0.5	0.3
11.1	3.5	85.9	26.8	13.4	4.2
0.1	3.4	1.6	55.2		
35.8	7.0	91.7	18.0	5.5	1.1
3.3	2.0	101.0	62.0	1.7	1.0
1.4	4.1	17.2	50.9		
4.7	3.1	79.9	52.7		
9.5	3.5	183.9	66.8	0.8	0.3

5–8 资质等级以上建筑业

项　目	创新费用支出合计(亿元)	1.内部研发经费支出	所占比重(%)
总　计	**2190.2**	**861.2**	**39.3**
一、按规模分			
大型企业	1969.9	763.5	38.8
中型企业	193.5	85.9	44.4
小型企业	16.8	6.8	40.5
微型企业	10.3	5.0	48.5
二、按登记注册类型分			
内资企业	2164.3	847.9	39.2
#有限责任公司	1995.1	784.5	39.3
股份有限公司	146.6	55.9	38.1
非公司企业法人	20.3	5.5	27.1
个人独资企业	2.4	2.0	83.3
合伙企业			
港澳台商投资企业	16.3	6.7	41.1
#港澳台投资有限责任公司	9.5	2.4	25.3
港澳台投资股份有限公司	5.9	3.8	64.4
外商投资企业	9.6	6.6	68.8
#外商投资有限责任公司	4.3	2.0	46.5
外商投资股份有限公司	5.4	4.7	87.0
三、按行业分			
房屋建筑业	1021.9	362.7	35.5
土木工程建筑业	966.1	408.5	42.3
建筑安装业	113.6	49.1	43.2
建筑装饰、装修和其他建筑业	88.6	40.9	46.2
四、按地区分			
东部地区	1190.8	451.7	37.9
中部地区	589.8	229.7	38.9
西部地区	368.8	158.1	42.9
东北地区	40.8	21.8	53.4

注：创新费用及分项指标数据仅包括资质等级特、一级建筑业企业。

企业创新费用支出情况

2.外部研发经费支出	所占比重(%)	3.获得机器设备和软件经费支出	所占比重(%)	4.从外部获取相关技术经费支出	所占比重(%)
13.6	**0.6**	**1315.1**	**60.0**	**0.3**	
12.3	0.6	1193.8	60.6	0.3	
1.2	0.6	106.4	55.0		
0.1	0.6	9.9	58.9		
0.1	1.0	5.2	50.5		
13.6	0.6	1302.5	60.2	0.3	
12.6	0.6	1197.7	60.0	0.3	
0.9	0.6	89.8	61.3		
0.1	0.5	14.7	72.4		
		0.4	16.7		
		9.6	58.9		
		7.1	74.7		
		2.1	35.6		
		3.0	31.3		
		2.3	53.5		
		0.7	13.0		
3.9	0.4	655.2	64.1	0.1	
8.7	0.9	548.7	56.8	0.2	
0.6	0.5	63.9	56.3		
0.3	0.3	47.4	53.5		
6.6	0.6	732.4	61.5	0.1	
2.8	0.5	357.2	60.6	0.1	
3.8	1.0	206.8	56.1	0.1	
0.4	1.0	18.6	45.6		

5-8 续表

项　　目	创新费用支出合计(亿元)	1.内部研发经费支出	所占比重(%)
北　京	224.9	18.3	8.1
天　津	105.9	86.0	81.2
河　北	52.4	27.1	51.7
山　西	79.7	22.5	28.2
内蒙古	12.8	4.8	37.5
辽　宁	25.9	19.1	73.7
吉　林	7.5	0.7	9.3
黑龙江	7.4	1.9	25.7
上　海	180.6	44.5	24.6
江　苏	78.8	37.8	48.0
浙　江	97.6	26.5	27.2
安　徽	84.2	27.6	32.8
福　建	56.8	44.2	77.8
江　西	25.7	7.9	30.7
山　东	195.2	119.6	61.3
河　南	85.7	55.8	65.1
湖　北	197.2	77.4	39.2
湖　南	117.4	38.5	32.8
广　东	197.4	47.4	24.0
广　西	34.2	17.2	50.3
海　南	1.1	0.2	18.2
重　庆	32.0	22.0	68.8
四　川	117.1	32.3	27.6
贵　州	19.9	9.0	45.2
云　南	36.0	27.3	75.8
西　藏			
陕　西	85.7	36.5	42.6
甘　肃	8.4	2.3	27.4
青　海	9.2	4.3	46.7
宁　夏	1.7	0.1	5.9
新　疆	11.8	2.1	17.8

2.外部研发经费支出	所占比重(%)	3.获得机器设备和软件经费支出	所占比重(%)	4.从外部获取相关技术经费支出	所占比重(%)
1.7	0.8	204.9	91.1		
1.2	1.1	18.7	17.7		
0.4	0.8	24.9	47.5		
		57.2	71.8		
		8.0	62.5		
0.4	1.5	6.4	24.7		
		6.8	90.7		
		5.5	74.3		
0.5	0.3	135.6	75.1		
0.7	0.9	40.3	51.1		
0.2	0.2	70.9	72.6		
0.4	0.5	56.2	66.7		
0.3	0.5	12.3	21.7		
0.1	0.4	17.7	68.9		
0.5	0.3	75.1	38.5		
0.5	0.6	29.4	34.3		
1.4	0.7	118.4	60.0		
0.4	0.3	78.5	66.9		
1.0	0.5	149.0	75.5		
		17.0	49.7		
		0.9	81.8		
0.1	0.3	9.9	30.9		
2.3	2.0	82.4	70.4	0.1	0.1
0.1	0.5	10.8	54.3		
0.5	1.4	8.2	22.8		
0.5	0.6	48.7	56.8		
0.1	1.2	6.0	71.4		
		4.9	53.3		
		1.6	94.1		
0.2	1.7	9.5	80.5		

5–9 规模(限额)以上服务业企业

项　目	创新费用支出合计(亿元)	1.内部研发经费支出	所占比重(%)
总　计	**8004.7**	**3702.2**	**46.3**
一、按规模分			
大型企业	5173.0	2543.7	49.2
中型企业	1924.4	830.8	43.2
小型企业	865.1	317.5	36.7
微型企业	42.4	10.3	24.3
二、按登记注册类型分			
内资企业	5651.8	2594.9	45.9
#有限责任公司	4798.4	2221.2	46.3
股份有限公司	816.6	353.2	43.3
非公司企业法人	30.4	17.6	57.9
个人独资企业	5.9	2.8	47.5
合伙企业	0.3	0.1	33.3
港澳台商投资企业	1697.1	765.3	45.1
港澳台投资有限责任公司	1561.6	706.8	45.3
港澳台投资股份有限公司	105.0	47.9	45.6
港澳台投资合伙企业	9.8	4.2	42.9
其他港澳台投资企业	20.7	6.3	30.4
外商投资企业	656.2	342.0	52.1
外商投资有限责任公司	542.2	289.3	53.4
外商投资股份有限公司	79.1	37.2	47.0
外商投资合伙企业	30.0	12.5	41.7
其他外商投资企业	4.8	3.0	62.5
三、按行业分			
交通运输、仓储和邮政业	**132.9**	**60.7**	**45.7**
#道路运输业	63.3	33.8	53.4
水上运输业	25.1	8.9	35.5
航空运输业	5.5	1.7	30.9
管道运输业	9.4	6.1	64.9
多式联运和运输代理业	15.4	4.7	30.5
装卸搬运和仓储业	11.2	3.9	34.8
邮政业	2.8	1.6	57.1
信息传输、软件和信息技术服务业	**5575.0**	**2444.4**	**43.8**
电信、广播电视和卫星传输服务	244.8	86.6	35.4
互联网和相关服务	1469.8	828.3	56.4
软件和信息技术服务业	3860.4	1529.5	39.6
租赁和商务服务业	**235.3**	**99.2**	**42.2**
租赁业	15.8	7.7	48.7
商务服务业	219.6	91.5	41.7
科学研究和技术服务业	**2001.0**	**1071.4**	**53.5**
研究和试验发展	879.7	465.4	52.9
专业技术服务业	876.9	476.8	54.4
科技推广和应用服务业	244.6	129.2	52.8

创新费用支出情况(不含批发零售业)

2.外部研发经费支出	所占比重(%)	3.获得机器设备和软件经费支出	所占比重(%)	4.从外部获取相关技术经费支出	所占比重(%)
739.9	**9.2**	**3504.9**	**43.8**	**57.7**	**0.7**
516.1	10.0	2080.6	40.2	32.6	0.6
163.4	8.5	913.9	47.5	16.3	0.8
49.4	5.7	490.7	56.7	7.5	0.9
11.0	25.9	19.7	46.5	1.4	3.3
531.0	9.4	2476.5	43.8	49.4	0.9
493.6	10.3	2041.7	42.6	41.9	0.9
35.0	4.3	420.9	51.5	7.5	0.9
1.0	3.3	11.8	38.8		
1.5	25.4	1.6	27.1		
		0.2	66.7		
145.9	8.6	779.3	45.9	6.6	0.4
126.5	8.1	725.5	46.5	2.8	0.2
17.7	16.9	37.6	35.8	1.8	1.7
0.1	1.0	5.5	56.1		
1.6	7.7	10.8	52.2	2.0	9.7
63.1	9.6	249.3	38.0	1.8	0.3
57.2	10.6	195.4	36.0	0.3	0.1
5.4	6.8	35.1	44.4	1.4	1.8
0.1	0.3	17.4	58.0		
0.3	6.3	1.5	31.3		
7.2	**5.4**	**63.0**	**47.4**	**2.0**	**1.5**
2.1	3.3	27.3	43.1	0.1	0.2
2.0	8.0	12.4	49.4	1.8	7.2
0.4	7.3	3.4	61.8		
2.0	21.3	1.3	13.8		
0.3	1.9	10.4	67.5		
0.3	2.7	6.8	60.7	0.2	1.8
0.1	3.6	1.1	39.3		
503.6	**9.0**	**2596.8**	**46.6**	**30.2**	**0.5**
62.1	25.4	93.7	38.3	2.4	1.0
185.6	12.6	455.2	31.0	0.7	0.0
255.9	6.6	2047.9	53.0	27.1	0.7
9.6	**4.1**	**121.4**	**51.6**	**5.1**	**2.2**
0.3	1.9	7.8	49.4		
9.4	4.3	113.6	51.7	5.1	2.3
217.8	**10.9**	**692.7**	**34.6**	**19.1**	**1.0**
147.2	16.7	264.2	30.0	2.9	0.3
48.2	5.5	337.4	38.5	14.5	1.7
22.4	9.2	91.3	37.3	1.7	0.7

5–9 续表

项　　目	创新费用支出合计(亿元)	1.内部研发经费支出	所占比重(%)
水利、环境和公共设施管理业	**50.2**	**20.6**	**41.0**
水利管理业	1.8	0.8	44.4
生态保护和环境治理业	29.1	9.2	31.6
公共设施管理业	15.6	7.5	48.1
土地管理业	3.8	3.1	81.6
四、按地区分			
东部地区	6736.2	2979.7	44.2
中部地区	508.4	297.4	58.5
西部地区	687.4	374.4	54.5
东北地区	73.0	50.7	69.5
北　京	2107.4	894.3	42.4
天　津	121.0	73.6	60.8
河　北	67.5	38.2	56.6
山　西	16.1	7.8	48.4
内蒙古	8.1	3.5	43.2
辽　宁	51.1	39.7	77.7
吉　林	12.7	5.8	45.7
黑龙江	9.2	5.1	55.4
上　海	1341.8	576.0	42.9
江　苏	523.4	278.6	53.2
浙　江	840.9	327.0	38.9
安　徽	103.0	44.0	42.7
福　建	112.2	65.1	58.0
江　西	20.8	8.1	38.9
山　东	182.1	100.2	55.0
河　南	82.2	70.9	86.3
湖　北	197.1	107.2	54.4
湖　南	89.2	59.3	66.5
广　东	1427.7	622.5	43.6
广　西	18.2	7.4	40.7
海　南	12.2	4.2	34.4
重　庆	117.3	73.5	62.7
四　川	282.1	178.7	63.3
贵　州	82.6	30.3	36.7
云　南	16.8	9.6	57.1
西　藏	1.4	0.9	64.3
陕　西	142.9	64.5	45.1
甘　肃	6.8	2.6	38.2
青　海	1.7	0.7	41.2
宁　夏	3.3	1.5	45.5
新　疆	6.6	1.2	18.2

2.外部研发经费支出	所占比重(%)	3.获得机器设备和软件经费支出	所占比重(%)	4.从外部获取相关技术经费支出	所占比重(%)
0.8	**1.6**	**28.2**	**56.2**	**0.6**	**1.2**
		1.0	55.6		
0.2	0.7	19.6	67.4	0.1	0.3
0.3	1.9	7.3	46.8	0.5	3.2
0.2	5.3	0.5	13.2		
623.7	9.3	3092.0	45.9	40.8	0.6
30.4	6.0	170.3	33.5	10.3	2.0
82.9	12.1	223.7	32.5	6.4	0.9
3.0	4.1	19.1	26.2	0.2	0.3
156.5	7.4	1048.3	49.7	8.3	0.4
16.8	13.9	30.5	25.2	0.1	0.1
4.9	7.3	23.4	34.7	1.0	1.5
0.5	3.1	7.8	48.4		
0.1	1.2	4.5	55.6		
1.8	3.5	9.6	18.8		
0.4	3.2	6.4	50.4	0.1	0.8
0.9	9.8	3.1	33.7	0.1	1.1
96.9	7.2	662.7	49.4	6.2	0.5
34.6	6.6	203.5	38.9	6.7	1.3
190.7	22.7	322.0	38.3	1.2	0.1
7.8	7.6	50.8	49.3	0.4	0.4
5.8	5.2	41.2	36.7	0.1	0.1
0.5	2.4	12.1	58.2	0.1	0.5
7.8	4.3	73.6	40.4	0.5	0.3
5.8	7.1	5.4	6.6	0.1	0.1
13.7	7.0	66.5	33.7	9.7	4.9
2.0	2.2	27.8	31.2	0.1	0.1
109.0	7.6	679.9	47.6	16.3	1.1
0.3	1.6	10.4	57.1	0.1	0.5
0.7	5.7	7.0	57.4	0.3	2.5
14.4	12.3	28.5	24.3	0.9	0.8
16.0	5.7	83.0	29.4	4.4	1.6
43.8	53.0	8.0	9.7	0.5	0.6
2.5	14.9	4.7	28.0		
0.1	7.1	0.4	28.6		
3.2	2.2	74.7	52.3	0.5	0.4
1.9	27.9	2.3	33.8		
0.1	5.9	0.9	52.9		
0.1	3.0	1.7	51.5		
0.4	6.1	5.0	75.8		

5-10 规模以上高技术产业

项　目	创新费用支出合计(亿元)	1.内部研发经费支出	所占比重(%)
总　计	**10221.7**	**6910.7**	**67.6**
一、按规模分			
大型企业	6190.5	4278.7	69.1
中型企业	2014.6	1358.6	67.4
小型企业	1966.9	1242.3	63.2
微型企业	49.8	31.1	62.5
二、按登记注册类型分			
内资企业	7965.2	5410.1	67.9
#有限责任公司	5973.3	4021.0	67.3
股份有限公司	1966.3	1370.7	69.7
非公司企业法人	21.3	15.9	74.6
个人独资企业	1.9	1.2	63.2
合伙企业	2.5	1.3	52.0
港澳台商投资企业	1156.9	810.5	70.1
港澳台投资有限责任公司	807.6	562.9	69.7
港澳台投资股份有限公司	310.7	223.8	72.0
港澳台投资合伙企业	29.9	16.8	56.2
其他港澳台投资企业	8.7	6.9	79.3
外商投资企业	1099.7	690.1	62.8
外商投资有限责任公司	843.1	510.9	60.6
外商投资股份有限公司	237.0	163.8	69.1
外商投资合伙企业	14.8	11.1	75.0
其他外商投资企业	5.0	4.2	84.0
三、按高技术行业(制造业)分			
医药制造业	**1601.0**	**1096.3**	**68.5**
#化学药品制造	790.7	501.7	63.5
中成药生产	187.3	120.4	64.3
生物药品制品制造	449.1	357.6	79.6
电子及通信设备制造业	**7038.0**	**4635.2**	**65.9**
#电子工业专用设备制造	237.8	170.5	71.7
光纤、光缆制造及锂离子电池制造	629.9	437.8	69.5
#锂离子电池制造	580.4	395.4	68.1
通信设备制造、雷达及配套设备制造	2580.4	1611.6	62.5
#通信系统设备制造	509.0	355.3	69.8
通信终端设备制造	2049.2	1230.7	60.1
雷达及配套设备制造	22.2	25.6	115.3
广播电视设备制造	64.2	47.0	73.2
非专业视听设备制造	255.2	122.8	48.1
电子器件制造	1645.2	1121.7	68.2
#电子真空器件制造	26.8	20.0	74.6
半导体分立器件制造	65.7	45.9	69.9
集成电路制造	865.1	569.4	65.8
光电子器件制造	150.0	114.9	76.6
电子元件及电子专用设备制造	1166.8	803.9	68.9
#电阻电容电感元件制造	94.4	59.1	62.6
电子专用材料制造	485.8	355.9	73.3
电子电路制造	234.7	145.8	62.1
智能消费设备制造	296.8	199.0	67.0
其他电子设备制造	161.9	120.9	74.7

(制造业)创新费用支出情况

2.外部研发经费支出	所占比重(%)	3.获得机器设备和软件经费支出	所占比重(%)	4.从外部获取相关技术经费支出	所占比重(%)
757.4	**7.4**	**2183.2**	**21.4**	**370.4**	**3.6**
508.7	8.2	1074.9	17.4	328.2	5.3
141.8	7.0	490.4	24.3	23.8	1.2
99.9	5.1	606.7	30.8	18.0	0.9
7.1	14.3	11.2	22.5	0.4	0.8
642.1	8.1	1673.0	21.0	240.0	3.0
523.5	8.8	1219.1	20.4	209.7	3.5
116.1	5.9	449.5	22.9	30.0	1.5
2.3	10.8	2.8	13.1	0.3	1.4
0.1	5.3	0.6	31.6		
0.1	4.0	1.1	44.0		
56.9	4.9	264.3	22.8	25.2	2.2
38.8	4.8	189.2	23.4	16.7	2.1
11.2	3.6	67.5	21.7	8.2	2.6
6.3	21.1	6.5	21.7	0.3	1.0
0.6	6.9	1.2	13.8		
58.5	5.3	245.9	22.4	105.2	9.6
45.0	5.3	185.7	22.0	101.5	12.0
13.5	5.7	56.0	23.6	3.7	1.6
		3.7	25.0		
0.1	2.0	0.7	14.0		
154.6	**9.7**	**297.3**	**18.6**	**52.8**	**3.3**
95.4	12.1	152.9	19.3	40.7	5.1
25.8	13.8	35.6	19.0	5.5	2.9
27.4	6.1	60.6	13.5	3.5	0.8
494.1	**7.0**	**1625.2**	**23.1**	**283.5**	**4.0**
6.3	2.6	59.7	25.1	1.3	0.5
47.2	7.5	126.1	20.0	18.8	3.0
46.4	8.0	120.1	20.7	18.5	3.2
313.6	12.2	512.9	19.9	142.3	5.5
30.8	6.1	121.9	23.9	1.0	0.2
281.2	13.7	396.0	19.3	141.3	6.9
1.6	7.2	-5.0	-22.5		
0.3	0.5	16.6	25.9	0.3	0.5
5.3	2.1	43.4	17.0	83.7	32.8
75.2	4.6	420.9	25.6	27.4	1.7
0.7	2.6	6.1	22.8		
0.9	1.4	18.6	28.3	0.3	0.5
54.5	6.3	217.7	25.2	23.5	2.7
2.5	1.7	32.2	21.5	0.4	0.3
15.6	1.3	338.9	29.0	8.4	0.7
0.4	0.4	34.4	36.4	0.5	0.5
5.7	1.2	123.1	25.3	1.1	0.2
1.4	0.6	84.4	36.0	3.1	1.3
24.3	8.2	73.1	24.6	0.4	0.1
6.4	4.0	33.8	20.9	0.8	0.5

5-10 续表

项 目	创新费用支出合计(亿元)	1.内部研发经费支出	所占比重(%)
计算机及办公设备制造业	**484.6**	**340.2**	**70.2**
#计算机整机制造	174.9	114.2	65.3
计算机零部件制造	87.3	64.9	74.3
计算机外围设备制造	85.6	56.0	65.4
办公设备制造	22.0	17.4	79.1
医疗仪器设备及仪器仪表制造业	**842.5**	**581.6**	**69.0**
#医疗仪器设备及器械制造	350.4	235.5	67.2
#医疗诊断、监护及治疗设备制造	173.3	113.7	65.6
医疗、外科及兽医用器械制造	64.6	46.5	72.0
通用仪器仪表制造	327.8	225.0	68.6
专用仪器仪表制造	97.9	68.5	70.0
信息化学品制造业	**15.1**	**11.8**	**78.1**
四、按地区分			
东部地区	7925.2	5080.6	64.1
中部地区	1333.3	1056.3	79.2
西部地区	805.5	639.1	79.3
东北地区	157.8	134.6	85.3
北 京	404.2	277.0	68.5
天 津	114.9	89.5	77.9
河 北	115.0	78.3	68.1
山 西	24.2	12.4	51.2
内蒙古	31.4	24.3	77.4
辽 宁	92.4	90.9	98.4
吉 林	43.3	26.9	62.1
黑龙江	22.0	16.8	76.4
上 海	515.0	329.5	64.0
江 苏	1450.0	1079.2	74.4
浙 江	798.0	514.4	64.5
安 徽	334.2	248.0	74.2
福 建	460.1	329.8	71.7
江 西	217.2	161.8	74.5
山 东	553.7	353.8	63.9
河 南	154.8	149.0	96.3
湖 北	366.6	291.9	79.6
湖 南	236.4	193.2	81.7
广 东	3496.0	2021.7	57.8
广 西	23.8	14.7	61.8
海 南	18.6	7.4	39.8
重 庆	142.6	112.1	78.6
四 川	283.2	218.5	77.2
贵 州	32.2	33.2	103.1
云 南	70.2	51.3	73.1
西 藏	0.6	0.3	50.0
陕 西	156.0	142.1	91.1
甘 肃	24.3	18.0	74.1
青 海	10.3	4.5	43.7
宁 夏	26.9	18.7	69.5
新 疆	4.1	1.4	34.1

2.外部研发经费支出	所占比重(%)	3.获得机器设备和软件经费支出	所占比重(%)	4.从外部获取相关技术经费支出	所占比重(%)
38.1	**7.9**	**104.3**	**21.5**	**2.0**	**0.4**
26.6	15.2	33.5	19.2	0.6	0.3
0.8	0.9	21.2	24.3	0.4	0.5
3.7	4.3	25.6	29.9	0.3	0.4
0.3	1.4	4.3	19.5		
34.8	**4.1**	**218.4**	**25.9**	**7.7**	**0.9**
18.2	5.2	91.6	26.1	5.1	1.5
10.1	5.8	49.1	28.3	0.4	0.2
1.8	2.8	16.0	24.8	0.3	0.5
9.4	2.9	91.9	28.0	1.5	0.5
5.1	5.2	23.7	24.2	0.6	0.6
0.6	**4.0**	**2.7**	**17.9**		
589.8	7.4	1902.3	24.0	352.5	4.4
90.4	6.8	177.9	13.3	8.7	0.7
59.3	7.4	100.3	12.5	6.8	0.8
18.0	11.4	2.9	1.8	2.3	1.5
24.1	6.0	101.1	25.0	2.0	0.5
16.7	14.5	8.5	7.4	0.2	0.2
14.3	12.4	16.6	14.4	5.8	5.0
2.6	10.7	9.1	37.6	0.1	0.4
1.1	3.5	5.9	18.8	0.1	0.3
9.3	10.1	-8.7	-9.4	0.9	1.0
5.3	12.2	10.6	24.5	0.5	1.2
3.4	15.5	0.9	4.1	0.9	4.1
38.3	7.4	127.5	24.8	19.7	3.8
74.9	5.2	199.0	13.7	96.9	6.7
46.7	5.9	224.4	28.1	12.5	1.6
30.5	9.1	50.7	15.2	5.0	1.5
20.2	4.4	72.8	15.8	37.3	8.1
9.2	4.2	45.7	21.0	0.5	0.2
23.6	4.3	154.0	27.8	22.3	4.0
11.9	7.7	-7.4	-4.8	1.3	0.8
26.6	7.3	46.6	12.7	1.5	0.4
9.6	4.1	33.3	14.1	0.3	0.1
324.3	9.3	994.6	28.5	155.4	4.4
1.0	4.2	7.9	33.2	0.2	0.8
6.7	36.0	4.1	22.0	0.4	2.2
8.2	5.8	20.5	14.4	1.8	1.3
19.5	6.9	43.2	15.3	2.0	0.7
3.1	9.6	-4.2	-13.0	0.1	0.3
4.8	6.8	14.0	19.9	0.1	0.1
0.1	16.7	0.2	33.3		
19.2	12.3	-6.6	-4.2	1.3	0.8
0.6	2.5	4.6	18.9	1.1	4.5
0.7	6.8	5.1	49.5		
		8.2	30.5		
1.0	24.4	1.7	41.5		

六、规模（限额）以上企业组织和营销创新情况（2023 年）

6-1 规模(限额)以上企业

项　目	实现组织或营销创新企业数(个)	#实现组织创新企业	#实现营销创新企业
总　计	**293442**	**223385**	**208221**
一、按规模分			
大型企业	11695	9831	7539
中型企业	50074	39770	33381
小型企业	200021	149771	145942
微型企业	31652	24013	21359
二、按登记注册类型分			
内资企业	275300	210118	195490
#有限责任公司	252900	192656	178734
股份有限公司	17294	13685	13146
非公司企业法人	1367	1120	753
个人独资企业	3267	2314	2506
合伙企业	469	340	348
港澳台商投资企业	9167	6677	6626
港澳台投资有限责任公司	8194	5927	5886
港澳台投资股份有限公司	622	490	466
港澳台投资合伙企业	140	89	113
其他港澳台投资企业	211	171	161
外商投资企业	8975	6590	6105
外商投资有限责任公司	8065	5895	5439
外商投资股份有限公司	585	459	440
外商投资合伙企业	124	83	86
其他外商投资企业	201	153	140
三、按行业分			
采矿业	2097	1877	857
制造业	165139	121985	127582
电力、热力、燃气及水生产和供应业	3515	3173	1170
建筑业	15502	14515	5799
批发和零售业	65071	46011	48126
交通运输、仓储和邮政业	6455	5678	3034
信息传输、软件和信息技术服务业	14031	11723	9672
租赁和商务服务业	9896	8084	5771
科学研究和技术服务业	10227	9052	5439
水利、环境和公共设施管理业	1506	1285	770

组织和营销创新情况

在全部企业中占比(%)					
实现组织或营销创新企业	#实现组织创新企业	#实现营销创新企业	#同时实现组织和营销创新企业	#仅实现组织创新企业	#仅实现营销创新企业
25.7	**19.6**	**18.3**	**12.1**	**7.5**	**6.1**
49.0	41.2	31.6	23.8	17.4	7.8
32.8	26.1	21.9	15.1	10.9	6.8
27.2	20.3	19.8	13.0	7.3	6.8
13.9	10.6	9.4	6.0	4.5	3.4
25.5	19.5	18.1	12.1	7.4	6.0
25.0	19.0	17.6	11.7	7.3	5.9
50.9	40.2	38.7	28.0	12.2	10.6
18.2	14.9	10.0	6.7	8.2	3.3
16.4	11.6	12.6	7.8	3.8	4.8
16.8	12.2	12.5	7.9	4.3	4.6
29.9	21.8	21.6	13.5	8.3	8.1
28.7	20.7	20.6	12.7	8.1	7.9
54.3	42.8	40.7	29.1	13.6	11.5
32.5	20.7	26.2	14.4	6.3	11.8
39.7	32.1	30.3	22.7	9.4	7.5
28.0	20.6	19.1	11.6	9.0	7.4
26.9	19.7	18.2	10.9	8.8	7.2
58.3	45.7	43.8	31.3	14.4	12.6
27.1	18.2	18.8	9.8	8.3	9.0
33.1	25.2	23.1	15.2	10.0	7.9
17.5	15.6	7.1	5.3	10.3	1.8
36.8	27.2	28.4	18.8	8.4	9.6
17.2	15.6	5.7	4.1	11.5	1.7
20.6	19.3	7.7	6.4	12.9	1.3
15.8	11.2	11.7	7.1	4.1	4.6
14.4	12.6	6.8	5.0	7.6	1.7
45.2	37.8	31.2	23.7	14.1	7.4
16.8	13.7	9.8	6.7	7.0	3.1
32.7	29.0	17.4	13.7	15.3	3.8
24.0	20.5	12.3	8.8	11.7	3.5

6-1 续表

项　目	实现组织或营销创新企业数(个)	#实现组织创新企业	#实现营销创新企业
四、按地区分			
东部地区	176952	132900	126838
中部地区	66383	51516	48414
西部地区	42115	32937	27733
东北地区	7992	6032	5236
北　京	7777	6052	4867
天　津	3868	3026	2411
河　北	7815	5944	5679
山　西	3337	2598	2062
内蒙古	1751	1329	1054
辽　宁	3840	2933	2503
吉　林	1582	1184	1040
黑龙江	2570	1915	1693
上　海	9975	7595	6682
江　苏	35830	27812	24758
浙　江	29899	21275	22453
安　徽	14387	11382	10350
福　建	12599	9346	8832
江　西	9025	6801	6836
山　东	27239	21148	19765
河　南	14202	11038	9886
湖　北	12863	10120	9387
湖　南	12569	9577	9893
广　东	41157	30091	30905
广　西	3800	2879	2522
海　南	793	611	486
重　庆	5463	4272	3894
四　川	12071	9443	7977
贵　州	3446	2706	2228
云　南	3803	3049	2500
西　藏	265	216	180
陕　西	5863	4588	3866
甘　肃	2017	1607	1314
青　海	389	319	233
宁　夏	910	725	578
新　疆	2337	1804	1387

在全部企业中占比(%)					
实现组织或营销创新企业	#实现组织创新企业	#实现营销创新企业	#同时实现组织和营销创新企业	#仅实现组织创新企业	#仅实现营销创新企业
25.6	19.2	18.3	12.0	7.2	6.4
27.8	21.6	20.3	14.1	7.5	6.2
24.9	19.5	16.4	11.0	8.5	5.4
19.3	14.6	12.6	7.9	6.7	4.7
24.5	19.0	15.3	9.9	9.2	5.4
17.5	13.7	10.9	7.1	6.6	3.8
24.6	18.7	17.9	12.0	6.7	5.9
17.0	13.2	10.5	6.7	6.5	3.8
19.3	14.7	11.6	7.0	7.7	4.7
17.0	13.0	11.1	7.1	5.9	4.0
19.7	14.8	13.0	8.0	6.8	5.0
23.8	17.8	15.7	9.6	8.1	6.1
24.4	18.6	16.3	10.5	8.1	5.8
24.7	19.2	17.1	11.6	7.6	5.5
27.6	19.7	20.8	12.8	6.9	8.0
33.9	26.8	24.4	17.3	9.5	7.1
23.4	17.4	16.4	10.4	7.0	6.1
24.8	18.7	18.8	12.7	6.0	6.1
28.5	22.1	20.7	14.3	7.8	6.4
26.6	20.7	18.5	12.6	8.1	5.9
27.6	21.7	20.2	14.3	7.5	5.9
31.4	23.9	24.7	17.2	6.7	7.5
25.9	18.9	19.5	12.5	6.5	7.0
18.9	14.3	12.6	8.0	6.4	4.6
20.2	15.6	12.4	7.8	7.8	4.6
27.8	21.7	19.8	13.8	8.0	6.1
27.6	21.6	18.2	12.2	9.4	6.0
27.1	21.3	17.5	11.7	9.6	5.8
24.8	19.8	16.3	11.4	8.5	4.9
27.0	22.0	18.4	13.4	8.7	5.0
27.0	21.1	17.8	11.9	9.2	5.9
27.6	22.0	18.0	12.4	9.6	5.6
22.9	18.8	13.7	9.6	9.2	4.1
29.1	23.2	18.5	12.6	10.6	5.9
17.1	13.2	10.1	6.2	6.9	3.9

6-2 规模以上工业企业

项　　目	实现组织或营销创新企业数（个）	#实现组织创新企业	#实现营销创新企业
总　计	**170751**	**127035**	**129609**
一、按规模分			
大型企业	4882	4055	3483
中型企业	18818	14970	13690
小型企业	135855	99678	104448
微型企业	11196	8332	7988
二、按登记注册类型分			
内资企业	157581	117462	120268
#有限责任公司	142518	105869	108485
股份有限公司	12647	9855	9966
非公司企业法人	476	376	303
个人独资企业	1651	1158	1291
合伙企业	287	202	221
港澳台商投资企业	6515	4718	4756
港澳台投资有限责任公司	5879	4238	4263
港澳台投资股份有限公司	480	377	365
港澳台投资合伙企业	95	57	79
其他港澳台投资企业	61	46	49
外商投资企业	6655	4855	4585
外商投资有限责任公司	6037	4387	4131
外商投资股份有限公司	449	351	338
外商投资合伙企业	95	61	71
其他外商投资企业	74	56	45
三、按行业分			
采矿业	**2097**	**1877**	**857**
#煤炭开采和洗选业	692	626	245
石油和天然气开采业	49	46	15
黑色金属矿采选业	245	225	96
有色金属矿采选业	281	254	87
非金属矿采选业	737	639	387
开采专业及辅助性活动	89	85	23
制造业	**165139**	**121985**	**127582**
农副食品加工业	8986	5647	7846

组织和营销创新情况

在全部企业中占比(%)					
实现组织或营销创新企业	#实现组织创新企业	#实现营销创新企业	#同时实现组织和营销创新企业	#仅实现组织创新企业	#仅实现营销创新企业
35.5	**26.4**	**26.9**	**17.8**	**8.5**	**9.1**
59.6	49.5	42.6	32.5	17.1	10.1
50.1	39.9	36.4	26.2	13.7	10.2
35.5	26.1	27.3	17.9	8.2	9.5
21.0	15.6	15.0	9.6	6.0	5.4
35.8	26.7	27.3	18.2	8.5	9.1
35.1	26.1	26.7	17.7	8.4	9.0
55.7	43.4	43.9	31.6	11.8	12.3
22.7	18.0	14.5	9.7	8.3	4.8
20.1	14.1	15.7	9.7	4.4	6.0
22.7	16.0	17.5	10.8	5.2	6.7
33.4	24.2	24.4	15.2	9.0	9.2
32.4	23.3	23.5	14.4	8.9	9.0
56.3	44.2	42.8	30.8	13.5	12.1
33.5	20.1	27.8	14.4	5.6	13.4
31.0	23.4	24.9	17.3	6.1	7.6
31.5	23.0	21.7	13.2	9.8	8.5
30.4	22.1	20.8	12.5	9.6	8.3
62.8	49.1	47.3	33.6	15.5	13.7
29.3	18.8	21.9	11.4	7.4	10.5
34.9	26.4	21.2	12.7	13.7	8.5
17.5	**15.6**	**7.1**	**5.3**	**10.3**	**1.8**
14.3	12.9	5.1	3.7	9.2	1.4
30.2	28.4	9.3	7.4	21.0	1.9
16.4	15.0	6.4	5.1	10.0	1.3
22.3	20.1	6.9	4.8	15.4	2.1
19.1	16.6	10.0	7.5	9.1	2.5
23.5	22.4	6.1	5.0	17.4	1.1
36.8	**27.2**	**28.4**	**18.8**	**8.4**	**9.6**
36.3	22.8	31.7	18.2	4.6	13.5

6-2 续表 1

项　目	实现组织或营销创新企业数（个）	#实现组织创新企业	#实现营销创新企业
食品制造业	4727	2894	4234
酒、饮料和精制茶制造业	2622	1555	2387
烟草制品业	111	80	93
纺织业	5702	4301	4271
纺织服装、服饰业	2975	2099	2353
皮革、毛皮、羽毛及其制品和制鞋业	2081	1424	1671
木材加工和木、竹、藤、棕、草制品业	2941	2160	2437
家具制造业	2409	1631	2075
造纸和纸制品业	2504	1737	1978
印刷和记录媒介复制业	2277	1650	1749
文教、工美、体育和娱乐用品制造业	3518	2212	3053
石油、煤炭及其他燃料加工业	708	558	473
化学原料和化学制品制造业	10014	7387	7709
医药制造业	4910	3459	4006
化学纤维制造业	788	603	592
橡胶和塑料制品业	8888	6417	7023
非金属矿物制品业	12918	10120	8963
黑色金属冶炼和压延加工业	1641	1380	1087
有色金属冶炼和压延加工业	2946	2384	1979
金属制品业	11227	8632	8328
通用设备制造业	14479	10873	11184
专用设备制造业	12342	9404	9546
汽车制造业	7175	5775	4879
铁路、船舶、航空航天和其他运输设备制造业	2309	1785	1593
电气机械和器材制造业	14861	10952	11773
计算机、通信和其他电子设备制造业	13337	10428	10031
仪器仪表制造业	3739	2848	2921
其他制造业	837	557	714
废弃资源综合利用业	933	820	541
金属制品、机械和设备修理业	234	213	93
电力、热力、燃气及水生产和供应业	**3515**	**3173**	**1170**
电力、热力生产和供应业	2092	1923	594
燃气生产和供应业	747	636	358
水的生产和供应业	676	614	218
四、按地区分			
东部地区	104669	76587	80605
中部地区	40762	31124	31497
西部地区	20870	16044	14479
东北地区	4450	3280	3028

在全部企业中占比(%)					
实现组织或营销创新企业	#实现组织创新企业	#实现营销创新企业	#同时实现组织和营销创新企业	#仅实现组织创新企业	#仅实现营销创新企业
48.1	29.5	43.1	24.4	5.0	18.7
46.4	27.5	42.3	23.4	4.2	18.9
60.3	43.5	50.5	33.7	9.8	16.8
28.1	21.2	21.1	14.2	7.1	6.9
23.3	16.5	18.4	11.6	4.9	6.9
25.4	17.4	20.4	12.4	5.0	8.0
23.7	17.4	19.6	13.3	4.1	6.3
34.1	23.1	29.4	18.4	4.7	11.0
32.8	22.8	25.9	15.9	6.9	10.1
34.4	25.0	26.5	17.0	8.0	9.5
34.7	21.8	30.2	17.3	4.6	12.9
31.7	25.0	21.2	14.4	10.5	6.7
40.1	29.6	30.9	20.3	9.2	10.5
52.2	36.8	42.6	27.2	9.6	15.4
34.0	26.0	25.5	17.5	8.4	8.0
34.2	24.7	27.0	17.5	7.2	9.5
27.0	21.1	18.7	12.9	8.3	5.8
27.1	22.8	17.9	13.6	9.1	4.3
30.4	24.6	20.5	14.6	10.0	5.8
31.8	24.5	23.6	16.3	8.2	7.4
42.1	31.6	32.5	22.0	9.6	10.5
46.2	35.2	35.8	24.8	10.5	11.0
38.8	31.2	26.4	18.8	12.4	7.6
39.6	30.6	27.3	18.3	12.3	9.0
43.9	32.4	34.8	23.3	9.1	11.6
49.4	38.6	37.1	26.4	12.2	10.8
53.7	40.9	41.9	29.2	11.7	12.8
39.4	26.2	33.6	20.5	5.8	13.2
26.9	23.7	15.6	12.4	11.3	3.3
29.4	26.7	11.7	9.0	17.7	2.6
17.2	**15.6**	**5.7**	**4.1**	**11.5**	**1.7**
16.3	15.0	4.6	3.3	11.7	1.3
19.6	16.7	9.4	6.5	10.2	2.9
17.9	16.3	5.8	4.1	12.1	1.6
36.2	26.5	27.9	18.2	8.3	9.7
37.1	28.3	28.6	19.9	8.4	8.8
31.8	24.5	22.1	14.7	9.7	7.4
26.5	19.5	18.0	11.1	8.5	7.0

6-2 续表 2

项 目	实现组织或营销创新企业数(个)	#实现组织创新企业	#实现营销创新企业
北 京	1238	915	810
天 津	1749	1336	1191
河 北	5530	4167	4258
山 西	1597	1230	988
内蒙古	839	644	489
辽 宁	2253	1697	1518
吉 林	837	594	575
黑龙江	1360	989	935
上 海	3300	2406	2379
江 苏	22776	17427	16526
浙 江	21856	15165	17302
安 徽	9258	7187	7138
福 建	6427	4749	4951
江 西	5746	4267	4533
山 东	15984	12112	12687
河 南	8234	6299	6056
湖 北	7252	5661	5635
湖 南	8675	6480	7147
广 东	25597	18152	20351
广 西	1934	1417	1375
海 南	212	158	150
重 庆	2961	2264	2223
四 川	6189	4723	4375
贵 州	1691	1315	1158
云 南	1667	1319	1152
西 藏	59	45	43
陕 西	2822	2195	1950
甘 肃	942	754	625
青 海	160	127	98
宁 夏	569	451	368
新 疆	1037	790	623

在全部企业中占比(%)					
实现组织或营销创新企业	#实现组织创新企业	#实现营销创新企业	#同时实现组织和营销创新企业	#仅实现组织创新企业	#仅实现营销创新企业
41.0	30.3	26.8	16.1	14.2	10.7
30.4	23.2	20.7	13.5	9.7	7.2
31.1	23.4	24.0	16.3	7.2	7.7
19.9	15.3	12.3	7.7	7.6	4.6
22.4	17.2	13.1	7.9	9.3	5.2
24.7	18.6	16.6	10.5	8.1	6.1
26.6	18.9	18.3	10.5	8.3	7.7
30.2	21.9	20.7	12.5	9.4	8.2
36.1	26.3	26.0	16.2	10.1	9.8
34.4	26.4	25.0	16.9	9.5	8.1
38.7	26.9	30.7	18.8	8.1	11.9
41.8	32.4	32.2	22.9	9.6	9.3
31.5	23.2	24.2	16.0	7.2	8.2
33.5	24.9	26.4	17.8	7.1	8.6
41.1	31.1	32.6	22.7	8.5	10.0
34.7	26.6	25.5	17.4	9.2	8.2
38.7	30.2	30.1	21.6	8.6	8.5
43.0	32.1	35.5	24.6	7.6	10.9
36.2	25.7	28.8	18.2	7.4	10.5
21.5	15.8	15.3	9.6	6.2	5.8
30.9	23.0	21.8	14.0	9.0	7.9
40.7	31.1	30.6	21.0	10.1	9.6
34.3	26.1	24.2	16.1	10.0	8.1
35.1	27.3	24.0	16.2	11.1	7.8
32.5	25.7	22.4	15.7	10.0	6.8
31.1	23.7	22.6	15.3	8.4	7.4
36.2	28.2	25.0	17.0	11.2	8.1
33.5	26.8	22.2	15.6	11.3	6.7
25.6	20.3	15.7	10.4	9.9	5.3
38.2	30.3	24.7	16.8	13.5	7.9
22.4	17.0	13.4	8.1	8.9	5.3

6–3 资质等级以上建筑业企业

项 目	实现组织或营销创新企业数(个)	#实现组织创新企业	#实现营销创新企业
总 计	**15506**	**14518**	**5801**
一、按规模分			
大型企业	1691	1598	770
中型企业	5707	5384	2086
小型企业	6134	5703	2200
微型企业	1974	1833	745
二、按登记注册类型分			
内资企业	15432	14452	5768
#有限责任公司	14772	13833	5481
股份有限公司	448	414	219
非公司企业法人	194	187	59
个人独资企业	14	14	8
合伙企业	4	4	NA
港澳台商投资企业	41	37	22
#港澳台投资有限责任公司	35	32	18
港澳台投资股份有限公司	5	4	NA
外商投资企业	33	29	11
#外商投资有限责任公司	27	24	7
外商投资股份有限公司	6	5	4
三、按行业分			
房屋建筑业	6764	6423	2383
土木工程建筑业	3724	3531	1301
建筑安装业	1693	1578	656
建筑装饰、装修和其他建筑业	3321	2983	1459
四、按地区分			
东部地区	7419	6932	2812
中部地区	4294	4039	1660
西部地区	3177	2982	1102
东北地区	616	565	227

组织和营销创新情况

在全部企业中占比(%)					
实现组织或营销创新企业	#实现组织创新企业	#实现营销创新企业	#同时实现组织和营销创新企业	#仅实现组织创新企业	#仅实现营销创新企业
20.6	**19.3**	**7.7**	**6.4**	**12.9**	**1.3**
53.3	50.4	24.3	21.3	29.0	2.9
25.3	23.9	9.3	7.8	16.1	1.4
17.1	15.9	6.1	4.9	11.0	1.2
14.2	13.2	5.4	4.4	8.9	1.0
20.6	19.3	7.7	6.4	12.9	1.3
20.3	19.0	7.5	6.3	12.8	1.3
38.7	35.7	18.9	16.0	19.8	2.9
16.2	15.6	4.9	4.4	11.3	0.6
15.6	15.6	8.9	8.9	6.7	
40.0	40.0	10.0	10.0	30.0	
20.5	18.5	11.0	9.0	9.5	2.0
19.3	17.7	9.9	8.3	9.4	1.7
50.0	40.0	30.0	20.0	20.0	10.0
28.9	25.4	9.6	6.1	19.3	3.5
25.7	22.9	6.7	3.8	19.0	2.9
75.0	62.5	50.0	37.5	25.0	12.5
20.3	19.2	7.1	6.1	13.1	1.0
24.0	22.8	8.4	7.2	15.6	1.2
21.4	19.9	8.3	6.8	13.1	1.5
17.9	16.1	7.9	6.0	10.0	1.8
20.5	19.1	7.8	6.4	12.7	1.3
23.1	21.8	8.9	7.6	14.2	1.4
20.2	19.0	7.0	5.8	13.2	1.2
12.6	11.5	4.6	3.6	7.9	1.0

6-3 续表

项　目	实现组织或营销创新企业数（个）	#实现组织创新企业	#实现营销创新企业
北　京	389	360	137
天　津	332	304	123
河　北	328	313	119
山　西	301	285	121
内蒙古	89	81	26
辽　宁	264	238	102
吉　林	161	151	66
黑龙江	191	176	59
上　海	298	273	113
江　苏	1405	1333	490
浙　江	1032	960	383
安　徽	1191	1143	395
福　建	737	691	276
江　西	457	429	173
山　东	1623	1522	671
河　南	1149	1057	478
湖　北	750	707	301
湖　南	446	418	192
广　东	1226	1129	489
广　西	226	213	88
海　南	49	47	11
重　庆	290	277	103
四　川	855	787	324
贵　州	307	293	93
云　南	324	317	98
西　藏	35	33	10
陕　西	563	519	205
甘　肃	220	205	78
青　海	50	48	15
宁　夏	67	66	13
新　疆	151	143	49

在全部企业中占比(%)					
实现组织或营销创新企业	#实现组织创新企业	#实现营销创新企业	#同时实现组织和营销创新企业	#仅实现组织创新企业	#仅实现营销创新企业
19.0	17.5	6.7	5.3	12.3	1.4
15.5	14.2	5.8	4.4	9.8	1.3
18.2	17.3	6.6	5.8	11.6	0.8
20.1	19.0	8.1	7.0	12.0	1.1
16.0	14.6	4.7	3.2	11.3	1.4
11.1	10.0	4.3	3.2	6.8	1.1
14.4	13.5	5.9	5.0	8.5	0.9
13.5	12.4	4.2	3.1	9.3	1.1
18.9	17.3	7.2	5.6	11.7	1.6
19.8	18.8	6.9	5.9	12.9	1.0
19.5	18.1	7.2	5.9	12.3	1.4
26.2	25.2	8.7	7.6	17.5	1.1
19.7	18.4	7.4	6.1	12.3	1.2
20.2	18.9	7.6	6.4	12.5	1.2
24.8	23.3	10.3	8.7	14.6	1.5
22.6	20.8	9.4	7.6	13.2	1.8
22.3	21.0	8.9	7.7	13.3	1.3
24.8	23.3	10.7	9.1	14.2	1.6
21.1	19.4	8.4	6.7	12.7	1.7
21.1	19.9	8.2	7.0	12.9	1.2
29.9	28.7	6.7	5.5	23.2	1.2
18.7	17.8	6.6	5.8	12.0	0.8
20.7	19.1	7.9	6.2	12.9	1.6
22.4	21.3	6.8	5.8	15.6	1.0
19.1	18.7	5.8	5.4	13.3	0.4
19.3	18.2	5.5	4.4	13.8	1.1
21.0	19.3	7.6	6.0	13.3	1.6
23.2	21.6	8.2	6.7	15.0	1.6
22.6	21.7	6.8	5.9	15.8	0.9
17.9	17.6	3.5	3.2	14.4	0.3
16.7	15.8	5.4	4.5	11.3	0.9

6-4 规模(限额)以上服务业企业

项目	实现组织或营销创新企业数（个）	#实现组织创新企业	#实现营销创新企业
总 计	**107185**	**81832**	**72811**
一、按规模分			
大型企业	5122	4178	3286
中型企业	25549	19416	17605
小型企业	58032	44390	39294
微型企业	18482	13848	12626
二、按登记注册类型分			
内资企业	102287	78204	69454
#有限责任公司	95610	72954	64768
股份有限公司	4199	3416	2961
非公司企业法人	697	557	391
个人独资企业	1602	1142	1207
合伙企业	178	134	126
港澳台商投资企业	2611	1922	1848
港澳台投资有限责任公司	2280	1657	1605
港澳台投资股份有限公司	137	109	98
港澳台投资合伙企业	45	32	34
其他港澳台投资企业	149	124	111
外商投资企业	2287	1706	1509
外商投资有限责任公司	2001	1484	1301
外商投资股份有限公司	130	103	98
外商投资合伙企业	29	22	15
其他外商投资企业	127	97	95
三、按行业分			
批发和零售业	**65071**	**46011**	**48126**
批发业	35580	27036	23611
零售业	29491	18975	24515
交通运输、仓储和邮政业	**6455**	**5678**	**3034**
#道路运输业	3345	2984	1539
水上运输业	390	345	146
航空运输业	128	97	76
管道运输业	29	27	9
多式联运和运输代理业	1312	1134	645
装卸搬运和仓储业	802	714	345
邮政业	447	375	273
信息传输、软件和信息技术服务业	**14031**	**11723**	**9672**
电信、广播电视和卫星传输服务	1208	996	894
互联网和相关服务	2426	1901	1824
软件和信息技术服务业	10397	8826	6954
租赁和商务服务业	**9896**	**8084**	**5771**
租赁业	689	606	372
商务服务业	9207	7478	5399

组织和营销创新情况

在全部企业中占比(%)					
实现组织或营销创新企业	#实现组织创新企业	#实现营销创新企业	#同时实现组织和营销创新企业	#仅实现组织创新企业	#仅实现营销创新企业
18.4	**14.0**	**12.5**	**8.1**	**5.9**	**4.3**
40.9	33.4	26.3	18.7	14.7	7.5
27.7	21.0	19.1	12.4	8.6	6.6
18.2	13.9	12.3	8.1	5.9	4.3
11.5	8.6	7.9	5.0	3.7	2.9
18.2	13.9	12.4	8.1	5.8	4.3
17.9	13.6	12.1	7.9	5.8	4.2
41.5	33.7	29.2	21.5	12.2	7.7
16.4	13.1	9.2	5.9	7.2	3.3
13.8	9.8	10.4	6.4	3.4	4.0
11.8	8.9	8.3	5.4	3.4	2.9
23.8	17.5	16.8	10.6	7.0	6.3
22.3	16.2	15.7	9.6	6.6	6.1
48.2	38.4	34.5	24.6	13.7	9.9
31.5	22.4	23.8	14.7	7.7	9.1
45.2	37.6	33.6	26.1	11.5	7.6
21.2	15.8	14.0	8.6	7.2	5.4
20.0	14.9	13.0	7.9	7.0	5.2
46.3	36.7	34.9	25.3	11.4	9.6
21.8	16.5	11.3	6.0	10.5	5.3
32.2	24.6	24.1	16.5	8.1	7.6
15.8	**11.2**	**11.7**	**7.1**	**4.1**	**4.6**
13.6	10.4	9.1	5.8	4.6	3.3
19.6	12.6	16.3	9.3	3.3	7.0
14.4	**12.6**	**6.8**	**5.0**	**7.6**	**1.7**
14.2	12.6	6.5	5.0	7.6	1.5
14.2	12.6	5.3	3.7	8.9	1.6
28.0	21.2	16.6	9.8	11.4	6.8
22.1	20.6	6.9	5.3	15.3	1.5
12.6	10.9	6.2	4.5	6.4	1.7
15.2	13.5	6.5	4.9	8.6	1.7
19.7	16.5	12.0	8.8	7.7	3.2
45.2	**37.8**	**31.2**	**23.7**	**14.1**	**7.4**
38.3	31.5	28.3	21.6	9.9	6.7
40.3	31.6	30.3	21.6	10.0	8.7
47.6	40.4	31.8	24.7	15.8	7.2
16.8	**13.7**	**9.8**	**6.7**	**7.0**	**3.1**
15.4	13.5	8.3	6.4	7.1	1.9
16.9	13.8	9.9	6.8	7.0	3.2

6-4 续表

项　　目	实现组织或营销创新企业数（个）	#实现组织创新企业	#实现营销创新企业
科学研究和技术服务业	**10226**	**9051**	**5438**
研究和试验发展	1573	1361	972
专业技术服务业	6959	6263	3368
科技推广和应用服务业	1694	1427	1098
水利、环境和公共设施管理业	**1506**	**1285**	**770**
水利管理业	46	45	14
生态保护和环境治理业	428	387	212
公共设施管理业	934	763	508
土地管理业	98	90	36
四、按地区分			
东部地区	64864	49381	43421
中部地区	21327	16353	15257
西部地区	18068	13911	12152
东北地区	2926	2187	1981
北　京	6150	4777	3920
天　津	1787	1386	1097
河　北	1957	1464	1302
山　西	1439	1083	953
内蒙古	823	604	539
辽　宁	1323	998	883
吉　林	584	439	399
黑龙江	1019	750	699
上　海	6377	4916	4190
江　苏	11649	9052	7742
浙　江	7011	5150	4768
安　徽	3938	3052	2817
福　建	5435	3906	3605
江　西	2822	2105	2130
山　东	9632	7514	6407
河　南	4819	3682	3352
湖　北	4861	3752	3451
湖　南	3448	2679	2554
广　东	14334	10810	10065
广　西	1640	1249	1059
海　南	532	406	325
重　庆	2212	1731	1568
四　川	5027	3933	3278
贵　州	1448	1098	977
云　南	1812	1413	1250
西　藏	171	138	127
陕　西	2478	1874	1711
甘　肃	855	648	611
青　海	179	144	120
宁　夏	274	208	197
新　疆	1149	871	715

在全部企业中占比(%)					
实现组织或营销创新企业	#实现组织创新企业	#实现营销创新企业	#同时实现组织和营销创新企业	#仅实现组织创新企业	#仅实现营销创新企业
32.7	**29.0**	**17.4**	**13.7**	**15.3**	**3.8**
47.9	41.4	29.6	23.1	18.3	6.5
30.2	27.2	14.6	11.6	15.6	3.0
34.4	29.0	22.3	16.9	12.1	5.4
24.0	**20.5**	**12.3**	**8.8**	**11.7**	**3.5**
23.1	22.6	7.0	6.5	16.1	0.5
27.9	25.2	13.8	11.1	14.1	2.7
22.6	18.5	12.3	8.2	10.3	4.1
24.1	22.1	8.8	6.9	15.2	2.0
17.7	13.5	11.8	7.6	5.9	4.2
19.4	14.9	13.9	9.4	5.5	4.5
20.6	15.8	13.8	9.1	6.7	4.7
14.8	11.1	10.0	6.3	4.8	3.7
23.0	17.9	14.7	9.5	8.3	5.1
12.6	9.7	7.7	4.9	4.8	2.8
16.0	12.0	10.7	6.6	5.4	4.0
14.2	10.7	9.4	5.9	4.8	3.5
17.3	12.7	11.3	6.7	6.0	4.6
11.9	9.0	8.0	5.0	4.0	2.9
15.6	11.7	10.7	6.8	4.9	3.9
20.9	15.4	14.4	8.8	6.6	5.5
21.2	16.3	13.9	9.1	7.3	4.8
16.3	12.6	10.8	7.2	5.5	3.6
15.1	11.1	10.3	6.3	4.8	4.0
25.0	19.4	17.9	12.3	7.1	5.6
18.4	13.2	12.2	7.0	6.2	5.2
16.7	12.5	12.6	8.4	4.1	4.2
19.2	15.0	12.8	8.5	6.4	4.2
19.6	15.0	13.6	9.0	6.0	4.6
19.9	15.3	14.1	9.6	5.8	4.5
19.0	14.8	14.1	9.9	4.9	4.2
17.4	13.1	12.2	8.0	5.2	4.3
16.4	12.5	10.6	6.7	5.8	3.9
17.3	13.2	10.6	6.5	6.7	4.1
20.4	16.0	14.5	10.0	6.0	4.4
23.4	18.3	15.2	10.1	8.1	5.1
22.3	16.9	15.0	9.6	7.2	5.4
21.3	16.6	14.7	10.0	6.6	4.7
28.1	22.7	20.9	15.4	7.2	5.4
22.1	16.7	15.2	9.9	6.8	5.4
24.1	18.2	17.2	11.4	6.9	5.8
21.0	16.9	14.1	10.0	6.9	4.1
21.7	16.5	15.6	10.4	6.1	5.2
14.1	10.7	8.8	5.4	5.3	3.4

6–5 规模以上高技术产业

项　目	实现组织或营销创新企业数(个)	#实现组织创新企业	#实现营销创新企业
总　计	**26304**	**20095**	**20274**
一、按规模分			
大型企业	1224	1047	827
中型企业	3899	3200	2835
小型企业	20027	14988	15744
微型企业	1154	860	868
二、按登记注册类型分			
内资企业	23648	18075	18426
#有限责任公司	20647	15711	16037
股份有限公司	2881	2286	2293
非公司企业法人	41	27	33
个人独资企业	50	31	38
合伙企业	28	19	24
港澳台商投资企业	1258	939	917
港澳台投资有限责任公司	1060	783	763
港澳台投资股份有限公司	159	127	120
港澳台投资合伙企业	25	18	22
其他港澳台投资企业	14	11	12
外商投资企业	1398	1081	931
外商投资有限责任公司	1203	930	788
外商投资股份有限公司	159	127	114
外商投资合伙企业	19	11	16
其他外商投资企业	17	13	13
三、按高技术行业(制造业)分			
医药制造业	**4910**	**3459**	**4006**
#化学药品制造	1409	1090	1007
中成药生产	927	620	824
生物药品制品制造	595	463	459
电子及通信设备制造业	**13979**	**11055**	**10431**
#电子工业专用设备制造	1157	955	856
光纤、光缆制造及锂离子电池制造	1106	891	875

(制造业)组织和营销创新情况

在全部企业中占比(%)					
实现组织或营销创新企业	#实现组织创新企业	#实现营销创新企业	#同时实现组织和营销创新企业	#仅实现组织创新企业	#仅实现营销创新企业
51.1	**39.0**	**39.4**	**27.3**	**11.7**	**12.1**
60.8	52.0	41.1	32.3	19.7	8.8
59.5	48.8	43.2	32.6	16.2	10.7
50.7	37.9	39.8	27.1	10.8	12.7
34.1	25.4	25.7	17.0	8.5	8.7
53.0	40.5	41.3	28.8	11.7	12.5
51.7	39.3	40.2	27.8	11.5	12.4
66.7	52.9	53.1	39.3	13.6	13.8
39.8	26.2	32.0	18.4	7.8	13.6
25.3	15.7	19.2	9.6	6.1	9.6
43.1	29.2	36.9	23.1	6.2	13.8
40.3	30.1	29.4	19.2	10.9	10.2
38.3	28.3	27.6	17.6	10.7	10.0
62.8	50.2	47.4	34.8	15.4	12.6
41.7	30.0	36.7	25.0	5.0	11.7
35.9	28.2	30.8	23.1	5.1	7.7
37.4	28.9	24.9	16.4	12.5	8.5
35.5	27.5	23.3	15.2	12.3	8.1
64.1	51.2	46.0	33.1	18.1	12.9
26.4	15.3	22.2	11.1	4.2	11.1
47.2	36.1	36.1	25.0	11.1	11.1
52.2	**36.8**	**42.6**	**27.2**	**9.6**	**15.4**
51.5	39.9	36.8	25.2	14.7	11.7
57.6	38.6	51.2	32.2	6.4	19.1
54.8	42.7	42.3	30.1	12.5	12.2
49.3	**39.0**	**36.8**	**26.5**	**12.5**	**10.3**
50.6	41.8	37.4	28.6	13.2	8.8
52.6	42.4	41.6	31.4	11.0	10.2

6–5 续表 1

项　　目	实现组织或营销创新企业数（个）	#实现组织创新企业	#实现营销创新企业
#锂离子电池制造	925	752	741
通信设备制造、雷达及配套设备制造	1314	1038	965
#通信系统设备制造	670	540	487
通信终端设备制造	550	419	417
雷达及配套设备制造	94	79	61
广播电视设备制造	316	212	276
非专业视听设备制造	573	368	496
电子器件制造	3172	2561	2318
#电子真空器件制造	187	144	136
半导体分立器件制造	270	225	189
集成电路制造	742	623	492
光电子器件制造	541	450	390
电子元件及电子专用设备制造	4526	3681	3154
#电阻电容电感元件制造	519	411	379
电子专用材料制造	1249	1068	792
电子电路制造	891	732	608
智能消费设备制造	1010	735	839
其他电子设备制造	805	614	652
计算机及办公设备制造业	**1676**	**1260**	**1365**
#计算机整机制造	242	185	198
计算机零部件制造	450	345	347
计算机外围设备制造	484	343	412
办公设备制造	141	109	109
医疗仪器设备及仪器仪表制造业	**5306**	**3934**	**4258**
#医疗仪器设备及器械制造	1756	1210	1497
#医疗诊断、监护及治疗设备制造	592	430	486
医疗、外科及兽医用器械制造	397	270	342
通用仪器仪表制造	2408	1855	1862
专用仪器仪表制造	693	524	553
信息化学品制造业	**60**	**48**	**45**
四、按地区分			
东部地区	17560	13289	13583
中部地区	5452	4253	4341
西部地区	2765	2154	1974
东北地区	527	399	376

在全部企业中占比(%)					
实现组织或营销创新企业	#实现组织创新企业	#实现营销创新企业	#同时实现组织和营销创新企业	#仅实现组织创新企业	#仅实现营销创新企业
53.3	43.4	42.7	32.8	10.6	10.0
54.1	42.7	39.7	28.4	14.4	11.4
54.3	43.8	39.5	29.0	14.8	10.5
52.3	39.8	39.6	27.2	12.6	12.5
65.3	54.9	42.4	31.9	22.9	10.4
51.9	34.8	45.3	28.2	6.6	17.1
50.7	32.6	43.9	25.8	6.8	18.1
50.7	41.0	37.1	27.3	13.7	9.8
40.3	31.0	29.3	20.0	11.0	9.3
51.1	42.6	35.8	27.3	15.3	8.5
53.7	45.1	35.6	27.0	18.1	8.6
51.8	43.1	37.3	28.6	14.5	8.7
43.9	35.7	30.6	22.4	13.3	8.2
39.5	31.3	28.8	20.6	10.7	8.2
45.5	38.9	28.9	22.3	16.7	6.6
45.1	37.1	30.8	22.7	14.3	8.1
60.4	44.0	50.2	33.8	10.2	16.5
51.2	39.0	41.4	29.3	9.7	12.1
52.5	**39.4**	**42.7**	**29.7**	**9.7**	**13.0**
57.9	44.3	47.4	33.7	10.5	13.6
43.6	33.5	33.7	23.5	10.0	10.2
55.1	39.0	46.9	30.8	8.2	16.0
50.4	38.9	38.9	27.5	11.4	11.4
54.9	**40.7**	**44.1**	**29.9**	**10.8**	**14.2**
55.6	38.3	47.4	30.1	8.2	17.3
59.9	43.5	49.2	32.8	10.7	16.4
51.6	35.1	44.4	27.9	7.1	16.5
54.0	41.6	41.7	29.3	12.2	12.4
58.2	44.0	46.5	32.3	11.8	14.2
41.1	**32.9**	**30.8**	**22.6**	**10.3**	**8.2**
50.9	38.5	39.4	27.0	11.5	12.4
52.4	40.9	41.7	30.2	10.7	11.5
51.0	39.7	36.4	25.1	14.6	11.3
45.2	34.2	32.3	21.3	13.0	11.0

6–5 续表 2

项　目	实现组织或营销创新企业数(个)	#实现组织创新企业	#实现营销创新企业
北　京	496	369	325
天　津	296	238	204
河　北	429	325	326
山　西	158	118	120
内蒙古	59	53	37
辽　宁	245	189	170
吉　林	151	108	115
黑龙江	131	102	91
上　海	634	470	470
江　苏	3805	2999	2746
浙　江	2595	1984	2005
安　徽	1318	1062	1024
福　建	728	565	564
江　西	1165	883	950
山　东	1443	1121	1173
河　南	770	601	621
湖　北	907	709	713
湖　南	1134	880	913
广　东	7094	5194	5737
广　西	223	165	180
海　南	40	24	33
重　庆	444	347	331
四　川	1012	777	711
贵　州	184	139	119
云　南	161	116	121
西　藏	8	5	7
陕　西	476	396	319
甘　肃	98	75	78
青　海	26	21	19
宁　夏	41	34	25
新　疆	33	26	27

在全部企业中占比(%)					
实现组织或营销创新企业	#实现组织创新企业	#实现营销创新企业	#同时实现组织和营销创新企业	#仅实现组织创新企业	#仅实现营销创新企业
51.6	38.4	33.8	20.6	17.8	13.2
49.5	39.8	34.1	24.4	15.4	9.7
46.1	34.9	35.1	23.9	11.1	11.2
52.7	39.3	40.0	26.7	12.7	13.3
41.5	37.3	26.1	21.8	15.5	4.2
42.7	32.9	29.6	19.9	13.1	9.8
43.0	30.8	32.8	20.5	10.3	12.3
54.6	42.5	37.9	25.8	16.7	12.1
45.2	33.5	33.5	21.8	11.7	11.7
46.0	36.2	33.2	23.4	12.8	9.7
54.2	41.4	41.9	29.1	12.3	12.8
56.9	45.8	44.2	33.1	12.7	11.0
51.4	39.9	39.9	28.3	11.6	11.5
47.5	36.0	38.7	27.2	8.8	11.5
56.1	43.6	45.6	33.1	10.5	12.5
50.8	39.7	41.0	29.8	9.8	11.2
54.4	42.5	42.8	30.9	11.6	11.9
52.8	41.0	42.5	30.7	10.3	11.8
52.7	38.6	42.6	28.5	10.1	14.1
39.5	29.2	31.9	21.6	7.6	10.3
55.6	33.3	45.8	23.6	9.7	22.2
51.7	40.4	38.5	27.2	13.2	11.3
51.8	39.8	36.4	24.4	15.4	12.0
52.6	39.7	34.0	21.1	18.6	12.9
51.3	36.9	38.5	24.2	12.7	14.3
44.4	27.8	38.9	22.2	5.6	16.7
57.3	47.7	38.4	28.8	18.9	9.6
49.5	37.9	39.4	27.8	10.1	11.6
55.3	44.7	40.4	29.8	14.9	10.6
65.1	54.0	39.7	28.6	25.4	11.1
37.9	29.9	31.0	23.0	6.9	8.0

七、规模（限额）以上企业创新信息来源及创新合作情况（2023 年）

7-1 规模(限额)以上企业

项目	开展创新活动企业数(个)			
		企业内部信息或企业集团内部信息	来自高等学校或研究机构的信息	来自政府部门或行业协会的信息
总 计	**468718**	**34.7**	**9.0**	**23.0**
一、按规模分				
大型企业	17336	56.9	19.8	38.3
中型企业	72197	44.0	11.2	29.3
小型企业	334230	32.7	8.5	21.4
微型企业	44955	25.6	5.3	19.1
二、按登记注册类型分				
内资企业	436307	33.8	9.1	23.3
#有限责任公司	400702	33.6	8.7	22.9
股份有限公司	27374	40.3	16.9	31.0
非公司企业法人	2226	39.1	10.6	29.2
个人独资企业	5206	20.8	3.2	15.2
合伙企业	789	24.0	3.2	18.4
港澳台商投资企业	15858	43.5	8.5	20.4
港澳台投资有限责任公司	14344	43.2	7.8	19.4
港澳台投资股份有限公司	959	44.3	18.9	29.7
港澳台投资合伙企业	226	49.6	8.9	19.5
其他港澳台投资企业	329	52.6	5.2	34.3
外商投资企业	16553	48.5	7.8	18.2
外商投资有限责任公司	15144	48.3	7.2	17.3
外商投资股份有限公司	868	49.2	18.7	31.7
外商投资合伙企业	253	50.2	6.3	17.8
其他外商投资企业	288	52.1	7.6	27.1
三、按行业分				
采矿业	4232	36.3	14.6	25.7
制造业	300949	35.0	9.8	19.9
电力、热力、燃气及水生产和供应业	7180	43.8	11.0	29.4
建筑业	20756	35.5	10.9	38.7
批发和零售业	71394	26.8	3.6	20.4
交通运输、仓储和邮政业	8240	37.2	4.3	28.3
信息传输、软件和信息技术服务业	23181	44.6	10.0	35.3
租赁和商务服务业	12493	34.1	5.3	30.5
科学研究和技术服务业	18055	41.5	16.5	39.9
水利、环境和公共设施管理业	2235	39.8	12.3	43.3

创新信息来源情况

在开展创新活动企业中，下列信息对创新影响较大的企业占比(%)					
来自设备、原材料、组件或软件供应商的信息	来自客户或消费者的信息	来自竞争对手、同行业其他企业的信息	来自咨询顾问、市场分析及中介机构的信息	来自商品交易会、展览会的信息，或来自文献、期刊、出版物的信息或互联网媒体的信息	其他
19.7	**40.6**	**27.0**	**9.1**	**17.4**	**3.5**
15.4	40.7	32.7	11.7	15.1	2.4
17.6	42.2	30.9	11.0	18.1	3.4
20.6	41.1	26.4	8.6	18.0	3.4
17.9	34.5	23.1	8.6	13.0	4.8
19.6	40.2	26.8	9.0	17.2	3.5
19.8	39.8	26.6	9.0	17.0	3.6
17.8	47.6	31.7	10.6	23.0	2.5
15.7	31.5	22.6	7.6	9.9	5.0
18.9	34.1	21.4	6.1	9.7	4.2
18.0	33.0	22.8	7.5	10.8	3.4
20.5	45.7	29.8	10.2	20.6	2.8
20.8	45.6	29.2	10.2	20.5	2.9
18.8	47.9	37.9	11.7	25.1	1.8
17.7	47.8	31.9	9.3	19.5	2.7
14.3	39.8	33.7	7.6	12.5	2.7
20.6	47.2	30.0	9.5	20.0	2.6
21.0	47.1	29.4	9.3	19.9	2.6
16.2	52.8	39.9	12.7	24.2	2.7
20.6	43.5	24.1	6.7	20.2	4.0
11.5	43.8	39.2	9.7	13.5	3.8
19.9	18.5	15.7	7.0	6.3	3.7
21.9	42.3	26.3	7.7	19.3	2.8
20.3	11.2	12.4	6.6	4.7	4.2
20.3	22.5	23.0	12.3	10.1	6.4
18.8	44.3	30.3	10.9	18.7	5.2
11.2	34.8	30.8	11.3	9.3	5.1
10.4	46.2	34.3	11.6	13.3	2.8
7.1	38.3	29.4	15.8	11.9	4.8
10.3	34.3	27.1	12.9	11.9	2.8
11.9	27.9	24.0	14.0	10.4	3.5

7-1 续表

项　　目	开展创新活动企业数(个)			
		企业内部信息或企业集团内部信息	来自高等学校或研究机构的信息	来自政府部门或行业协会的信息
四、按地区分				
东部地区	293771	34.9	8.5	21.8
中部地区	103108	33.6	10.0	23.3
西部地区	59709	35.0	9.4	27.9
东北地区	12130	35.7	11.6	26.6
北　京	13125	40.9	10.1	30.0
天　津	5869	40.0	9.4	25.4
河　北	12441	33.9	9.3	23.4
山　西	5062	34.1	11.6	27.5
内蒙古	2606	41.0	12.0	31.7
辽　宁	6457	37.7	11.8	25.5
吉　林	2318	37.3	11.9	29.1
黑龙江	3355	30.6	11.1	27.0
上　海	15544	42.0	8.3	24.8
江　苏	61133	32.0	10.6	20.1
浙　江	56192	35.8	7.4	21.0
安　徽	21559	35.7	12.1	26.5
福　建	19046	33.0	8.0	20.4
江　西	14056	36.6	8.8	23.2
山　东	43791	34.2	9.2	21.8
河　南	20331	29.6	9.1	20.0
湖　北	20250	31.6	10.1	24.5
湖　南	21850	35.1	9.2	21.1
广　东	65554	34.8	6.7	21.6
广　西	5544	37.0	8.5	27.5
海　南	1076	43.1	9.2	33.3
重　庆	8351	36.9	8.1	26.2
四　川	17188	32.9	8.8	25.1
贵　州	4639	34.7	8.9	29.2
云　南	5142	36.3	9.7	32.0
西　藏	325	34.2	9.2	36.3
陕　西	8013	33.8	11.2	27.8
甘　肃	2773	33.2	9.2	29.2
青　海	520	37.1	10.6	35.6
宁　夏	1391	39.5	13.1	36.0
新　疆	3217	34.7	9.8	29.2

在开展创新活动企业中，下列信息对创新影响较大的企业占比(%)					
来自设备、原材料、组件或软件供应商的信息	来自客户或消费者的信息	来自竞争对手、同行业其他企业的信息	来自咨询顾问、市场分析及中介机构的信息	来自商品交易会、展览会的信息，或来自文献、期刊、出版物的信息或互联网媒体的信息	其他
19.5	42.2	27.7	9.2	19.1	3.1
20.0	37.4	24.6	8.4	14.3	3.8
20.6	38.8	28.7	9.8	14.9	4.5
17.1	37.2	23.5	8.6	17.2	4.1
14.0	45.5	32.6	11.8	17.0	2.6
19.7	44.0	28.6	10.0	19.4	4.1
18.9	37.9	23.2	7.4	17.2	3.9
18.4	33.9	23.1	8.7	14.2	5.4
19.4	33.2	26.2	9.9	14.7	4.3
17.8	39.6	24.7	8.3	18.7	3.5
18.0	36.4	25.0	8.4	15.9	5.1
15.2	33.1	20.1	9.2	15.3	4.5
17.8	46.8	34.0	11.5	20.7	2.8
18.7	38.6	24.9	7.8	16.9	2.8
19.5	45.9	28.2	9.5	22.7	3.0
22.9	43.7	27.7	9.8	16.2	4.0
17.8	36.6	23.3	8.6	16.2	4.0
22.5	40.4	25.7	9.2	15.6	4.0
18.5	37.6	22.4	7.9	15.2	3.0
18.0	34.0	23.0	7.8	13.6	3.9
20.0	36.5	25.5	8.4	14.7	3.5
17.8	33.9	21.7	6.9	11.6	3.2
23.0	46.2	32.9	10.3	22.0	3.4
21.4	38.7	29.8	10.3	15.5	5.4
16.1	38.4	29.1	12.8	15.6	5.0
22.4	44.0	30.2	9.1	14.9	3.7
19.0	38.8	28.8	9.0	14.7	3.7
21.1	36.9	27.2	11.1	14.0	6.2
22.1	40.1	29.8	10.6	15.5	5.1
19.4	34.8	28.9	12.3	11.1	5.8
19.7	40.3	29.8	10.1	15.9	4.6
21.4	34.2	27.2	9.2	14.6	5.1
20.0	31.3	24.4	10.4	12.3	4.8
22.4	36.2	28.7	10.9	13.7	3.7
22.3	33.4	24.8	11.0	14.5	5.5

7–2 规模以上工业企业

项　　目	开展创新活动企业数（个）	企业内部信息或企业集团内部信息	来自高等学校或研究机构的信息
总　计	**312361**	**35.2**	**9.9**
一、按规模分			
大型企业	7460	57.9	22.4
中型企业	30889	48.3	14.8
小型企业	252211	33.7	9.2
微型企业	21801	26.9	6.8
二、按登记注册类型分			
内资企业	286963	34.3	10.0
#有限责任公司	261410	34.0	9.5
股份有限公司	20502	39.4	17.8
非公司企业法人	997	36.7	10.2
个人独资企业	3458	24.1	3.7
合伙企业	587	23.7	3.4
港澳台商投资企业	12204	42.8	9.3
港澳台投资有限责任公司	11149	42.8	8.6
港澳台投资股份有限公司	760	43.3	20.3
港澳台投资合伙企业	171	45.0	8.2
其他港澳台投资企业	124	41.9	10.5
外商投资企业	13194	48.4	8.0
外商投资有限责任公司	12200	48.4	7.3
外商投资股份有限公司	662	49.5	20.2
外商投资合伙企业	205	50.7	6.3
其他外商投资企业	127	48.0	9.4
三、按行业分			
采矿业	**4232**	**36.3**	**14.6**
煤炭开采和洗选业	1416	37.9	17.9
石油和天然气开采业	98	71.4	45.9
黑色金属矿采选业	497	33.8	12.3
有色金属矿采选业	588	45.2	20.7
非金属矿采选业	1469	28.4	7.4
开采专业及辅助性活动	158	45.6	18.4
其他采矿业	6	83.3	16.7

创新信息来源情况

在开展创新活动企业中，下列信息对创新影响较大的企业占比(%)						
来自政府部门或行业协会的信息	来自设备、原材料、组件或软件供应商的信息	来自客户或消费者的信息	来自竞争对手、同行业其他企业的信息	来自咨询顾问、市场分析及中介机构的信息	来自商品交易会、展览会的信息，或来自文献、期刊、出版物的信息或互联网媒体的信息	其他
20.2	**21.9**	**41.2**	**25.8**	**7.7**	**18.8**	**2.9**
30.1	19.7	45.6	34.6	10.0	18.3	1.7
25.2	20.7	45.3	30.5	9.1	21.7	2.5
19.5	22.2	41.5	25.5	7.6	19.0	2.9
16.9	20.5	31.4	19.9	6.0	12.2	3.4
20.3	21.8	40.7	25.6	7.6	18.6	2.9
19.8	22.0	40.3	25.2	7.5	18.2	2.9
27.7	19.4	48.7	31.5	9.8	25.1	2.4
21.9	18.1	34.7	22.2	5.1	12.2	2.1
13.4	20.6	31.2	19.1	5.0	11.3	3.1
14.0	18.9	32.0	19.9	6.8	10.9	3.1
19.4	22.6	45.9	28.0	9.0	22.2	2.8
18.8	22.9	45.7	27.3	9.0	21.8	2.9
28.0	20.0	48.3	36.6	10.3	27.8	2.2
17.5	17.0	51.5	31.0	8.2	23.4	1.8
21.8	16.1	42.7	29.8	10.5	25.0	4.0
17.2	22.2	47.7	29.1	8.3	20.5	2.6
16.4	22.5	47.5	28.5	8.1	20.1	2.6
31.0	16.9	53.8	41.4	12.2	25.8	2.3
18.5	23.4	45.9	24.9	5.4	22.0	2.9
22.0	14.2	36.2	33.1	11.8	22.8	3.2
25.7	**19.9**	**18.5**	**15.7**	**7.0**	**6.3**	**3.7**
28.1	21.2	13.6	14.7	5.6	5.9	3.9
37.8	12.2	4.1	16.3	4.1	5.1	2.0
21.9	20.1	16.1	13.7	8.0	5.6	3.2
29.1	23.1	12.6	12.4	8.3	8.2	4.1
22.5	18.4	26.5	17.8	7.6	5.9	3.9
24.7	13.9	25.3	22.8	8.2	10.8	0.6
16.7	33.3	50.0	33.3	16.7	16.7	

7–2 续表 1

项　目	开展创新活动企业数（个）	企业内部信息或企业集团内部信息	来自高等学校或研究机构的信息
制造业	**300949**	**35.0**	**9.8**
农副食品加工业	14285	32.7	10.4
食品制造业	6905	35.4	12.7
酒、饮料和精制茶制造业	3744	37.3	12.9
烟草制品业	165	52.1	12.7
纺织业	12245	29.7	7.1
纺织服装、服饰业	5797	29.7	4.4
皮革、毛皮、羽毛及其制品和制鞋业	4668	30.1	4.3
木材加工和木、竹、藤、棕、草制品业	5763	26.0	5.8
家具制造业	4340	31.9	5.0
造纸和纸制品业	4434	32.5	5.8
印刷和记录媒介复制业	4130	33.8	5.9
文教、工美、体育和娱乐用品制造业	6240	31.7	6.0
石油、煤炭及其他燃料加工业	1288	37.0	12.9
化学原料和化学制品制造业	18375	37.2	15.9
医药制造业	7990	41.7	21.7
化学纤维制造业	1645	31.1	11.7
橡胶和塑料制品业	17198	32.5	7.5
非金属矿物制品业	25427	31.8	8.5
黑色金属冶炼和压延加工业	3199	33.2	10.5
有色金属冶炼和压延加工业	6007	35.1	12.0
金属制品业	22219	33.3	7.4
通用设备制造业	26886	36.2	10.3
专用设备制造业	21850	36.1	11.8
汽车制造业	13910	40.8	7.7
铁路、船舶、航空航天和其他运输设备制造业	4339	39.1	11.2
电气机械和器材制造业	25801	36.2	9.4
计算机、通信和其他电子设备制造业	22264	39.9	9.8
仪器仪表制造业	6129	37.9	14.4
其他制造业	1445	32.9	8.3
废弃资源综合利用业	1814	35.4	12.4
金属制品、机械和设备修理业	447	44.3	9.6
电力、热力、燃气及水生产和供应业	**7180**	**43.8**	**11.0**
电力、热力生产和供应业	4431	46.5	12.1
燃气生产和供应业	1273	40.5	6.3
水的生产和供应业	1476	38.8	11.8
四、按地区分			
东部地区	198164	35.2	9.1
中部地区	72380	34.5	11.2
西部地区	34198	36.3	11.3
东北地区	7619	37.4	13.8

在开展创新活动企业中，下列信息对创新影响较大的企业占比(%)						
来自政府部门或行业协会的信息	来自设备、原材料、组件或软件供应商的信息	来自客户或消费者的信息	来自竞争对手、同行业其他企业的信息	来自咨询顾问、市场分析及中介机构的信息	来自商品交易会、展览会的信息，或来自文献、期刊、出版物的信息或互联网媒体的信息	其他
19.9	**21.9**	**42.3**	**26.3**	**7.7**	**19.3**	**2.8**
20.3	18.5	37.8	22.7	6.5	16.7	3.0
18.4	19.2	43.2	26.6	8.5	24.8	3.1
23.6	17.2	40.0	21.3	9.0	21.2	3.6
16.4	26.1	51.5	40.0	9.1	20.0	1.2
15.1	22.0	39.6	21.4	6.6	19.9	2.3
13.7	20.9	37.5	17.4	6.6	18.5	2.7
12.6	19.9	37.2	17.8	7.1	16.4	2.8
14.6	22.6	33.5	20.0	5.9	11.3	2.6
15.3	19.3	43.0	24.5	8.2	28.6	2.9
16.7	27.7	40.9	25.9	7.3	16.5	3.0
18.7	28.2	40.1	24.5	7.3	19.2	3.1
15.2	18.2	43.3	23.2	6.9	26.1	2.8
24.4	24.1	32.8	23.6	9.2	12.5	3.0
21.9	21.9	40.2	26.7	8.8	18.8	2.4
29.9	17.0	36.2	25.7	10.7	24.4	2.7
18.4	23.4	40.1	23.6	6.0	15.8	2.5
16.8	25.3	43.4	26.0	7.6	19.4	2.9
21.3	21.0	32.9	22.1	6.7	11.4	3.4
21.5	23.0	36.9	24.9	7.8	11.6	2.8
22.5	23.8	37.0	24.1	7.9	14.4	2.6
19.1	22.5	40.2	24.4	7.1	16.8	3.1
19.7	20.9	46.2	28.1	7.5	22.0	2.8
21.9	19.5	46.9	29.6	8.0	24.3	2.7
19.5	23.9	48.0	29.2	7.4	15.7	3.1
21.4	19.7	46.6	28.2	7.7	18.7	3.0
20.6	23.4	46.3	29.9	8.4	22.3	2.6
20.2	26.6	50.3	33.7	8.7	21.0	2.8
24.7	18.8	51.8	33.4	8.4	26.0	2.3
16.6	19.1	43.5	29.3	6.5	25.3	2.6
24.9	20.8	26.8	22.2	8.9	8.0	3.1
21.3	18.8	43.0	24.8	8.1	6.7	4.3
29.4	**20.3**	**11.2**	**12.4**	**6.6**	**4.7**	**4.2**
28.7	20.9	8.1	12.5	6.5	4.3	4.2
28.9	20.0	20.0	13.0	6.9	5.5	4.3
31.6	18.8	12.9	11.7	6.9	4.9	4.1
19.0	21.6	43.2	26.6	7.8	20.8	2.7
20.6	21.9	37.2	23.1	7.0	14.8	3.0
24.8	23.9	38.9	27.6	8.4	15.5	3.6
25.2	19.8	38.2	23.7	7.5	18.6	3.2

7-2 续表 2

项　目	开展创新活动企业数（个）		
		企业内部信息或企业集团内部信息	来自高等学校或研究机构的信息
北　京	2334	43.4	12.6
天　津	3036	42.0	10.9
河　北	9567	34.3	10.1
山　西	2930	36.1	15.1
内蒙古	1534	45.1	16.5
辽　宁	4307	39.1	13.3
吉　林	1376	38.4	14.3
黑龙江	1936	32.7	14.6
上　海	5915	41.4	9.9
江　苏	44775	33.3	11.6
浙　江	45377	36.0	7.3
安　徽	15450	36.6	13.8
福　建	11423	36.6	9.1
江　西	10195	38.5	9.7
山　东	30408	36.0	10.3
河　南	13323	30.4	10.7
湖　北	13575	31.4	11.0
湖　南	16907	35.4	9.7
广　东	44968	34.0	6.7
广　西	3280	37.2	10.3
海　南	361	41.8	14.1
重　庆	5293	37.9	8.1
四　川	9985	33.6	10.4
贵　州	2610	35.8	11.0
云　南	2651	37.4	12.0
西　藏	81	35.8	12.3
陕　西	4350	35.3	14.0
甘　肃	1504	35.5	11.4
青　海	250	38.8	14.0
宁　夏	983	41.1	15.1
新　疆	1677	37.3	13.6

在开展创新活动企业中,下列信息对创新影响较大的企业占比(%)						
来自政府部门或行业协会的信息	来自设备、原材料、组件或软件供应商的信息	来自客户或消费者的信息	来自竞争对手、同行业其他企业的信息	来自咨询顾问、市场分析及中介机构的信息	来自商品交易会、展览会的信息，或来自文献、期刊、出版物的信息或互联网媒体的信息	其他
27.9	18.7	51.2	36.3	9.6	23.8	1.5
22.1	23.8	48.8	29.9	7.6	22.5	3.5
22.1	20.7	38.6	22.9	6.5	18.6	3.4
26.0	21.1	31.8	20.9	6.9	14.5	4.6
30.2	21.6	28.9	24.4	8.9	14.2	3.8
23.8	20.0	40.6	25.2	7.3	20.1	2.7
25.9	20.7	36.0	23.9	6.4	17.5	4.0
27.7	18.5	34.5	20.1	9.0	16.2	3.9
21.2	22.8	51.7	35.2	8.7	25.9	2.5
18.2	20.0	39.6	24.5	6.8	18.0	2.5
18.7	20.5	47.2	27.2	8.7	24.1	2.8
23.9	25.4	45.8	27.0	8.8	17.7	3.1
18.7	21.3	38.7	23.5	7.1	18.7	3.3
21.3	24.5	40.5	24.0	8.1	16.2	3.2
19.7	19.8	37.5	21.1	6.6	15.7	2.3
17.8	19.9	33.7	22.1	6.6	14.7	3.1
20.3	22.2	35.5	23.2	6.6	14.8	2.9
18.8	18.7	32.6	20.2	5.5	11.2	2.6
17.9	25.6	47.0	31.4	8.7	24.0	2.9
23.5	24.2	37.6	27.4	8.9	16.0	5.0
32.1	23.5	31.6	26.6	11.1	15.2	3.3
22.0	26.5	45.8	29.2	7.8	15.3	2.6
21.8	22.1	40.0	28.3	7.6	15.5	3.0
26.6	25.6	36.2	26.7	9.2	13.7	5.3
29.8	25.9	39.3	28.8	9.5	16.0	3.7
37.0	16.0	27.2	22.2	14.8	9.9	2.5
25.2	22.8	41.2	28.2	8.0	17.7	3.2
27.5	23.8	32.6	25.3	8.1	13.3	3.9
34.4	22.4	27.2	22.4	8.0	12.8	3.2
35.1	25.4	36.5	27.8	10.7	14.1	3.0
27.8	25.0	29.2	22.3	9.6	14.8	4.7

7–3 规模(限额)以上企业

项　目	开展创新合作的企业数(个)	创新合作企业占全部企业的比重(%)		
			集团内其他企业	高等学校
总　计	**269588**	**23.6**	**35.5**	**28.1**
一、按规模分				
大型企业	13660	57.2	68.5	52.4
中型企业	47719	31.3	48.0	33.8
小型企业	185983	25.2	30.8	26.5
微型企业	22226	9.8	28.3	14.0
二、按登记注册类型分				
内资企业	249615	23.2	34.1	28.1
#有限责任公司	226266	22.3	33.8	26.5
股份有限公司	19300	56.8	38.3	49.4
非公司企业法人	1257	16.7	41.5	34.2
个人独资企业	2379	11.9	20.1	8.3
合伙企业	407	14.6	23.1	8.4
港澳台商投资企业	9640	31.4	49.9	28.3
港澳台投资有限责任公司	8559	30.0	48.7	26.2
港澳台投资股份有限公司	718	62.7	54.5	55.6
港澳台投资合伙企业	150	34.8	67.3	30.0
其他港澳台投资企业	213	40.0	68.1	22.1
外商投资企业	10333	32.3	57.1	27.5
外商投资有限责任公司	9290	31.0	56.5	25.5
外商投资股份有限公司	708	70.5	57.9	56.1
外商投资合伙企业	154	33.7	71.4	22.1
其他外商投资企业	181	29.8	67.4	22.1
三、按行业分				
采矿业	2141	17.8	41.6	37.3
制造业	171749	38.3	34.0	31.3
电力、热力、燃气及水生产和供应业	3466	17.0	58.8	26.9
建筑业	12000	15.9	40.6	28.5
批发和零售业	39919	9.7	27.9	10.4
交通运输、仓储和邮政业	4618	10.3	42.9	13.2
信息传输、软件和信息技术服务业	15712	50.7	49.8	31.2
租赁和商务服务业	7007	11.9	39.0	17.7
科学研究和技术服务业	11641	37.3	45.3	46.0
水利、环境和公共设施管理业	1333	21.3	44.1	31.7

创新合作开展情况

在创新合作企业中，与下列伙伴开展合作的企业占比(%)						
研究机构	政府部门或行业协会	供应商	客户或消费者	竞争对手或同行业企业	咨询顾问、市场分析及中介机构	其他合作对象
14.8	**19.9**	**37.3**	**46.1**	**21.1**	**18.2**	**15.5**
30.5	27.6	31.8	29.3	15.8	17.2	9.9
17.3	23.0	33.5	39.2	18.8	18.4	13.6
13.7	18.6	39.0	48.5	21.6	18.3	15.6
9.0	19.6	35.2	51.6	24.8	17.5	21.6
14.9	20.3	37.2	46.3	21.4	18.3	15.8
14.0	19.9	37.5	46.7	21.7	18.4	16.2
26.0	24.5	33.2	40.9	18.1	18.4	11.3
18.7	25.9	31.7	33.3	18.1	13.9	16.4
7.0	18.8	38.4	56.0	23.9	14.7	17.2
7.4	20.9	38.3	53.3	23.3	14.5	18.9
14.3	16.2	38.5	44.1	17.9	18.3	12.5
13.0	14.9	38.8	44.7	17.9	18.6	12.5
30.2	24.5	36.1	39.4	16.4	17.0	11.1
15.3	18.0	37.3	44.0	15.3	14.7	11.3
13.1	37.6	36.6	35.7	22.5	12.7	15.0
12.8	14.2	40.4	44.0	15.6	16.5	10.6
11.3	13.2	41.1	44.7	15.4	16.6	10.6
32.1	24.7	32.9	35.6	16.0	16.5	10.7
8.4	10.4	35.7	46.1	12.3	13.0	9.1
13.3	30.4	35.9	37.6	22.7	12.2	10.5
27.2	17.7	36.4	22.7	14.7	15.3	14.1
16.6	16.5	41.1	47.4	19.3	17.4	13.1
20.3	20.1	40.7	13.4	10.0	13.1	15.6
14.2	33.8	37.3	28.9	22.7	22.8	21.8
5.8	20.1	35.3	57.6	27.2	19.5	22.3
7.7	23.4	26.6	42.3	26.8	19.2	20.4
13.4	29.7	24.9	41.2	24.0	16.6	15.5
7.2	32.1	18.7	45.2	26.1	25.0	23.0
24.2	32.3	22.3	30.9	20.3	20.2	13.9
16.1	34.9	24.5	26.8	16.7	21.3	16.3

7–3 续表

项　　目	开展创新合作的企业数(个)	创新合作企业占全部企业的比重(%)		
			集团内其他企业	高等学校
四、按地区分				
东部地区	167886	24.3	35.2	27.2
中部地区	59121	24.8	35.1	29.2
西部地区	35794	21.2	37.7	29.1
东北地区	6787	16.4	37.1	33.9
北　京	8111	25.5	46.9	29.7
天　津	3564	16.1	41.9	26.8
河　北	6105	19.2	33.2	29.3
山　西	2883	14.7	34.1	34.7
内蒙古	1587	17.5	41.2	31.8
辽　宁	3720	16.5	37.4	35.5
吉　林	1384	17.3	38.5	32.9
黑龙江	1683	15.6	35.3	31.3
上　海	9748	23.8	50.1	26.6
江　苏	34100	23.5	34.7	35.3
浙　江	32919	30.4	27.4	22.6
安　徽	13381	31.5	31.6	33.7
福　建	10374	19.3	34.2	23.4
江　西	8271	22.8	36.2	22.4
山　东	23913	25.0	35.8	27.8
河　南	10477	19.6	30.6	31.7
湖　北	11622	25.0	34.5	29.6
湖　南	12487	31.2	42.7	25.0
广　东	38392	24.2	35.2	24.0
广　西	3152	15.7	41.6	30.5
海　南	660	16.8	47.1	22.9
重　庆	5195	26.4	40.3	24.8
四　川	9984	22.8	35.9	28.9
贵　州	2894	22.8	38.3	27.5
云　南	3090	20.1	37.2	28.6
西　藏	217	22.1	34.6	25.8
陕　西	4894	22.5	33.3	32.6
甘　肃	1672	22.9	36.1	29.2
青　海	329	19.4	37.7	38.0
宁　夏	915	29.3	42.0	36.6
新　疆	1865	13.6	40.8	27.3

在创新合作企业中，与下列伙伴开展合作的企业占比(%)						
研究机构	政府部门或行业协会	供应商	客户或消费者	竞争对手或同行业企业	咨询顾问、市场分析及中介机构	其他合作对象
14.2	18.6	38.1	47.9	21.2	19.0	14.9
15.4	21.1	36.7	43.6	20.5	16.8	15.7
16.2	24.1	36.0	43.3	22.2	17.9	17.9
17.7	20.6	32.0	40.4	17.5	14.2	16.3
18.9	23.5	29.1	41.1	19.5	17.6	14.2
14.0	17.6	36.0	44.0	19.1	16.0	13.7
15.9	17.4	35.1	41.0	18.0	14.8	15.6
17.4	18.8	32.8	36.4	18.1	16.3	17.3
19.4	22.4	29.2	33.6	16.3	16.7	16.4
17.2	18.3	32.9	40.9	16.9	14.1	15.1
18.9	21.2	31.4	36.9	17.8	13.7	17.3
17.8	25.1	30.5	42.4	18.5	14.7	17.9
13.9	20.7	37.1	46.0	20.6	20.1	13.6
16.7	18.9	36.9	45.7	20.0	17.2	13.3
10.9	17.1	38.6	51.9	21.3	21.1	14.2
15.5	21.6	38.4	46.0	21.1	19.7	15.6
12.6	19.1	35.9	45.9	21.9	17.5	16.7
14.2	20.9	38.4	47.0	22.0	17.9	17.2
15.3	18.8	34.6	45.3	18.6	15.9	13.8
15.7	18.5	34.3	42.1	19.2	15.4	16.1
15.8	23.7	37.8	43.9	21.8	16.8	15.8
14.8	21.0	35.7	41.4	19.1	14.1	14.0
13.1	17.9	44.4	52.0	24.9	21.9	17.2
15.7	22.8	37.3	42.3	22.6	18.2	20.9
18.9	26.4	28.3	38.6	21.4	21.4	23.5
14.0	22.8	41.3	47.7	22.4	18.0	14.6
15.1	22.7	35.6	44.4	23.0	16.7	16.8
15.3	27.8	35.9	42.4	23.3	20.5	23.0
19.1	26.1	36.6	45.4	22.6	20.9	18.8
14.3	38.2	34.6	43.8	24.0	19.8	23.5
17.1	23.3	34.9	45.7	23.5	17.5	18.8
17.5	30.3	36.0	39.5	20.4	15.9	17.9
26.7	25.8	31.9	35.6	21.0	14.9	15.8
17.9	26.7	28.6	33.0	16.8	19.9	13.6
16.4	23.1	33.7	37.0	19.5	18.0	19.5

7-4 规模以上工业企业

项　　目	开展创新合作的企业数（个）	创新合作企业占全部企业的比重（%）	集团内其他企业	高等学校
总　计	**177356**	**36.8**	**34.6**	**31.3**
一、按规模分				
大型企业	6170	75.4	70.4	57.7
中型企业	22068	58.8	50.9	43.5
小型企业	139294	36.4	30.7	29.0
微型企业	9824	18.4	30.2	20.3
二、按登记注册类型分				
内资企业	161804	36.7	32.9	31.4
#有限责任公司	145060	35.7	32.8	29.6
股份有限公司	14462	63.7	35.1	52.2
非公司企业法人	506	24.2	39.7	35.0
个人独资企业	1486	18.1	23.8	9.3
合伙企业	285	22.6	24.2	8.8
港澳台商投资企业	7371	37.8	46.9	31.1
港澳台投资有限责任公司	6613	36.4	46.0	28.9
港澳台投资股份有限公司	570	66.9	52.6	57.9
港澳台投资合伙企业	108	38.0	66.7	29.6
其他港澳台投资企业	80	40.6	52.5	28.8
外商投资企业	8181	38.7	56.7	29.3
外商投资有限责任公司	7438	37.4	56.4	27.0
外商投资股份有限公司	542	75.8	55.7	60.7
外商投资合伙企业	128	39.5	71.9	22.7
其他外商投资企业	73	34.4	61.6	37.0
三、按行业分				
采矿业	**2141**	**17.8**	**41.6**	**37.3**
#煤炭开采和洗选业	759	15.7	42.6	45.6
石油和天然气开采业	67	41.4	86.6	74.6
黑色金属矿采选业	239	16.0	38.5	30.1
有色金属矿采选业	321	25.4	48.3	45.8
非金属矿采选业	656	17.0	33.5	21.2
开采专业及辅助性活动	94	24.8	42.6	44.7
制造业	**171749**	**38.3**	**34.0**	**31.3**
农副食品加工业	7670	31.0	34.2	29.7

创新合作开展情况

在创新合作企业中，与下列伙伴开展合作的企业占比(%)						
研究机构	政府部门或行业协会	供应商	客户或消费者	竞争对手或同行业企业	咨询顾问、市场分析及中介机构	其他合作对象
16.8	**16.6**	**41.0**	**46.5**	**19.1**	**17.3**	**13.2**
37.1	21.8	37.0	32.0	13.5	15.2	7.4
22.9	17.6	36.8	38.0	14.5	15.8	9.4
15.2	16.3	41.8	48.4	19.9	17.8	13.8
13.4	15.9	42.0	47.0	21.1	15.8	17.0
17.1	16.9	40.9	46.6	19.4	17.4	13.4
16.1	16.4	41.5	47.1	19.6	17.4	13.7
27.7	21.6	35.1	41.8	17.1	18.5	10.4
20.0	21.5	38.1	39.5	19.4	10.7	15.4
9.2	16.0	44.5	53.6	22.8	13.7	15.4
8.8	16.5	40.0	50.9	22.5	12.3	17.5
15.3	14.5	41.2	44.8	17.2	17.2	11.5
14.1	13.8	41.7	45.2	17.4	17.5	11.4
30.0	23.5	36.8	40.5	16.0	16.7	11.9
13.9	11.1	35.2	44.4	12.0	9.3	11.1
11.3	15.0	40.0	38.8	16.3	12.5	15.0
12.8	12.6	42.3	44.6	14.9	15.0	10.0
11.3	11.8	42.8	45.2	15.0	14.9	9.9
33.0	23.8	35.1	37.3	16.1	16.4	11.8
9.4	10.9	39.8	47.7	10.9	13.3	9.4
21.9	12.3	45.2	28.8	12.3	17.8	6.8
27.2	**17.7**	**36.4**	**22.7**	**14.7**	**15.3**	**14.1**
32.4	15.8	37.8	15.4	11.5	14.1	12.8
58.2	19.4	23.9	4.5	13.4	3.0	11.9
22.6	13.4	40.2	20.5	13.8	13.8	11.7
38.0	15.3	31.5	13.4	11.8	16.8	13.7
15.4	21.8	39.2	38.4	20.0	17.8	17.4
21.3	21.3	22.3	22.3	17.0	14.9	10.6
16.6	**16.5**	**41.1**	**47.4**	**19.3**	**17.4**	**13.1**
18.2	19.2	33.9	45.3	18.5	14.6	13.2

7–4 续表 1

项　　目	开展创新合作的企业数(个)	创新合作企业占全部企业的比重(%)		
			集团内其他企业	高等学校
食品制造业	4104	41.8	35.2	37.8
酒、饮料和精制茶制造业	2227	39.4	35.2	34.0
烟草制品业	121	65.8	50.4	42.1
纺织业	6189	30.5	27.1	20.7
纺织服装、服饰业	2790	21.9	30.3	14.6
皮革、毛皮、羽毛及其制品和制鞋业	2233	27.2	29.0	10.3
木材加工和木、竹、藤、棕、草制品业	2796	22.5	27.3	15.6
家具制造业	2342	33.2	30.5	15.0
造纸和纸制品业	2285	29.9	30.5	19.9
印刷和记录媒介复制业	2184	33.0	28.7	21.1
文教、工美、体育和娱乐用品制造业	3352	33.1	28.5	19.3
石油、煤炭及其他燃料加工业	757	33.9	39.4	36.5
化学原料和化学制品制造业	11165	44.7	36.8	43.5
医药制造业	5642	60.0	42.3	48.3
化学纤维制造业	921	39.7	31.8	33.9
橡胶和塑料制品业	9059	34.8	27.4	25.4
非金属矿物制品业	12589	26.3	35.9	26.6
黑色金属冶炼和压延加工业	1695	28.0	35.8	31.8
有色金属冶炼和压延加工业	3360	34.7	36.6	35.1
金属制品业	11399	32.3	30.3	24.4
通用设备制造业	15918	46.3	30.9	34.5
专用设备制造业	13378	50.1	32.5	40.7
汽车制造业	8561	46.3	41.8	28.4
铁路、船舶、航空航天和其他运输设备制造业	2671	45.8	38.4	35.6
电气机械和器材制造业	15507	45.9	34.6	30.9
计算机、通信和其他电子设备制造业	14696	54.4	40.3	33.6
仪器仪表制造业	4141	59.5	33.3	46.6
其他制造业	815	38.4	28.0	25.3
废弃资源综合利用业	944	27.2	37.4	31.1
金属制品、机械和设备修理业	238	29.9	47.5	38.7
电力、热力、燃气及水生产和供应业	**3466**	**17.0**	**58.8**	**26.9**
电力、热力生产和供应业	2223	17.4	62.0	27.4
燃气生产和供应业	558	14.6	56.8	16.1
水的生产和供应业	685	18.2	50.2	34.0
四、按地区分				
东部地区	111712	38.7	33.2	29.6
中部地区	41124	37.4	36.0	33.0
西部地区	20242	30.9	38.9	35.3
东北地区	4278	25.5	37.0	39.9

在创新合作企业中，与下列伙伴开展合作的企业占比(%)						
研究机构	政府部门或行业协会	供应商	客户或消费者	竞争对手或同行业企业	咨询顾问、市场分析及中介机构	其他合作对象
18.7	16.5	35.0	42.7	17.0	18.0	13.5
21.6	24.6	33.1	40.3	15.8	18.3	13.5
34.7	9.9	60.3	44.6	30.6	24.0	9.1
10.5	15.2	43.8	53.5	20.9	17.7	11.9
9.3	13.4	42.9	52.5	18.5	16.7	14.2
6.8	12.8	40.6	55.9	23.1	16.5	14.5
10.3	17.9	45.1	49.7	20.0	12.7	12.3
9.8	15.9	42.7	55.3	23.2	21.1	15.1
10.2	14.1	50.7	49.8	21.2	18.7	12.4
9.0	15.1	51.6	52.2	21.6	19.3	13.7
10.1	14.9	39.6	55.3	21.9	17.9	13.1
27.5	16.8	37.5	37.8	15.1	17.3	14.4
23.5	17.0	34.4	38.9	15.7	17.7	11.4
41.8	16.9	26.1	26.6	16.1	17.9	13.5
17.7	19.4	38.2	47.8	20.4	14.0	11.8
12.2	14.2	47.8	54.1	21.0	18.4	14.3
15.0	18.3	41.1	40.8	18.9	15.9	13.6
20.1	18.9	40.6	42.1	18.4	17.0	13.2
20.9	19.0	37.3	42.8	18.3	16.5	12.1
13.4	15.9	43.3	49.2	20.2	18.2	14.5
15.6	16.3	41.6	51.0	19.1	17.9	13.0
18.5	18.5	38.2	48.1	18.6	17.3	13.0
12.2	13.3	46.0	51.3	17.7	16.2	11.4
21.8	15.7	39.5	47.2	19.8	15.5	13.9
15.8	16.3	44.4	49.1	20.7	19.9	13.2
16.0	15.4	46.0	51.2	21.1	17.4	12.9
21.7	18.9	37.6	46.1	20.0	14.8	13.1
14.1	14.5	37.1	52.1	22.3	20.1	13.5
16.6	19.2	39.4	31.4	17.7	18.6	16.0
15.1	13.0	36.1	37.0	15.1	13.9	15.5
20.3	**20.1**	**40.7**	**13.4**	**10.0**	**13.1**	**15.6**
24.1	17.9	41.1	11.2	9.9	12.6	15.4
10.9	21.9	42.5	23.3	11.1	14.7	14.7
15.3	25.8	38.0	12.6	9.5	13.4	16.6
15.5	15.7	41.8	49.2	19.5	18.1	13.0
17.8	17.6	39.7	42.6	18.3	15.8	12.9
21.0	19.4	40.5	41.0	19.1	16.9	14.6
22.4	16.2	36.0	37.9	14.4	13.4	13.0

7-4 续表 2

项　目	开展创新合作的企业数(个)	创新合作企业占全部企业的比重(%)		
			集团内其他企业	高等学校
北　京	1576	52.2	47.9	38.8
天　津	1843	32.0	42.1	32.9
河　北	4580	25.8	32.4	32.2
山　西	1635	20.3	34.4	43.8
内蒙古	937	25.0	47.0	42.8
辽　宁	2458	26.9	37.4	40.7
吉　林	825	26.2	39.3	39.3
黑龙江	995	22.1	34.1	38.6
上　海	3762	41.1	47.5	33.5
江　苏	25092	37.9	34.8	38.7
浙　江	26360	46.7	25.4	22.8
安　徽	9692	43.7	31.5	38.4
福　建	6305	30.9	35.7	26.5
江　西	5843	34.0	37.7	25.2
山　东	16411	42.2	36.7	31.9
河　南	6948	29.3	31.1	37.7
湖　北	7526	40.2	34.6	33.6
湖　南	9480	47.0	44.7	26.5
广　东	25565	36.1	33.3	25.2
广　西	1799	20.0	42.5	37.2
海　南	218	31.7	43.6	34.4
重　庆	3214	44.2	41.6	25.6
四　川	5778	32.0	36.2	34.4
贵　州	1623	33.7	38.3	33.5
云　南	1550	30.2	39.5	37.0
西　藏	49	25.8	42.9	46.9
陕　西	2641	33.9	33.3	41.4
甘　肃	875	31.1	39.8	36.3
青　海	159	25.4	42.8	49.7
宁　夏	657	44.2	43.2	43.2
新　疆	960	20.7	42.1	37.3

在创新合作企业中，与下列伙伴开展合作的企业占比(%)						
研究机构	政府部门或行业协会	供应商	客户或消费者	竞争对手或同行业企业	咨询顾问、市场分析及中介机构	其他合作对象
28.4	19.6	34.6	40.2	16.4	13.5	10.2
15.8	15.2	42.9	46.0	16.8	14.4	11.4
18.1	14.6	37.9	40.1	17.0	13.9	13.9
23.1	14.9	37.0	31.0	14.4	15.0	13.6
28.6	17.3	31.3	25.0	13.8	15.7	13.4
21.0	14.6	36.9	39.5	13.8	13.4	12.0
25.1	14.8	34.8	33.0	13.6	12.5	13.6
23.8	21.3	34.5	38.2	16.4	14.2	15.0
16.9	17.3	46.9	50.0	18.0	17.5	11.2
18.2	16.5	39.1	45.6	18.2	16.2	11.5
11.2	15.1	40.5	54.2	20.6	21.0	13.0
17.7	18.0	41.4	46.8	18.7	19.4	13.2
15.1	16.7	40.7	45.5	18.8	16.6	15.0
17.1	17.7	41.8	46.0	20.1	17.0	13.8
17.8	16.3	36.5	43.2	16.3	14.1	11.6
19.2	15.4	36.2	40.4	16.6	14.0	13.2
18.6	18.7	42.3	42.2	19.7	15.7	12.8
16.0	18.5	37.4	40.2	17.7	12.8	11.9
14.1	14.7	49.8	54.7	23.2	21.4	15.4
20.8	17.5	41.0	40.3	19.8	18.0	18.0
37.2	21.1	31.7	28.0	14.7	15.1	15.1
15.8	17.8	48.3	49.3	20.8	16.0	11.5
18.7	17.8	40.2	43.8	20.4	15.8	13.8
20.9	23.4	40.5	38.6	19.7	20.3	20.6
27.5	21.6	40.1	40.6	19.2	19.5	14.3
26.5	24.5	32.7	30.6	18.4	18.4	18.4
23.0	19.3	39.2	43.5	19.2	15.9	15.1
25.1	27.5	41.3	33.3	16.0	16.1	15.3
37.7	18.2	34.6	25.8	13.8	13.2	11.3
20.4	23.1	30.0	28.6	14.0	19.9	10.0
23.5	20.4	37.6	30.6	15.4	17.8	15.8

7-5 规模(限额)以上企业

项　目	开展创新合作的企业数(个)	集团内其他企业	高等学校	研究机构
总　计	**269588**	**31.0**	**24.0**	**11.9**
一、按规模分				
大型企业	13660	58.9	43.6	23.1
中型企业	47719	42.1	28.4	13.7
小型企业	185983	26.8	22.9	11.2
微型企业	22226	25.2	12.0	7.2
二、按登记注册类型分				
内资企业	249615	29.7	24.1	12.0
#有限责任公司	226266	29.6	22.7	11.3
股份有限公司	19300	31.5	42.9	21.3
非公司企业法人	1257	36.4	30.2	14.9
个人独资企业	2379	17.9	7.1	6.0
合伙企业	407	19.7	7.6	5.9
港澳台商投资企业	9640	44.1	23.4	11.3
港澳台投资有限责任公司	8559	43.6	21.5	10.2
港澳台投资股份有限公司	718	43.3	48.1	24.4
港澳台投资合伙企业	150	58.0	22.0	12.7
其他港澳台投资企业	213	59.6	16.9	8.9
外商投资企业	10333	52.0	22.2	9.8
外商投资有限责任公司	9290	51.8	20.4	8.5
外商投资股份有限公司	708	48.3	48.4	27.0
外商投资合伙企业	154	69.5	16.2	7.1
其他外商投资企业	181	61.9	17.1	11.1
三、按行业分				
采矿业	2141	36.7	34.7	24.2
制造业	171749	29.7	27.0	13.6
电力、热力、燃气及水生产和供应业	3466	54.9	23.7	17.3
建筑业	12000	35.3	25.0	11.1
批发和零售业	39919	24.1	8.2	4.2
交通运输、仓储和邮政业	4618	39.0	10.6	5.9
信息传输、软件和信息技术服务业	15712	43.7	25.5	9.4
租赁和商务服务业	7007	34.5	14.2	4.9
科学研究和技术服务业	11641	38.7	39.7	19.1
水利、环境和公共设施管理业	1333	38.9	28.1	12.4

创新合作伙伴情况

在创新合作企业中，下列合作伙伴对企业创新有较大价值的企业占比(%)					
政府部门或行业协会	供应商	客户或消费者	竞争对手或同行业企业	咨询顾问、市场分析及中介机构	其他合作对象
16.8	**31.7**	**42.2**	**16.8**	**13.8**	**11.8**
20.6	22.7	24.2	10.2	10.9	6.2
19.2	27.6	35.0	14.4	13.6	10.1
15.8	33.6	44.7	17.5	14.0	12.0
17.1	30.4	47.4	20.5	13.7	17.3
17.2	31.6	42.3	17.2	13.9	12.1
16.9	32.0	42.8	17.5	14.0	12.4
20.0	26.5	36.4	13.6	13.0	8.1
22.2	26.3	29.3	13.8	10.7	12.9
16.2	34.0	51.9	20.2	11.3	13.8
17.2	32.7	49.6	19.2	11.3	16.5
12.7	32.5	40.5	13.9	13.6	9.3
11.7	33.1	41.2	14.0	13.9	9.5
17.8	26.7	34.5	12.5	12.1	6.7
13.3	27.3	40.7	10.7	12.0	8.7
35.2	27.7	30.5	15.0	6.1	11.3
10.7	34.1	40.1	11.2	12.0	7.6
10.0	34.9	40.9	11.1	12.1	7.9
18.4	25.8	30.9	10.5	11.6	5.4
3.9	31.8	43.5	9.1	9.1	5.2
27.1	27.6	33.7	16.6	10.5	7.2
14.7	30.7	19.6	10.4	10.8	10.6
13.5	35.2	43.6	15.3	13.0	9.9
17.0	35.0	10.6	7.1	9.3	12.1
30.0	31.2	24.0	17.7	17.8	17.4
17.3	30.4	53.1	22.4	15.3	17.3
20.9	22.5	38.8	23.1	15.1	16.6
25.7	19.4	37.1	19.4	12.0	11.8
28.5	15.0	41.1	21.4	20.4	18.6
27.9	16.5	26.3	15.2	15.0	10.0
31.1	20.3	21.9	12.5	16.6	13.1

7-5 续表

项 目	开展创新合作的企业数(个)			
		集团内其他企业	高等学校	研究机构
四、按地区分				
东部地区	167886	30.6	23.1	11.3
中部地区	59121	30.8	25.4	12.6
西部地区	35794	32.9	24.8	13.1
东北地区	6787	32.8	30.0	14.9
北 京	8111	41.2	24.9	14.7
天 津	3564	37.1	23.0	11.0
河 北	6105	29.3	26.1	13.4
山 西	2883	29.7	31.1	13.7
内蒙古	1587	36.8	27.9	17.0
辽 宁	3720	33.1	31.3	14.3
吉 林	1384	34.3	29.0	16.0
黑龙江	1683	30.9	27.9	15.2
上 海	9748	44.2	21.4	10.3
江 苏	34100	29.8	30.2	13.2
浙 江	32919	24.3	19.4	8.9
安 徽	13381	27.4	29.3	12.5
福 建	10374	29.7	20.0	9.9
江 西	8271	32.2	19.3	12.1
山 东	23913	31.5	24.3	12.6
河 南	10477	26.8	27.7	13.2
湖 北	11622	30.1	25.5	12.9
湖 南	12487	38.0	21.9	11.9
广 东	38392	30.3	19.6	10.3
广 西	3152	37.1	25.9	12.2
海 南	660	40.5	18.8	15.8
重 庆	5195	34.7	20.2	10.7
四 川	9984	31.1	24.5	12.3
贵 州	2894	33.1	23.2	11.7
云 南	3090	32.4	24.5	16.0
西 藏	217	27.2	21.7	10.6
陕 西	4894	29.2	28.0	14.0
甘 肃	1672	31.8	25.1	14.1
青 海	329	33.7	33.1	21.3
宁 夏	915	36.8	32.2	15.5
新 疆	1865	36.8	24.3	14.0

在创新合作企业中，下列合作伙伴对企业创新有较大价值的企业占比(%)					
政府部门或行业协会	供应商	客户或消费者	竞争对手或同行业企业	咨询顾问、市场分析及中介机构	其他合作对象
15.4	32.4	44.0	17.0	14.5	11.3
18.1	31.3	39.6	16.2	12.5	12.0
20.7	30.1	38.9	17.7	13.2	13.9
17.4	26.6	35.9	13.4	10.4	12.5
19.6	23.5	37.0	15.1	12.8	11.0
14.6	30.2	40.0	14.5	11.9	10.9
14.5	29.8	37.1	14.0	11.2	12.3
15.9	27.2	32.4	13.4	12.2	13.6
19.1	24.6	29.9	12.3	13.1	14.1
15.2	27.2	36.5	13.1	10.3	11.4
18.0	25.8	31.9	13.1	9.4	13.4
21.9	25.8	38.1	14.6	11.3	14.4
16.5	31.0	41.8	15.8	15.1	10.1
15.5	30.4	41.4	15.5	12.7	9.5
14.8	33.5	48.7	17.7	17.1	11.4
18.3	32.2	41.9	16.5	14.4	11.5
15.9	30.7	42.1	17.9	13.4	13.2
18.1	33.6	43.4	17.9	13.7	13.6
16.0	29.8	41.1	15.0	12.3	10.6
16.1	29.5	38.2	15.3	11.8	12.8
20.2	32.0	39.8	17.5	12.4	11.9
18.0	30.6	37.4	15.1	10.4	10.6
14.5	38.5	48.2	20.3	16.5	12.9
19.3	31.0	37.7	17.9	13.3	16.5
23.3	23.5	35.6	16.7	15.5	18.9
19.6	34.2	43.5	17.8	13.0	10.7
19.5	29.7	39.9	18.8	12.3	12.9
24.2	30.1	37.7	18.6	15.8	18.4
22.5	31.0	41.1	18.0	15.5	13.9
32.7	26.3	36.4	21.2	14.3	18.9
19.9	29.1	40.6	18.6	12.6	14.4
26.2	30.3	35.3	16.2	11.9	14.1
22.8	23.4	30.4	17.0	11.9	13.7
24.2	23.7	29.4	12.8	15.1	10.2
20.0	29.4	32.7	15.1	13.2	15.8

7–6 规模以上工业企业

项　目	开展创新合作的企业数（个）			
		集团内其他企业	高等学校	研究机构
总　计	**177356**	**30.3**	**27.0**	**13.8**
一、按规模分				
大型企业	6170	60.5	47.5	28.8
中型企业	22068	44.8	36.9	18.7
小型企业	139294	26.9	25.2	12.6
微型企业	9824	27.2	17.9	11.3
二、按登记注册类型分				
内资企业	161804	28.7	27.2	14.1
#有限责任公司	145060	28.7	25.6	13.3
股份有限公司	14462	28.7	45.5	23.1
非公司企业法人	506	33.2	32.0	17.6
个人独资企业	1486	21.5	8.2	8.2
合伙企业	285	21.8	7.7	7.0
港澳台商投资企业	7371	41.6	26.1	12.3
港澳台投资有限责任公司	6613	41.3	24.0	11.3
港澳台投资股份有限公司	570	41.1	50.7	24.4
港澳台投资合伙企业	108	57.4	24.1	12.0
其他港澳台投资企业	80	48.8	23.8	8.8
外商投资企业	8181	51.7	23.9	9.9
外商投资有限责任公司	7438	51.8	22.0	8.6
外商投资股份有限公司	542	45.4	52.0	27.7
外商投资合伙企业	128	70.3	17.2	8.6
其他外商投资企业	73	60.3	27.4	19.2
三、按行业分				
采矿业	**2141**	**36.7**	**34.7**	**24.2**
#煤炭开采和洗选业	759	36.5	43.6	27.9
石油和天然气开采业	67	83.6	67.2	53.7
黑色金属矿采选业	239	35.1	26.8	21.3
有色金属矿采选业	321	42.1	43.3	34.6
非金属矿采选业	656	29.4	19.1	13.6
开采专业及辅助性活动	94	41.5	40.4	19.1
制造业	**171749**	**29.7**	**27.0**	**13.6**
农副食品加工业	7670	30.1	26.4	15.3

创新合作伙伴情况

在创新合作企业中，下列合作伙伴对企业创新有较大价值的企业占比(%)					
政府部门或行业协会	供应商	客户或消费者	竞争对手或同行业企业	咨询顾问、市场分析及中介机构	其他合作对象
13.6	**35.1**	**42.7**	**15.1**	**12.9**	**9.9**
14.0	27.0	26.5	8.0	8.4	3.9
13.5	30.1	34.0	10.5	11.1	6.7
13.6	36.2	44.7	16.0	13.5	10.5
13.7	36.8	43.5	17.3	11.9	13.6
13.9	35.1	42.9	15.4	13.1	10.1
13.6	35.7	43.3	15.6	13.1	10.4
17.1	28.3	37.6	12.7	13.0	7.3
17.4	32.8	35.4	14.4	6.9	13.0
13.5	40.4	49.7	19.4	10.5	12.2
13.0	34.4	48.1	20.0	11.2	15.8
11.2	35.2	41.4	13.4	12.8	8.6
10.8	36.1	41.9	13.6	13.0	8.7
16.5	27.2	35.6	11.6	11.6	7.2
7.4	25.9	42.6	11.1	9.3	9.3
13.8	32.5	36.3	13.8	8.8	12.5
9.4	35.9	40.8	10.7	10.8	7.3
8.9	36.5	41.4	10.8	10.7	7.4
17.2	27.1	32.7	10.0	11.6	5.7
3.9	35.9	45.3	7.8	9.4	5.5
6.8	34.2	26.0	9.6	16.4	4.1
14.7	**30.7**	**19.6**	**10.4**	**10.8**	**10.6**
13.3	31.8	12.4	7.5	8.2	9.6
4.5	11.9	4.5	1.5	1.5	6.0
12.1	34.3	18.0	10.5	11.3	8.4
11.8	24.9	10.6	8.4	11.8	10.0
19.7	34.0	34.5	15.4	13.9	13.9
14.9	22.3	19.1	11.7	12.8	7.4
13.5	**35.2**	**43.6**	**15.3**	**13.0**	**9.9**
16.5	28.8	41.0	14.5	10.9	10.3

7-6 续表 1

项　目	开展创新合作的企业数（个）			
		集团内其他企业	高等学校	研究机构
食品制造业	4104	30.6	33.1	15.9
酒、饮料和精制茶制造业	2227	30.6	30.4	18.2
烟草制品业	121	40.5	33.9	31.4
纺织业	6189	24.1	17.9	8.1
纺织服装、服饰业	2790	27.1	12.8	8.0
皮革、毛皮、羽毛及其制品和制鞋业	2233	25.8	8.3	5.6
木材加工和木、竹、藤、棕、草制品业	2796	24.3	13.7	8.9
家具制造业	2342	27.2	11.6	7.7
造纸和纸制品业	2285	26.9	16.7	8.3
印刷和记录媒介复制业	2184	25.2	17.1	6.5
文教、工美、体育和娱乐用品制造业	3352	24.9	16.5	8.2
石油、煤炭及其他燃料加工业	757	35.1	30.5	22.9
化学原料和化学制品制造业	11165	32.0	38.6	19.9
医药制造业	5642	36.7	42.7	37.7
化学纤维制造业	921	26.8	30.0	14.4
橡胶和塑料制品业	9059	23.6	21.7	9.8
非金属矿物制品业	12589	31.9	23.6	12.5
黑色金属冶炼和压延加工业	1695	30.9	27.8	16.9
有色金属冶炼和压延加工业	3360	32.0	31.3	17.2
金属制品业	11399	26.5	20.8	11.0
通用设备制造业	15918	26.6	29.7	12.8
专用设备制造业	13378	27.9	35.6	14.8
汽车制造业	8561	37.6	23.5	9.6
铁路、船舶、航空航天和其他运输设备制造业	2671	33.6	29.7	17.4
电气机械和器材制造业	15507	29.8	25.8	12.8
计算机、通信和其他电子设备制造业	14696	34.9	27.7	12.0
仪器仪表制造业	4141	28.5	40.2	17.8
其他制造业	815	24.5	22.0	12.1
废弃资源综合利用业	944	34.5	28.2	14.5
金属制品、机械和设备修理业	238	42.4	34.0	13.0
电力、热力、燃气及水生产和供应业	**3466**	**54.9**	**23.7**	**17.3**
电力、热力生产和供应业	2223	58.0	23.8	21.0
燃气生产和供应业	558	53.4	13.3	8.6
水的生产和供应业	685	46.0	32.1	12.7
四、按地区分				
东部地区	111712	29.0	25.4	12.6
中部地区	41124	31.8	28.9	14.9
西部地区	20242	33.8	30.3	17.5
东北地区	4278	32.8	35.8	19.5

在创新合作企业中，下列合作伙伴对企业创新有较大价值的企业占比(%)					
政府部门或行业协会	供应商	客户或消费者	竞争对手或同行业企业	咨询顾问、市场分析及中介机构	其他合作对象
13.5	29.1	39.3	13.6	13.7	10.3
20.9	27.4	36.0	11.6	13.1	10.2
6.6	45.5	42.1	21.5	17.4	5.0
12.9	38.7	50.7	17.5	14.0	9.6
11.7	38.6	49.9	15.3	14.2	11.1
10.9	36.1	53.6	20.1	13.3	11.8
15.7	39.3	44.8	16.7	9.6	9.8
13.4	37.5	51.7	18.7	17.3	11.8
11.9	45.1	46.3	17.4	14.4	9.4
12.3	46.8	49.0	17.6	14.9	10.1
12.6	34.2	51.9	19.1	14.8	9.9
13.5	31.4	31.6	10.6	13.1	10.7
13.5	28.5	35.0	11.9	13.0	8.4
13.1	20.4	22.9	11.7	12.7	10.1
14.3	33.2	44.1	15.6	9.2	8.6
11.4	41.9	50.5	17.3	14.1	11.0
15.5	35.7	37.0	15.0	12.3	10.6
14.1	34.9	37.2	14.0	13.2	9.6
15.6	32.4	38.9	13.5	12.4	9.1
13.4	38.2	45.8	16.1	14.1	11.3
13.2	35.3	47.0	15.2	13.2	9.6
15.2	31.5	44.0	14.4	12.5	9.7
10.8	39.5	47.6	13.7	12.0	8.7
12.0	32.8	43.6	15.4	11.0	10.6
13.0	38.2	45.3	16.7	14.6	9.7
11.9	39.2	47.3	16.6	12.3	9.0
14.5	31.0	41.7	15.2	10.5	8.9
12.1	30.8	48.6	18.8	15.1	11.3
16.5	35.5	27.6	13.9	14.6	12.3
10.9	31.5	33.6	8.0	8.0	13.0
17.0	**35.0**	**10.6**	**7.1**	**9.3**	**12.1**
14.6	35.1	8.3	7.1	8.6	11.9
19.0	38.2	20.6	8.8	11.6	11.5
23.2	32.3	10.1	6.0	9.6	13.1
12.7	35.9	45.5	15.6	13.7	9.8
14.8	34.2	38.9	14.4	11.5	9.7
16.0	34.2	36.9	14.9	12.1	11.0
13.0	30.1	33.7	10.4	9.6	9.8

7-6 续表 2

项　　目	开展创新合作的企业数(个)			
		集团内其他企业	高等学校	研究机构
北　京	1576	41.9	32.9	23.4
天　津	1843	37.4	28.3	12.4
河　北	4580	28.8	29.0	15.4
山　西	1635	29.6	39.8	18.7
内蒙古	937	41.5	37.5	25.2
辽　宁	2458	33.3	36.5	18.3
吉　林	825	35.2	34.8	21.6
黑龙江	995	29.5	34.8	20.6
上　海	3762	41.4	27.6	12.9
江　苏	25092	30.0	33.3	14.5
浙　江	26360	22.5	19.6	9.2
安　徽	9692	27.3	33.7	14.4
福　建	6305	31.1	22.7	12.1
江　西	5843	33.6	21.8	14.8
山　东	16411	32.4	28.1	15.0
河　南	6948	27.7	33.1	16.2
湖　北	7526	30.6	29.0	15.5
湖　南	9480	39.7	23.3	13.2
广　东	25565	28.6	20.7	11.4
广　西	1799	37.6	32.2	16.7
海　南	218	38.1	29.8	33.9
重　庆	3214	36.3	20.7	12.3
四　川	5778	31.0	29.5	15.6
贵　州	1623	33.1	28.8	16.6
云　南	1550	33.9	32.3	23.7
西　藏	49	34.7	40.8	24.5
陕　西	2641	28.9	35.9	19.4
甘　肃	875	34.5	30.9	20.1
青　海	159	37.7	42.8	32.1
宁　夏	657	37.6	38.7	18.0
新　疆	960	38.0	33.1	20.4

在创新合作企业中，下列合作伙伴对企业创新有较大价值的企业占比(%)					
政府部门或行业协会	供应商	客户或消费者	竞争对手或同行业企业	咨询顾问、市场分析及中介机构	其他合作对象
15.8	28.1	35.8	12.2	9.3	8.1
11.5	35.9	42.1	12.1	9.7	8.5
12.0	32.3	36.0	13.2	10.5	11.1
12.4	31.3	26.9	9.9	10.6	10.3
13.2	25.5	20.9	9.6	12.3	11.6
11.5	30.8	35.5	10.3	9.8	8.7
12.0	28.6	28.2	9.0	7.8	10.7
17.6	29.4	34.0	12.1	10.4	11.6
12.8	39.8	45.5	13.5	13.1	8.1
13.1	32.3	41.7	13.8	11.8	8.1
12.9	35.3	51.3	17.1	17.1	10.4
14.7	35.1	43.0	14.5	13.9	9.5
13.3	34.9	41.6	14.8	12.0	11.4
15.2	36.9	42.5	16.2	12.8	11.2
13.6	31.5	39.2	13.0	10.7	8.7
13.0	31.4	36.8	13.1	10.6	10.2
15.6	36.6	38.4	16.1	11.4	9.5
15.6	32.1	36.3	13.8	9.3	8.8
11.4	43.7	51.0	18.8	15.8	11.5
14.5	34.8	36.5	15.5	13.0	13.6
17.4	26.6	25.7	11.9	11.0	12.4
14.6	40.4	45.6	16.4	11.7	8.5
14.5	33.7	39.6	16.5	11.1	10.4
19.8	34.2	34.3	15.7	15.5	16.5
18.0	34.6	36.3	14.7	13.5	10.1
16.3	20.4	26.5	16.3	10.2	18.4
15.8	32.9	38.7	14.4	10.8	11.3
22.4	35.8	30.1	12.3	12.1	11.5
14.5	26.4	22.0	12.0	8.2	10.1
20.5	25.3	25.4	10.2	15.2	6.7
17.3	32.6	26.5	11.5	12.3	12.1

7–7 规模(限额)以上企业

项　　目	开展产学研合作的企业数(个)	在创新合作企业中产学研合作企业占比(%)		
			建立或参与创新联合体	合作共同完成科研项目
总　计	**88748**	**32.9**	**20.7**	**66.2**
一、按规模分				
大型企业	7775	56.9	26.2	80.3
中型企业	18381	38.5	20.6	69.5
小型企业	58627	31.5	19.6	64.1
微型企业	3965	17.8	26.1	55.2
二、按登记注册类型分				
内资企业	82276	33.0	20.9	66.1
#有限责任公司	70772	31.3	21.0	64.9
股份有限公司	10695	55.4	19.7	73.7
非公司企业法人	487	38.7	22.2	75.8
个人独资企业	269	11.3	29.0	51.3
合伙企业	49	12.0	18.4	53.1
港澳台商投资企业	3198	33.2	19.4	68.7
港澳台投资有限责任公司	2651	31.0	18.4	67.3
港澳台投资股份有限公司	439	61.1	21.2	76.3
港澳台投资合伙企业	51	34.0	29.4	66.7
其他港澳台投资企业	57	26.8	40.4	75.4
外商投资企业	3274	31.7	17.6	67.8
外商投资有限责任公司	2738	29.5	17.0	65.9
外商投资股份有限公司	450	63.6	21.8	78.0
外商投资合伙企业	38	24.7	15.8	84.2
其他外商投资企业	48	26.5	12.5	66.7
三、按行业分				
采矿业	962	44.9	17.3	77.4
制造业	63621	37.0	18.9	67.0
电力、热力、燃气及水生产和供应业	1219	35.2	20.3	75.2
建筑业	3865	32.2	26.8	68.6
批发和零售业	4947	12.4	27.8	49.5
交通运输、仓储和邮政业	734	15.9	27.9	57.6
信息传输、软件和信息技术服务业	5476	34.9	26.0	68.0
租赁和商务服务业	1376	19.6	31.8	42.0
科学研究和技术服务业	6074	52.2	22.7	70.7
水利、环境和公共设施管理业	474	35.6	19.4	70.0

注：产学研合作指企业与高等学校或研究机构开展创新合作。

产学研合作形式

在产学研合作企业中，以下列为主要合作形式的企业占比(%)						
合作建立研发机构	开展联合人才培养	聘用高等学校或研究机构人员到企业兼职	转化或实施知识产权产品或其他科研成果	使用科研场所或设备	使用检验检测等科研辅助服务	其他形式
18.0	**34.6**	**18.8**	**16.7**	**10.6**	**15.0**	**12.6**
18.1	42.0	13.0	16.8	9.1	12.3	9.1
16.9	37.3	17.4	16.6	9.3	14.1	11.3
18.1	32.9	19.9	16.9	11.1	15.7	13.2
20.8	32.9	19.9	13.7	12.3	14.6	16.2
18.2	34.7	19.1	16.7	10.6	14.8	12.6
18.0	34.6	18.9	16.7	10.7	14.9	12.9
19.1	35.6	20.5	16.8	9.6	14.3	10.5
15.4	33.5	8.4	17.2	9.2	13.6	12.9
32.3	39.0	20.1	13.0	9.7	11.2	10.8
26.5	26.5	22.4	18.4	22.4	12.2	22.4
15.5	34.3	15.4	16.9	10.3	15.9	12.1
15.4	33.0	15.1	17.1	10.3	15.4	12.6
16.9	39.6	17.8	15.9	11.2	20.0	8.2
11.8	45.1	17.6	21.6	7.8	17.6	17.6
15.8	42.1	10.5	15.8	3.5	7.0	12.3
14.5	32.0	14.0	16.5	12.3	19.8	12.5
13.7	31.1	13.4	16.7	13.0	20.8	12.8
20.9	36.9	18.7	14.9	8.4	13.1	9.3
7.9	34.2	13.2	13.2	10.5	26.3	15.8
6.3	37.5	6.3	22.9	12.5	18.8	18.8
14.3	26.7	10.2	17.3	10.8	12.9	14.0
18.6	33.0	19.5	16.7	10.9	16.3	12.0
14.1	27.2	8.1	18.4	8.5	14.4	13.5
18.9	40.2	16.7	18.1	9.9	11.8	14.6
18.7	38.5	20.7	15.5	11.2	14.0	17.6
14.0	37.1	15.5	15.8	7.8	10.5	17.3
16.2	39.1	16.9	18.0	6.4	6.6	12.5
13.6	49.6	20.1	11.7	5.7	5.9	21.6
14.0	40.2	15.8	15.6	12.5	15.8	9.8
16.2	31.0	16.9	16.9	13.3	13.7	11.8

7-7 续表

项　目	开展产学研合作的企业数(个)	在创新合作企业中产学研合作企业占比(%)		
			建立或参与创新联合体	合作共同完成科研项目
四、按地区分				
东部地区	53686	32.0	20.0	66.9
中部地区	20267	34.3	21.3	63.1
西部地区	12140	33.9	22.2	68.2
东北地区	2655	39.1	23.8	67.8
北　京	2894	35.7	21.6	74.3
天　津	1113	31.2	20.4	71.5
河　北	2117	34.7	17.8	64.4
山　西	1140	39.5	18.1	66.1
内蒙古	600	37.8	23.5	73.7
辽　宁	1494	40.2	25.3	68.5
吉　林	538	38.9	19.0	68.2
黑龙江	623	37.0	24.4	65.7
上　海	3011	30.9	20.5	70.5
江　苏	13700	40.2	19.5	66.7
浙　江	8788	26.7	19.0	66.8
安　徽	5133	38.4	18.9	67.4
福　建	2855	27.5	24.0	65.8
江　西	2345	28.4	25.6	61.6
山　东	7862	32.9	19.4	64.8
河　南	3866	36.9	17.9	57.8
湖　北	4036	34.7	23.8	64.6
湖　南	3747	30.0	24.0	60.8
广　东	11141	29.0	20.3	66.0
广　西	1090	34.6	23.5	71.1
海　南	205	31.1	21.0	69.3
重　庆	1525	29.4	22.8	63.7
四　川	3327	33.3	20.8	66.4
贵　州	915	31.6	23.2	67.7
云　南	1077	34.9	22.7	67.1
西　藏	68	31.3	26.5	41.2
陕　西	1823	37.3	23.2	69.3
甘　肃	574	34.3	24.7	69.0
青　海	151	45.9	20.5	75.5
宁　夏	382	41.7	18.6	75.9
新　疆	608	32.6	19.1	73.4

在产学研合作企业中，以下列为主要合作形式的企业占比(%)						
合作建立研发机构	开展联合人才培养	聘用高等学校或研究机构人员到企业兼职	转化或实施知识产权产品或其他科研成果	使用科研场所或设备	使用检验检测等科研辅助服务	其他形式
17.5	33.2	17.6	17.1	10.6	15.3	12.5
20.3	36.7	22.0	15.7	10.4	14.1	12.4
16.3	37.2	19.1	16.7	10.9	15.1	13.6
16.9	34.1	15.6	15.5	10.1	15.5	11.2
13.1	29.9	12.5	17.8	14.0	16.8	8.8
15.8	32.4	15.6	16.7	12.4	16.6	10.2
20.5	34.6	15.0	16.1	11.1	13.9	13.2
16.1	32.6	18.5	13.0	9.3	12.4	12.2
15.3	32.2	13.3	17.2	10.5	13.2	13.2
17.8	33.4	13.5	15.1	11.0	15.7	9.7
14.9	34.2	18.0	14.5	9.7	13.9	12.1
16.7	35.6	18.5	17.3	8.3	16.4	14.0
13.7	32.7	15.7	18.3	12.5	19.1	10.9
19.4	31.0	19.3	17.0	10.1	15.0	11.8
14.4	28.9	15.9	15.4	9.7	16.9	14.2
18.8	34.8	22.1	17.2	9.9	14.8	13.4
16.9	34.3	18.8	15.2	9.6	12.3	13.6
21.7	36.6	24.6	14.2	11.2	15.8	11.9
20.8	36.3	20.0	14.2	10.2	12.5	11.1
21.4	38.6	20.2	14.2	11.9	13.2	13.3
22.3	36.3	20.5	16.1	9.7	15.2	11.4
19.3	39.3	24.5	16.5	10.3	12.7	11.3
17.3	37.5	17.6	20.8	11.0	16.1	13.9
17.2	37.2	18.4	16.9	10.0	14.6	13.8
16.1	37.6	12.2	15.1	11.7	17.1	17.6
13.7	39.1	19.0	14.0	10.7	17.1	12.3
16.2	37.3	21.2	16.4	10.6	14.5	13.6
15.7	37.6	23.4	17.5	10.5	13.2	16.0
20.5	43.5	18.0	17.7	10.1	14.9	12.5
23.5	38.2	22.1	19.1	14.7	10.3	22.1
16.9	34.1	17.6	16.4	11.8	16.1	14.6
16.9	34.7	18.5	19.3	10.1	16.2	14.3
14.6	37.7	13.2	11.3	13.9	17.9	14.6
13.6	33.8	22.5	18.1	11.5	20.2	9.9
14.3	39.8	14.0	20.6	12.7	11.7	13.3

7-8 规模以上工业企业

项　　目	开展产学研合作的企业数(个)	在创新合作企业中产学研合作企业占比(%)		
			建立或参与创新联合体	合作共同完成科研项目
总　计	**65802**	**37.1**	**18.9**	**67.3**
一、按规模分				
大型企业	3899	63.2	25.2	81.1
中型企业	10983	49.8	18.2	72.9
小型企业	48319	34.7	18.4	65.4
微型企业	2601	26.5	21.3	59.8
二、按登记注册类型分				
内资企业	60373	37.3	19.0	67.2
#有限责任公司	51462	35.5	19.1	66.1
股份有限公司	8460	58.5	18.0	74.2
非公司企业法人	203	40.1	18.2	71.4
个人独资企业	205	13.8	26.8	51.2
合伙企业	40	14.0	17.5	55.0
港澳台商投资企业	2674	36.3	18.3	69.6
港澳台投资有限责任公司	2251	34.0	18.0	68.2
港澳台投资股份有限公司	360	63.2	20.0	78.1
港澳台投资合伙企业	36	33.3	25.0	66.7
其他港澳台投资企业	27	33.8	14.8	77.8
外商投资企业	2755	33.7	16.6	67.7
外商投资有限责任公司	2323	31.2	16.0	65.9
外商投资股份有限公司	366	67.5	21.3	77.9
外商投资合伙企业	33	25.8	18.2	81.8
其他外商投资企业	33	45.2	6.1	72.7
三、按行业分				
采矿业	**962**	**44.9**	**17.3**	**77.4**
#煤炭开采和洗选业	406	53.5	12.8	82.3
石油和天然气开采业	52	77.6	30.8	90.4
黑色金属矿采选业	91	38.1	15.4	78.0
有色金属矿采选业	184	57.3	19.6	78.8
非金属矿采选业	179	27.3	19.0	62.6
开采专业及辅助性活动	48	51.1	29.2	72.9
制造业	**63621**	**37.0**	**18.9**	**67.0**
农副食品加工业	2784	36.3	20.0	65.8

产学研合作形式

在产学研合作企业中，以下列为主要合作形式的企业占比(%)						
合作建立研发机构	开展联合人才培养	聘用高等学校或研究机构人员到企业兼职	转化或实施知识产权产品或其他科研成果	使用科研场所或设备	使用检验检测等科研辅助服务	其他形式
18.5	**32.8**	**19.2**	**16.8**	**10.9**	**16.2**	**12.1**
18.9	40.8	14.1	16.7	9.4	13.4	8.6
17.7	35.3	17.5	16.7	9.6	15.8	10.5
18.5	31.7	20.0	16.9	11.2	16.4	12.6
20.3	29.5	19.2	15.0	12.2	17.4	14.3
18.8	32.8	19.6	16.8	10.9	16.0	12.1
18.6	32.5	19.3	16.9	11.0	16.1	12.4
19.4	34.7	21.4	16.5	10.0	15.6	10.3
19.2	32.0	9.4	13.3	12.3	16.7	17.7
35.1	40.0	16.6	13.7	10.2	13.2	9.8
27.5	22.5	20.0	20.0	22.5	15.0	22.5
16.0	33.5	15.8	16.9	10.3	16.5	11.8
15.9	32.3	15.2	17.2	10.4	15.6	12.3
17.5	39.2	18.6	14.7	10.8	21.7	8.3
11.1	44.4	19.4	16.7	5.6	25.0	22.2
14.8	44.4	18.5	14.8	3.7	14.8	
14.3	31.0	14.2	16.7	12.2	20.0	12.6
13.5	30.3	13.5	17.0	12.9	21.0	12.9
21.3	35.5	19.1	15.3	8.2	12.6	10.1
6.1	30.3	15.2	12.1	12.1	30.3	18.2
3.0	33.3	9.1	21.2	6.1	24.2	15.2
14.3	**26.7**	**10.2**	**17.3**	**10.8**	**12.9**	**14.0**
12.1	21.7	7.9	19.2	9.9	11.6	17.0
7.7	36.5	3.8	7.7	9.6	23.1	11.5
13.2	31.9	11.0	11.0	8.8	13.2	14.3
15.8	25.5	10.3	15.8	8.2	9.8	14.7
17.9	32.4	17.9	20.1	15.6	15.1	8.9
25.0	31.3	6.3	18.8	14.6	16.7	8.3
18.6	**33.0**	**19.5**	**16.7**	**10.9**	**16.3**	**12.0**
20.2	34.1	23.7	14.6	9.7	13.4	12.3

7-8 续表 1

项　目	开展产学研合作的企业数（个）	在创新合作企业中产学研合作企业占比（%）		
			建立或参与创新联合体	合作共同完成科研项目
食品制造业	1764	43.0	18.7	68.3
酒、饮料和精制茶制造业	916	41.1	21.5	65.8
烟草制品业	56	46.3	28.6	87.5
纺织业	1574	25.4	20.7	60.5
纺织服装、服饰业	536	19.2	24.8	54.1
皮革、毛皮、羽毛及其制品和制鞋业	310	13.9	27.1	55.2
木材加工和木、竹、藤、棕、草制品业	546	19.5	22.9	59.7
家具制造业	473	20.2	25.6	54.3
造纸和纸制品业	555	24.3	20.2	62.2
印刷和记录媒介复制业	550	25.2	19.6	60.9
文教、工美、体育和娱乐用品制造业	794	23.7	22.4	58.4
石油、煤炭及其他燃料加工业	348	46.0	22.7	74.1
化学原料和化学制品制造业	5675	50.8	17.0	70.4
医药制造业	3572	63.3	15.4	76.3
化学纤维制造业	362	39.3	18.8	70.4
橡胶和塑料制品业	2753	30.4	17.9	60.8
非金属矿物制品业	4073	32.4	20.0	62.4
黑色金属冶炼和压延加工业	649	38.3	20.6	69.8
有色金属冶炼和压延加工业	1394	41.5	19.2	68.5
金属制品业	3378	29.6	19.2	64.4
通用设备制造业	6265	39.4	18.8	66.0
专用设备制造业	6186	46.2	17.7	70.5
汽车制造业	2792	32.6	18.2	64.8
铁路、船舶、航空航天和其他运输设备制造业	1122	42.0	19.7	72.8
电气机械和器材制造业	5673	36.6	18.5	65.1
计算机、通信和其他电子设备制造业	5669	38.6	19.9	69.6
仪器仪表制造业	2155	52.0	17.5	72.1
其他制造业	252	30.9	25.4	59.9
废弃资源综合利用业	345	36.5	19.1	72.2
金属制品、机械和设备修理业	100	42.0	18.0	76.0
电力、热力、燃气及水生产和供应业	**1219**	**35.2**	**20.3**	**75.2**
电力、热力生产和供应业	839	37.7	21.0	75.8
燃气生产和供应业	111	19.9	26.1	70.3
水的生产和供应业	269	39.3	16.0	75.5
四、按地区分				
东部地区	39210	35.1	18.2	67.5
中部地区	16105	39.2	19.6	64.6
西部地区	8478	41.9	20.0	71.1
东北地区	2009	47.0	21.7	70.3

在产学研合作企业中，以下列为主要合作形式的企业占比(%)						
合作建立研发机构	开展联合人才培养	聘用高等学校或研究机构人员到企业兼职	转化或实施知识产权产品或其他科研成果	使用科研场所或设备	使用检验检测等科研辅助服务	其他形式
21.9	30.4	22.6	16.5	9.2	14.5	12.3
23.0	35.8	21.5	14.2	10.8	14.1	9.8
14.3	37.5	8.9	16.1	12.5	17.9	7.1
21.2	32.6	20.5	15.4	11.1	13.3	11.5
21.6	37.9	21.3	13.8	8.4	8.4	10.6
23.9	32.9	19.7	11.3	10.3	11.6	11.9
28.0	29.9	22.2	14.1	11.4	12.1	11.2
23.9	33.4	16.5	16.5	9.5	13.5	14.2
20.9	35.5	16.9	18.7	11.9	15.3	13.9
18.9	41.6	17.6	18.4	10.0	11.8	11.6
20.9	30.9	20.3	15.7	8.9	14.0	13.1
19.3	26.1	10.6	21.0	13.2	16.4	10.6
19.0	30.2	19.7	17.4	13.3	20.4	10.5
15.1	29.8	17.1	18.5	11.2	22.4	11.5
22.4	29.3	17.4	17.4	12.7	13.5	11.6
18.0	31.5	20.7	17.3	13.1	18.9	13.8
20.2	33.5	20.5	15.8	11.5	18.7	11.9
24.3	32.7	16.8	16.5	10.9	15.1	9.4
21.7	31.9	19.5	14.5	11.4	17.8	11.3
19.7	33.2	18.9	15.4	11.0	16.5	12.6
18.0	32.6	19.9	16.5	9.7	14.6	12.4
18.2	32.9	19.5	17.3	10.2	14.3	11.8
15.9	36.5	19.2	15.6	11.4	16.0	11.9
17.7	33.1	16.3	17.0	10.3	18.5	11.6
17.3	33.5	19.6	16.9	10.6	17.6	13.2
16.8	35.9	18.5	18.2	11.0	14.2	12.5
16.1	34.0	19.4	18.8	11.1	13.7	11.8
19.8	33.7	17.1	18.7	9.9	12.7	13.1
21.2	24.3	20.9	16.8	7.8	14.2	11.3
13.0	32.0	11.0	16.0	10.0	16.0	14.0
14.1	**27.2**	**8.1**	**18.4**	**8.5**	**14.4**	**13.5**
14.4	24.4	6.8	18.2	7.6	13.3	14.1
19.8	29.7	9.9	16.2	5.4	16.2	12.6
10.8	34.9	11.5	19.7	12.3	16.7	11.9
18.0	31.4	18.1	17.1	10.8	16.5	12.4
21.0	35.1	22.4	16.0	10.7	14.9	11.6
16.3	34.7	19.2	17.2	11.7	17.0	12.3
17.1	31.7	15.6	15.9	10.7	17.4	10.0

7-8 续表 2

项　　目	开展产学研合作的企业数(个)	在创新合作企业中产学研合作企业占比(%)		
			建立或参与创新联合体	合作共同完成科研项目
北　京	784	49.7	16.8	76.5
天　津	698	37.9	16.3	71.8
河　北	1767	38.6	17.0	65.1
山　西	822	50.3	15.1	68.4
内蒙古	483	51.5	22.8	77.2
辽　宁	1152	46.9	24.1	70.5
吉　林	395	47.9	14.9	73.2
黑龙江	462	46.4	21.4	67.5
上　海	1462	38.9	16.8	70.7
江　苏	11049	44.0	18.1	67.9
浙　江	7165	27.2	18.1	67.4
安　徽	4246	43.8	17.3	69.1
福　建	2010	31.9	21.7	67.9
江　西	1923	32.9	23.8	63.3
山　东	6240	38.0	18.0	65.6
河　南	3065	44.1	16.2	58.7
湖　北	3024	40.2	22.1	66.4
湖　南	3025	31.9	22.6	62.1
广　东	7919	31.0	18.6	67.1
广　西	766	42.6	20.2	75.6
海　南	116	53.2	14.7	75.0
重　庆	1006	31.3	20.3	64.1
四　川	2327	40.3	18.7	68.6
贵　州	644	39.7	20.5	73.3
云　南	719	46.4	19.9	70.5
西　藏	28	57.1	14.3	64.3
陕　西	1269	48.1	20.9	72.6
甘　肃	390	44.6	23.3	70.8
青　海	99	62.3	21.2	76.8
宁　夏	321	48.9	17.1	76.9
新　疆	426	44.4	18.1	75.1

在产学研合作企业中，以下列为主要合作形式的企业占比(%)						
合作建立研发机构	开展联合人才培养	聘用高等学校或研究机构人员到企业兼职	转化或实施知识产权产品或其他科研成果	使用科研场所或设备	使用检验检测等科研辅助服务	其他形式
12.9	28.1	12.6	17.9	15.2	21.8	8.0
15.9	28.9	16.6	18.3	13.6	19.8	9.2
21.2	33.1	15.5	15.8	11.1	14.4	13.0
16.2	30.3	17.6	13.1	9.9	13.6	12.0
14.9	28.2	11.2	19.0	11.2	14.1	13.0
18.1	30.5	13.4	15.5	11.4	17.5	8.9
13.7	32.4	17.2	13.7	9.9	16.5	10.4
17.5	34.0	19.7	19.0	9.5	17.7	12.3
12.0	30.0	16.2	19.4	14.2	24.7	11.3
19.6	29.4	19.3	17.4	9.9	15.6	11.7
14.4	26.9	15.9	15.2	9.7	17.9	14.2
19.0	32.9	22.8	17.4	10.5	15.4	12.9
17.1	31.2	19.0	15.2	11.0	14.6	12.8
22.3	34.5	25.0	14.3	11.2	17.1	10.9
21.0	34.9	20.2	14.0	10.3	12.9	10.5
22.5	37.6	20.5	14.3	12.1	14.2	12.6
23.9	34.3	20.9	16.4	9.6	15.9	10.4
19.7	38.1	24.8	17.2	10.8	13.1	10.1
18.1	36.3	18.0	21.0	11.9	17.7	13.7
16.3	34.7	17.5	18.1	11.2	15.5	12.3
16.4	28.4	12.9	12.9	12.9	25.9	19.8
13.3	36.8	18.4	14.3	11.8	21.5	11.5
16.3	35.0	21.9	16.2	11.5	16.3	12.3
14.4	33.9	22.8	18.8	11.6	16.3	14.4
22.1	41.7	17.2	16.6	11.7	16.0	11.0
28.6	17.9	25.0	25.0	10.7	7.1	17.9
17.4	31.0	19.1	17.8	12.6	17.3	12.3
16.7	32.3	21.8	20.0	10.0	18.2	13.8
15.2	36.4	13.1	8.1	13.1	21.2	14.1
13.4	33.3	23.7	17.4	11.2	21.2	9.7
16.2	39.0	12.9	20.7	13.4	13.6	12.0

八、规模（限额）以上企业创新阻碍因素、知识产权及创新战略目标相关情况（2023 年）

8-1 规模(限额)以上企业

项 目	缺乏内部资金	缺乏风险投资	缺乏银行贷款	创新成本过高
总 计	**10.2**	**6.6**	**6.9**	**22.3**
一、按规模分				
大型企业	12.7	6.0	6.0	34.0
中型企业	11.4	6.4	7.0	25.5
小型企业	10.4	6.8	7.3	23.8
微型企业	8.7	5.9	5.6	14.1
二、按登记注册类型分				
内资企业	10.2	6.6	7.1	22.0
#有限责任公司	10.2	6.6	7.0	21.7
股份有限公司	11.8	8.9	10.7	39.4
非公司企业法人	10.1	4.6	4.3	15.1
个人独资企业	7.3	6.2	4.0	14.6
合伙企业	7.3	6.1	4.9	15.9
港澳台商投资企业	10.2	5.7	5.1	27.7
港澳台投资有限责任公司	10.2	5.6	5.0	27.0
港澳台投资股份有限公司	8.9	7.3	8.3	44.9
港澳台投资合伙企业	13.0	5.8	3.0	29.2
其他港澳台投资企业	11.1	5.1	3.9	28.4
外商投资企业	10.7	4.8	3.8	26.1
外商投资有限责任公司	10.8	4.8	3.7	25.4
外商投资股份有限公司	9.1	7.4	9.5	46.6
外商投资合伙企业	10.3	4.2	2.2	29.3
其他外商投资企业	10.0	4.0	1.3	22.7
三、按行业分				
采矿业	9.2	5.4	7.3	14.7
制造业	11.2	7.6	8.4	31.3
电力、热力、燃气及水生产和供应业	8.4	3.5	5.3	13.1
建筑业	12.8	7.4	7.7	19.5
批发和零售业	8.6	5.6	5.6	13.9
交通运输、仓储和邮政业	8.4	4.8	4.9	13.4
信息传输、软件和信息技术服务业	14.0	9.7	9.2	39.4
租赁和商务服务业	9.1	4.9	4.6	15.0
科学研究和技术服务业	13.3	7.2	6.5	29.1
水利、环境和公共设施管理业	13.9	6.1	9.4	19.2

创新活动阻碍因素情况

在全部企业中，下列各项是创新主要阻碍因素的企业占比(%)							
缺乏人才或人才流失	缺乏技术信息	缺乏市场信息	难以找到创新合作伙伴	市场已被占领	不能确定市场需求	创新成果易被低成本模仿	没有创新的必要
25.8	**16.6**	**10.3**	**5.8**	**3.2**	**11.9**	**4.8**	**12.4**
42.4	20.8	11.0	6.4	4.3	15.9	8.9	7.8
29.7	17.7	10.4	5.9	3.5	13.2	5.4	12.1
27.5	17.9	10.7	6.1	3.2	12.6	5.3	11.5
16.0	11.0	8.7	4.8	2.9	8.2	2.0	16.1
25.7	16.5	10.3	5.8	3.1	11.6	4.6	12.5
25.2	16.3	10.2	5.8	3.1	11.6	4.4	12.6
46.3	26.0	13.7	8.0	3.8	16.9	10.2	4.9
22.7	15.1	8.9	4.3	3.1	8.4	2.3	14.8
17.6	13.1	8.7	4.3	2.9	8.2	2.4	14.4
17.9	13.0	8.3	5.0	2.9	8.4	3.1	14.1
28.4	17.4	9.9	6.0	3.7	15.5	7.6	11.7
27.5	17.1	9.8	6.0	3.7	15.4	7.4	12.1
47.8	24.2	11.7	7.9	4.4	19.4	13.2	4.8
29.2	17.9	8.4	4.4	3.7	12.1	9.0	9.0
31.6	20.5	9.6	5.6	5.5	14.5	8.3	7.7
26.5	17.0	10.4	5.8	4.2	15.9	9.1	12.6
25.8	16.9	10.4	5.8	4.1	15.8	9.0	12.9
50.1	22.0	11.2	8.0	5.9	17.6	14.0	3.9
26.0	17.3	10.5	4.8	4.6	16.0	8.8	10.7
24.7	15.8	10.9	4.6	8.4	14.3	8.7	12.7
21.5	17.2	7.8	4.1	1.4	8.1	1.7	15.2
36.5	23.6	12.2	6.6	3.3	15.7	8.4	7.1
16.4	13.3	5.7	3.4	1.3	6.1	1.2	15.9
22.4	17.0	9.3	6.3	2.5	10.8	2.0	17.0
16.2	10.3	8.6	5.1	3.1	8.5	2.1	16.5
15.6	10.6	9.1	4.9	3.4	8.0	1.6	17.7
37.4	17.8	13.2	7.5	5.8	17.7	6.5	7.2
17.6	10.5	9.3	5.5	3.1	9.3	2.4	16.7
32.9	18.2	12.8	7.1	4.0	13.6	5.0	11.1
22.7	14.6	10.0	5.2	2.8	9.9	2.8	15.2

8-1 续表

项目	缺乏内部资金	缺乏风险投资	缺乏银行贷款	创新成本过高
四、按地区分				
东部地区	9.8	6.4	6.0	22.9
中部地区	10.8	7.4	8.2	22.4
西部地区	11.5	6.5	9.0	20.9
东北地区	9.0	5.3	7.2	16.4
北　京	9.8	6.0	6.3	24.4
天　津	8.8	5.2	6.4	17.2
河　北	8.3	5.6	6.6	18.3
山　西	9.1	5.4	6.8	15.0
内蒙古	9.7	5.0	7.7	17.0
辽　宁	8.8	5.1	6.5	16.5
吉　林	9.3	5.4	8.0	17.1
黑龙江	9.1	5.7	8.1	15.9
上　海	10.8	6.2	5.1	24.4
江　苏	8.8	6.6	5.1	20.9
浙　江	8.7	6.1	3.7	25.8
安　徽	10.5	7.2	8.4	25.5
福　建	9.6	6.7	5.6	20.9
江　西	10.9	7.5	7.9	23.1
山　东	10.0	6.5	7.8	19.5
河　南	9.5	6.6	8.2	18.9
湖　北	10.5	8.0	8.6	23.8
湖　南	13.8	8.7	8.6	25.3
广　东	11.5	6.7	7.1	26.7
广　西	12.0	6.1	9.4	20.3
海　南	10.6	5.1	7.4	19.4
重　庆	12.5	7.2	8.2	24.8
四　川	11.2	6.8	7.9	22.5
贵　州	13.1	6.7	11.4	20.1
云　南	11.6	6.3	10.0	20.6
西　藏	12.6	6.9	8.3	17.1
陕　西	11.2	7.7	9.3	21.5
甘　肃	13.0	6.2	11.8	19.1
青　海	14.2	5.9	10.1	19.2
宁　夏	12.3	5.8	10.9	24.8
新　疆	8.8	5.3	7.6	14.7

在全部企业中，下列各项是创新主要阻碍因素的企业占比(%)							
缺乏人才或人才流失	缺乏技术信息	缺乏市场信息	难以找到创新合作伙伴	市场已被占领	不能确定市场需求	创新成果易被低成本模仿	没有创新的必要
25.8	16.6	10.2	5.9	3.2	12.5	5.5	12.3
26.8	17.1	10.3	5.8	2.9	11.0	4.1	11.6
25.7	16.7	11.1	5.8	3.5	11.2	3.4	13.9
20.3	12.9	9.3	5.1	3.1	9.1	2.7	14.4
24.4	13.5	10.4	6.4	3.7	13.8	4.5	18.2
18.6	11.3	9.4	4.8	2.9	9.9	3.4	16.7
25.8	17.1	10.6	4.7	2.6	11.1	3.9	11.5
23.7	15.7	10.8	4.7	2.2	9.0	2.0	14.2
24.2	16.7	10.6	5.7	2.8	11.1	2.1	19.5
19.4	12.3	8.7	4.7	2.9	9.1	2.8	14.9
21.7	13.3	9.7	5.3	3.5	9.3	2.5	13.9
21.2	13.6	10.5	5.6	3.2	9.1	2.6	13.7
22.9	13.3	8.6	6.4	3.6	12.8	6.0	15.4
24.8	15.9	9.4	6.0	2.9	11.0	5.0	11.2
31.5	21.5	11.4	6.6	3.2	15.9	7.5	11.4
32.2	19.9	10.5	6.6	3.1	12.2	5.1	10.4
23.0	15.0	9.0	5.5	2.7	11.4	4.1	11.9
27.8	17.7	10.3	7.0	2.9	11.6	4.1	11.7
25.3	17.1	11.9	5.6	3.1	10.8	4.2	12.2
23.7	15.8	10.2	4.7	2.7	10.5	3.8	14.0
25.2	15.6	10.7	5.8	3.3	11.5	4.5	11.4
27.5	17.4	9.8	6.0	3.1	10.5	4.0	8.4
26.4	16.1	9.7	5.8	3.7	13.1	6.4	11.5
23.2	15.9	9.9	5.0	2.8	11.4	2.8	12.8
19.2	13.4	9.6	5.2	3.5	11.6	2.6	16.1
26.2	16.3	10.9	6.1	4.1	11.9	4.6	12.1
25.0	15.7	9.9	5.7	3.8	11.4	4.2	13.0
25.8	16.8	11.5	5.9	3.6	10.8	2.8	14.5
26.3	17.8	11.6	6.7	3.4	11.8	3.4	14.1
31.8	18.0	14.5	6.1	4.5	11.4	3.9	14.4
27.9	18.1	13.1	5.8	3.5	11.1	3.1	13.5
28.3	19.6	13.2	5.5	3.4	10.5	2.5	14.0
32.6	20.0	13.4	6.2	4.1	11.2	2.3	20.6
32.9	21.9	12.8	6.5	3.9	11.7	3.6	12.2
23.0	14.4	11.0	5.2	3.2	9.6	2.1	16.1

8–2 规模以上工业企业创新

项 目				
	缺乏内部资金	缺乏风险投资	缺乏银行贷款	创新成本过高
总 计	**11.1**	**7.4**	**8.3**	**30.1**
一、按规模分				
大型企业	10.3	6.1	6.0	39.8
中型企业	11.0	6.8	7.2	37.6
小型企业	11.3	7.6	8.5	30.6
微型企业	9.7	6.6	7.4	20.0
二、按登记注册类型分				
内资企业	11.1	7.6	8.6	30.1
#有限责任公司	11.2	7.5	8.6	29.7
股份有限公司	11.3	8.9	10.7	42.4
非公司企业法人	10.6	5.3	5.4	20.8
个人独资企业	9.0	6.6	5.3	19.7
合伙企业	9.3	6.8	5.9	21.1
港澳台商投资企业	10.3	6.0	5.2	31.2
港澳台投资有限责任公司	10.3	5.9	5.1	30.4
港澳台投资股份有限公司	8.1	8.3	7.7	47.1
港澳台投资合伙企业	11.3	6.0	3.5	33.1
其他港澳台投资企业	11.7	7.1	6.6	34.0
外商投资企业	10.5	4.8	3.8	29.3
外商投资有限责任公司	10.6	4.7	3.7	28.4
外商投资股份有限公司	8.4	7.0	9.1	50.6
外商投资合伙企业	10.2	4.3	1.5	32.1
其他外商投资企业	11.3	4.2	1.4	33.5
三、按行业分				
采矿业	**9.2**	**5.4**	**7.3**	**14.7**
煤炭开采和洗选业	9.0	5.1	7.0	12.7
石油和天然气开采业	13.0	5.6	4.9	21.6
黑色金属矿采选业	7.8	4.8	7.0	13.6
有色金属矿采选业	12.1	6.0	8.6	19.4
非金属矿采选业	9.0	5.6	7.6	15.3
开采专业及辅助性活动	9.0	6.3	5.8	19.0
其他采矿业		27.3		18.2

活动阻碍因素情况

在全部企业中，下列各项是创新主要阻碍因素的企业占比(%)							
缺乏人才或人才流失	缺乏技术信息	缺乏市场信息	难以找到创新合作伙伴	市场已被占领	不能确定市场需求	创新成果易被低成本模仿	没有创新的必要
35.3	**23.0**	**11.8**	**6.4**	**3.1**	**15.1**	**7.9**	**7.7**
55.0	27.1	12.0	6.8	4.8	18.0	12.9	3.5
46.6	27.1	12.7	6.4	3.7	17.1	11.1	5.6
35.6	23.4	12.0	6.5	3.1	15.4	8.1	7.5
22.2	16.2	9.6	5.2	2.5	10.9	4.0	11.2
35.5	23.1	11.8	6.4	3.0	14.9	7.7	7.5
34.9	22.9	11.7	6.3	3.0	14.8	7.6	7.7
52.1	29.8	14.4	8.2	3.7	17.6	12.3	3.1
28.1	20.4	10.3	4.8	3.0	11.1	4.4	10.6
22.9	18.2	9.8	4.9	2.3	11.5	4.1	9.9
20.3	16.4	9.3	6.0	1.8	11.7	4.2	9.3
34.8	21.8	11.1	6.5	3.8	17.4	9.3	8.5
34.1	21.6	11.2	6.5	3.8	17.4	9.1	8.8
51.1	26.4	12.6	7.7	4.6	20.0	14.1	2.5
33.1	19.4	8.5	5.6	3.5	11.6	10.6	7.7
28.4	24.4	7.6	5.1	2.0	15.7	8.6	5.6
31.9	21.0	11.7	6.1	4.4	17.5	11.0	9.7
31.1	20.8	11.6	6.1	4.4	17.4	10.8	10.0
55.4	25.0	12.3	7.7	5.7	19.6	15.7	3.1
31.5	20.7	13.3	5.6	5.2	17.9	9.9	9.9
27.8	22.6	13.2	4.7	5.7	16.0	13.7	11.3
21.5	**17.2**	**7.8**	**4.1**	**1.4**	**8.1**	**1.7**	**15.2**
22.3	17.2	7.2	4.2	0.9	7.2	1.1	15.5
29.0	22.2	6.8	3.1		4.3	1.9	11.7
18.1	15.5	7.6	3.8	0.6	7.3	1.4	14.9
28.1	22.3	6.8	4.0	1.1	7.0	1.3	14.7
18.7	15.7	8.7	4.2	2.4	10.0	2.4	15.4
28.0	20.3	9.8	5.5	1.8	8.7	4.0	13.5
18.2					9.1	9.1	27.3

8-2 续表 1

项　目	缺乏内部资　金	缺乏风险投　资	缺乏银行贷　款	创　新成本过高
制造业	**11.2**	**7.6**	**8.4**	**31.3**
农副食品加工业	11.2	7.9	10.6	25.8
食品制造业	11.1	7.3	8.8	30.5
酒、饮料和精制茶制造业	14.1	8.7	11.2	29.1
烟草制品业	7.6	6.0	6.5	27.2
纺织业	9.7	7.8	6.2	26.6
纺织服装、服饰业	9.4	6.8	4.6	22.2
皮革、毛皮、羽毛及其制品和制鞋业	10.2	7.2	5.4	24.8
木材加工和木、竹、藤、棕、草制品业	10.6	7.3	6.6	21.1
家具制造业	11.5	7.3	6.5	29.7
造纸和纸制品业	10.0	6.4	7.0	27.2
印刷和记录媒介复制业	11.3	6.2	6.7	29.7
文教、工美、体育和娱乐用品制造业	9.6	6.9	5.4	27.4
石油、煤炭及其他燃料加工业	13.1	7.4	10.8	25.2
化学原料和化学制品制造业	10.5	8.0	9.4	33.1
医药制造业	12.8	9.0	11.2	44.8
化学纤维制造业	10.4	8.4	7.7	31.5
橡胶和塑料制品业	10.3	7.3	7.3	30.9
非金属矿物制品业	10.8	6.8	9.1	23.9
黑色金属冶炼和压延加工业	10.1	7.1	8.7	24.3
有色金属冶炼和压延加工业	11.7	7.4	10.6	29.7
金属制品业	11.1	7.3	8.1	29.1
通用设备制造业	11.9	7.9	8.0	36.1
专用设备制造业	12.4	8.4	9.5	39.3
汽车制造业	12.4	7.1	8.5	35.2
铁路、船舶、航空航天和其他运输设备制造业	11.7	7.5	7.8	34.2
电气机械和器材制造业	11.6	8.1	8.8	36.8
计算机、通信和其他电子设备制造业	12.4	8.6	10.0	41.7
仪器仪表制造业	11.5	8.0	8.1	43.8
其他制造业	10.0	7.9	6.2	30.9
废弃资源综合利用业	11.6	6.8	10.5	23.2
金属制品、机械和设备修理业	11.5	5.5	5.8	22.6
电力、热力、燃气及水生产和供应业	**8.4**	**3.5**	**5.3**	**13.1**
电力、热力生产和供应业	7.9	3.3	5.2	12.5
燃气生产和供应业	7.7	3.6	4.8	11.4
水的生产和供应业	11.0	3.9	6.3	17.0
四、按地区分				
东部地区	10.6	7.2	6.9	31.5
中部地区	12.1	8.4	10.3	29.5
西部地区	11.9	6.9	10.6	27.1
东北地区	9.6	5.8	9.6	22.9

在全部企业中，下列各项是创新主要阻碍因素的企业占比(%)							
缺乏人才或人才流失	缺乏技术信息	缺乏市场信息	难以找到创新合作伙伴	市场已被占领	不能确定市场需求	创新成果易被低成本模仿	没有创新的必要
36.5	**23.6**	**12.2**	**6.6**	**3.3**	**15.7**	**8.4**	**7.1**
29.9	20.5	12.0	6.1	3.3	15.3	6.0	9.4
37.2	24.0	13.9	6.4	4.2	19.7	10.8	6.2
33.9	21.6	12.9	6.8	3.2	17.0	6.3	7.1
44.6	25.0	17.4	8.2	8.2	29.3	16.3	5.4
30.9	22.8	12.1	6.3	2.4	16.2	7.7	7.4
25.6	16.4	9.5	5.5	1.9	13.6	5.8	9.9
27.9	19.4	9.9	5.3	2.8	14.4	6.7	7.5
23.3	18.3	11.2	5.2	2.0	11.4	3.8	8.5
33.0	20.5	11.7	6.1	2.9	17.8	10.9	6.4
30.4	22.2	11.8	6.1	3.3	15.4	7.8	9.0
33.9	23.9	11.9	6.5	2.8	15.7	6.8	7.9
32.0	21.3	11.6	6.1	2.7	16.3	10.5	7.3
31.5	22.5	11.2	6.0	3.1	12.7	4.3	9.6
40.7	25.9	12.9	7.6	3.6	16.3	9.2	6.4
48.2	27.7	12.9	7.3	4.4	17.2	7.0	4.1
32.8	24.3	11.0	6.0	2.8	18.5	7.7	6.7
35.7	24.8	12.5	6.9	3.3	16.7	9.3	7.2
26.3	19.3	11.3	5.3	3.1	13.7	5.6	10.7
28.8	21.9	9.9	5.9	2.9	12.0	5.0	9.9
34.9	25.0	11.5	5.9	2.7	13.1	5.5	8.2
34.4	23.9	11.7	6.4	2.6	14.9	7.3	7.6
44.2	26.8	13.0	7.2	3.4	16.1	10.6	5.0
46.8	26.5	13.3	7.6	3.3	15.8	12.1	4.5
42.6	26.1	12.3	7.1	3.7	16.1	8.0	5.7
43.1	25.9	11.8	6.7	3.5	16.5	9.1	6.0
43.2	26.2	13.1	7.2	4.0	17.3	10.7	5.1
46.4	25.6	12.8	7.4	4.4	17.6	10.8	4.6
52.3	25.8	13.7	8.3	4.1	16.9	14.6	3.6
35.4	24.3	12.7	6.0	2.9	17.2	12.0	7.2
25.9	20.1	9.7	6.4	2.3	10.8	4.0	11.9
33.9	23.6	12.0	4.5	2.3	9.7	4.6	10.2
16.4	**13.3**	**5.7**	**3.4**	**1.3**	**6.1**	**1.2**	**15.9**
16.5	13.1	5.7	3.4	1.2	5.9	1.2	16.9
13.7	12.1	6.4	3.7	2.0	6.9	0.9	14.9
18.9	15.3	5.1	3.3	0.9	6.3	1.4	13.8
36.6	23.8	12.2	6.6	3.3	16.4	9.3	7.0
35.1	22.5	11.2	6.1	2.8	13.1	6.4	7.6
32.2	21.7	11.5	5.8	3.1	13.7	5.4	10.2
27.2	17.6	10.5	5.7	2.9	11.3	4.5	10.4

8-2 续表 2

项目	缺乏内部资金	缺乏风险投资	缺乏银行贷款	创新成本过高
北京	9.2	7.7	7.7	41.2
天津	9.8	5.5	7.4	27.9
河北	8.7	6.4	7.9	23.3
山西	9.5	5.6	8.2	18.2
内蒙古	10.3	5.1	9.4	20.5
辽宁	9.6	5.7	9.2	23.5
吉林	9.5	5.4	9.5	23.6
黑龙江	9.7	6.2	10.4	21.2
上海	11.2	6.5	5.8	36.3
江苏	9.9	7.6	6.0	29.2
浙江	8.8	6.7	3.6	34.6
安徽	11.2	8.4	10.2	33.0
福建	10.6	7.3	6.6	28.8
江西	11.7	8.4	9.3	30.7
山东	12.1	7.7	10.4	28.5
河南	9.9	7.3	10.3	23.9
湖北	11.8	9.6	11.8	32.9
湖南	17.2	9.7	10.9	32.5
广东	12.2	7.4	8.1	34.7
广西	10.9	6.0	10.1	23.4
海南	11.8	4.5	10.9	31.2
重庆	14.6	7.9	10.4	36.3
四川	11.6	7.2	9.1	28.5
贵州	13.5	6.8	14.3	26.4
云南	12.3	6.8	12.3	27.8
西藏	9.5	4.2	8.9	17.9
陕西	11.7	8.3	11.1	27.8
甘肃	13.8	6.7	14.5	24.1
青海	14.2	5.6	12.1	24.8
宁夏	12.3	5.7	12.9	32.3
新疆	9.0	5.5	9.4	20.0

在全部企业中，下列各项是创新主要阻碍因素的企业占比(%)							
缺乏人才或人才流失	缺乏技术信　息	缺乏市场信　息	难以找到创新合作伙伴	市场已被占　领	不能确定市场需求	创新成果易被低成本模仿	没有创新的 必 要
43.2	22.0	13.5	8.2	4.4	20.3	11.5	10.3
29.6	17.9	11.0	5.6	3.4	14.1	8.0	9.7
31.8	22.1	12.0	5.1	2.5	13.5	5.7	8.4
28.5	20.3	10.1	4.4	1.6	9.5	3.0	11.6
29.2	21.1	10.2	5.3	2.1	12.4	3.3	15.9
27.4	18.0	10.5	5.4	2.8	11.7	5.0	10.0
28.4	16.9	9.6	5.6	3.1	11.3	4.2	10.9
25.8	17.4	11.1	6.3	3.0	10.7	3.8	11.0
38.2	22.0	11.8	7.4	4.2	16.9	12.5	7.8
34.7	22.7	11.1	7.1	3.1	14.3	8.3	6.8
42.8	29.9	13.9	7.4	3.4	20.9	11.6	6.0
41.2	25.4	11.4	6.9	2.9	14.6	7.6	6.8
32.2	20.4	10.5	5.9	2.5	15.2	7.1	8.1
35.9	23.0	11.2	7.2	2.9	14.1	6.4	7.8
37.3	25.2	14.6	6.2	3.1	14.5	7.5	6.4
30.8	21.0	11.2	5.1	2.5	11.7	6.0	9.6
34.1	21.2	11.8	6.3	3.1	14.9	7.5	7.4
36.2	22.6	10.6	6.3	3.0	12.0	5.9	4.4
35.6	21.2	11.2	6.4	3.7	16.7	10.5	7.0
26.6	18.7	9.8	4.6	2.2	13.3	4.2	9.9
27.7	21.7	9.3	3.1	3.1	15.6	5.8	10.8
37.8	24.2	12.6	7.1	4.2	16.3	8.4	6.6
30.9	20.2	10.1	5.7	3.6	13.6	6.5	9.4
32.3	22.0	13.0	6.4	3.4	13.7	4.4	10.5
33.0	22.8	12.4	7.1	2.9	15.0	5.5	11.7
28.4	17.9	14.2	4.7	3.2	13.2	2.6	11.1
36.6	24.2	14.2	5.9	2.7	12.9	5.0	9.2
33.7	24.3	12.9	5.0	2.8	12.1	4.1	10.7
36.7	25.4	11.3	5.6	2.4	11.0	2.6	15.5
43.1	30.0	14.2	6.9	2.9	14.2	4.8	9.5
28.0	19.2	10.5	5.1	2.5	12.3	3.4	13.5

8–3 规模(限额)以上企业

项　　目	采取了知识产权保护或相关措施的企业数（个）	采取了知识产权保护或相关措施的企业占全部企业的比重（%）		
			申请了发明专利	申请了实用新型或外观设计专利
总　计	**484277**	**42.5**	**8.7**	**11.8**
一、按规模分				
大型企业	16430	68.8	36.1	36.6
中型企业	71049	46.6	13.1	14.4
小型企业	338980	46.0	9.3	13.5
微型企业	57818	25.4	1.2	2.0
二、按登记注册类型分				
内资企业	452494	42.0	8.5	11.5
#有限责任公司	416790	41.1	7.7	10.8
股份有限公司	26393	77.6	36.1	37.8
非公司企业法人	2367	31.4	4.8	5.4
个人独资企业	6069	30.4	0.7	1.8
合伙企业	861	30.9	1.7	2.9
港澳台商投资企业	15599	50.8	14.1	18.1
港澳台投资有限责任公司	14154	49.5	12.7	17.0
港澳台投资股份有限公司	946	82.5	48.9	47.6
港澳台投资合伙企业	232	53.8	18.8	19.7
其他港澳台投资企业	267	50.2	10.7	12.4
外商投资企业	16184	50.5	13.1	17.6
外商投资有限责任公司	14807	49.4	11.8	16.7
外商投资股份有限公司	861	85.8	54.2	51.1
外商投资合伙企业	244	53.4	12.9	17.3
其他外商投资企业	272	44.8	6.6	9.1
三、按行业分				
采矿业	3789	31.6	5.5	7.8
制造业	290087	64.6	17.9	25.9
电力、热力、燃气及水生产和供应业	6675	32.7	6.0	8.0
建筑业	23565	31.3	3.8	4.7
批发和零售业	96097	23.3		
交通运输、仓储和邮政业	9106	20.3	1.0	1.2
信息传输、软件和信息技术服务业	21554	69.5	22.6	12.7
租赁和商务服务业	13222	22.5	1.1	1.1
科学研究和技术服务业	18040	57.8	19.5	22.2
水利、环境和公共设施管理业	2139	34.1	6.5	8.5

注：年末拥有有效发明专利数不包含资质等级二级的建筑业以及批发零售业企业数据，以下各表同。

知识产权及相关情况

在全部企业中，采取下列知识产权保护或相关措施的企业占比(%)						年末拥有有效发明专利数（件）
申请了注册商标	进行了版权登记	形成了国家或行业技术标准	对技术秘密进行内部保护	应用了难以复制的复杂技术	发挥了时间上的先发优势	
8.7	**2.9**	**4.4**	**9.0**	**2.1**	**13.2**	**3015547**
15.3	12.5	19.1	21.7	5.3	13.7	1428962
10.8	5.0	6.7	11.0	2.4	12.5	551340
9.5	2.8	4.3	9.8	2.2	13.2	992715
3.9	1.0	1.8	3.9	1.2	13.3	42530
8.6	2.9	4.3	8.6	2.0	13.3	2555401
8.3	2.7	4.0	8.3	2.0	13.2	1864891
23.0	10.8	16.3	21.3	4.4	13.6	673970
4.5	2.8	4.4	6.3	1.6	11.0	14527
4.9	0.7	2.0	5.2	1.6	17.3	1418
5.6	1.8	2.9	5.8	2.4	14.4	503
10.9	4.0	6.3	14.7	3.2	11.6	260039
10.2	3.5	5.6	14.1	3.0	11.6	185655
29.2	12.8	23.5	26.5	7.2	13.7	66213
11.6	5.3	8.6	14.8	2.8	9.0	6843
6.2	6.0	6.2	18.4	3.6	13.0	1328
9.2	3.4	5.9	18.2	3.9	11.0	200107
8.5	2.9	5.3	17.7	3.7	10.8	141416
34.1	16.1	21.8	32.3	8.5	15.5	54590
6.1	2.6	4.2	24.9	5.3	12.7	1379
7.6	3.6	10.0	13.7	2.8	12.5	2722
1.9	0.9	3.6	6.7	2.5	12.2	23700
14.2	3.3	7.2	15.9	3.4	14.0	2129694
1.4	1.4	5.0	5.4	2.0	9.9	72232
3.2	1.5	3.8	4.2	1.6	12.2	80471
5.2	1.2	1.6	3.1	0.9	13.0	822
2.5	1.0	2.0	2.7	0.8	11.6	6281
16.1	26.5	6.3	18.7	4.1	14.2	405140
4.5	2.1	1.7	3.4	0.9	11.5	68680
8.1	7.3	8.6	13.7	2.9	11.8	222932
5.5	2.3	4.1	4.8	1.2	11.1	5595

8-3 续表

项　　目	采取了知识产权保护或相关措施的企业数（个）	采取了知识产权保护或相关措施的企业占全部企业的比重（%）		
			申请了发明专利	申请了实用新型或外观设计专利
四、按地区分				
东部地区	303346	43.9	9.8	13.2
中部地区	105456	44.2	8.6	11.6
西部地区	61542	36.4	5.7	7.5
东北地区	13933	33.7	4.7	7.3
北　京	13143	41.3	11.4	9.3
天　津	7020	31.7	5.5	8.1
河　北	13250	41.7	8.4	10.4
山　西	5706	29.0	4.1	5.2
内蒙古	3003	33.2	5.3	7.1
辽　宁	7618	33.7	4.9	8.7
吉　林	2744	34.3	4.6	6.5
黑龙江	3571	33.1	4.2	5.0
上　海	16205	39.6	8.5	9.9
江　苏	62469	43.1	12.0	14.8
浙　江	55778	51.6	10.3	17.6
安　徽	21233	50.1	14.0	16.1
福　建	20855	38.8	5.3	8.0
江　西	15863	43.7	8.6	11.9
山　东	43136	45.1	8.2	11.8
河　南	21901	41.0	5.3	9.1
湖　北	20448	43.9	7.7	11.3
湖　南	20305	50.7	10.5	13.2
广　东	70402	44.3	10.9	14.6
广　西	6050	30.1	3.8	5.3
海　南	1088	27.8	3.7	4.2
重　庆	8466	43.1	7.9	10.5
四　川	16492	37.7	6.5	8.3
贵　州	4703	37.0	5.0	5.8
云　南	5423	35.3	4.3	6.6
西　藏	349	35.6	1.6	2.1
陕　西	8391	38.7	6.4	8.0
甘　肃	2765	37.8	5.4	7.5
青　海	650	38.2	4.4	5.9
宁　夏	1411	45.2	12.7	18.4
新　疆	3839	28.1	3.0	4.2

在全部企业中，采取下列知识产权保护或相关措施的企业占比(%)						年末拥有有效发明专利数(件)
申请了注册商标	进行了版权登记	形成了国家或行业技术标准	对技术秘密进行内部保护	应用了难以复制的复杂技术	发挥了时间上的先发优势	
9.4	3.4	4.5	9.5	2.1	12.8	2286515
8.2	2.3	4.1	9.0	2.4	14.9	415952
7.1	2.4	4.3	7.8	1.9	12.7	240679
6.0	2.0	3.9	6.9	1.7	11.3	72401
9.7	8.4	4.9	9.5	1.9	9.6	379245
5.0	2.3	3.5	7.0	1.3	11.0	42872
8.7	1.7	4.4	7.6	2.0	12.8	51721
4.4	1.4	3.5	4.8	1.3	11.5	16834
4.9	1.5	4.5	5.9	1.3	11.5	10623
5.4	2.0	3.9	7.6	1.7	10.3	47314
6.5	2.1	3.8	6.8	1.6	11.2	12891
6.7	1.6	4.0	5.6	1.8	13.5	12196
9.5	5.2	4.6	10.8	2.6	10.4	157141
8.1	2.3	4.2	9.1	1.9	12.3	371058
10.5	2.5	5.6	10.9	2.0	14.0	219080
9.9	2.9	5.1	11.1	2.4	13.8	115010
10.0	3.1	3.4	7.3	1.9	13.4	73193
8.0	1.8	3.7	8.4	2.3	14.9	28099
7.1	2.0	4.5	9.7	2.2	17.4	187404
6.9	1.9	3.9	7.2	2.0	16.8	62036
8.6	2.8	4.2	8.8	2.0	14.7	124117
9.6	2.2	4.1	12.0	4.1	15.5	69856
12.0	4.8	4.6	9.8	2.3	10.9	801159
6.2	2.0	3.9	6.5	1.7	10.6	15845
5.7	2.8	3.5	5.5	1.4	10.7	3642
8.4	2.8	4.2	10.1	2.3	13.0	38807
7.5	2.9	3.8	9.1	2.0	12.5	84545
8.4	2.7	5.1	7.6	2.4	13.8	12825
8.8	2.4	4.6	7.0	1.7	12.6	16575
8.2	3.7	4.5	6.5	2.0	16.4	338
7.0	2.7	4.7	7.5	2.2	14.4	38479
6.1	1.7	5.4	6.4	2.0	15.3	7759
5.6	2.1	6.2	6.5	1.5	16.2	1659
7.1	2.4	7.0	9.4	2.6	10.4	5517
4.9	1.4	3.7	5.1	1.3	11.1	7707

8-4 规模以上工业企业

项　　目	采取了知识产权保护或相关措施的企业数(个)	采取了知识产权保护或相关措施的企业占全部企业的比重(%)			
			申请了发明专利	申请了实用新型或外观设计专利	申请了注册商标
总　计	**300551**	**62.4**	**17.1**	**24.7**	**13.3**
一、按规模分					
大型企业	7109	86.9	56.4	61.1	22.5
中型企业	29280	78.0	36.9	44.4	18.6
小型企业	241647	63.2	16.0	24.3	13.4
微型企业	22515	42.2	4.7	8.1	7.7
二、按登记注册类型分					
内资企业	276111	62.7	16.9	24.6	13.5
#有限责任公司	251620	61.9	15.8	23.7	13.0
股份有限公司	19624	86.4	44.2	49.2	25.8
非公司企业法人	966	46.1	9.9	12.8	9.2
个人独资企业	3361	40.9	1.6	4.2	7.9
合伙企业	529	41.9	3.7	6.3	7.6
港澳台商投资企业	11889	61.0	19.2	26.7	12.2
港澳台投资有限责任公司	10856	59.7	17.3	25.2	11.4
港澳台投资股份有限公司	745	87.4	56.3	58.5	30.2
港澳台投资合伙企业	173	60.9	24.3	28.2	14.4
其他港澳台投资企业	115	58.4	19.8	27.4	10.7
外商投资企业	12551	59.4	17.7	25.0	10.1
外商投资有限责任公司	11577	58.3	16.1	23.7	9.2
外商投资股份有限公司	654	91.5	64.8	64.5	36.4
外商投资合伙企业	198	61.1	16.4	23.8	7.1
其他外商投资企业	122	57.5	15.6	22.2	10.4
三、按行业分					
采矿业	**3789**	**31.6**	**5.5**	**7.8**	**1.9**
煤炭开采和洗选业	1273	26.3	4.4	6.6	1.3
石油和天然气开采业	95	58.6	27.8	27.8	2.5
黑色金属矿采选业	482	32.2	4.9	6.1	1.5
有色金属矿采选业	498	39.5	9.7	13.1	2.5
非金属矿采选业	1262	32.7	3.9	6.7	2.6
开采专业及辅助性活动	174	45.9	14.8	15.0	2.1
其他采矿业	5	45.5	9.1		18.2

知识产权及相关情况

在全部企业中，采取下列知识产权保护或相关措施的企业占比(%)					年末拥有有效发明专利数(件)	对最主要的主营产品拥有品牌所有权的企业占全部企业的比重(%)	
进行了版权登记	形成了国家或行业技术标准	对技术秘密进行内部保护	应用了难以复制的复杂技术	发挥了时间上的先发优势			#该品牌由本企业独立开发的企业占全部企业的比重
3.1	**7.0**	**15.2**	**3.4**	**13.8**	**2225626**	**33.2**	**30.7**
11.9	29.9	36.0	8.0	15.6	933822	57.2	52.1
5.8	15.8	24.0	5.0	13.2	379762	48.4	44.7
2.9	6.2	14.9	3.2	13.8	884977	33.2	30.7
1.4	3.2	8.5	2.3	13.9	27065	19.1	17.1
3.1	7.0	14.8	3.3	14.0	1899139	33.1	30.8
2.9	6.4	14.4	3.2	13.9	1382333	32.0	29.6
8.4	20.0	25.0	5.0	14.3	505824	60.3	58.0
1.8	6.2	10.9	2.4	12.9	9296	24.8	22.7
0.9	2.7	9.1	2.6	18.4	1177	16.2	14.9
2.2	3.8	8.4	4.1	16.9	496	18.7	17.6
3.4	8.1	18.0	3.6	11.9	164849	33.7	30.1
3.0	7.2	17.5	3.5	11.9	99061	32.2	28.6
12.1	27.5	29.5	7.9	13.7	58547	65.0	63.5
3.2	9.9	17.3	3.2	9.5	6339	32.7	28.5
4.6	4.1	18.8	3.0	8.6	902	34.0	28.4
2.9	7.2	21.9	4.5	11.2	161638	35.7	29.3
2.5	6.6	21.2	4.4	11.0	113539	34.3	27.8
14.7	26.3	37.3	8.4	14.5	44194	75.0	70.9
1.9	4.9	29.6	5.6	12.3	1271	37.0	29.3
3.8	6.1	19.3	3.3	12.3	2634	31.1	25.5
0.9	**3.6**	**6.7**	**2.5**	**12.2**	**23700**	**6.1**	**5.4**
1.0	3.3	4.8	1.9	11.4	3769	3.7	3.0
6.8	18.5	20.4	5.6	9.9	9071	8.0	4.9
0.6	3.9	7.2	2.9	12.1	3099	4.5	3.9
0.9	2.8	9.6	4.3	9.3	1633	6.4	6.1
0.4	3.1	7.0	2.1	14.1	1465	9.1	8.3
2.6	6.3	11.9	4.2	13.2	4660	10.8	10.3
18.2	9.1	18.2	9.1	18.2	3	9.1	9.1

8-4 续表 1

项 目	采取了知识产权保护或相关措施的企业数(个)	采取了知识产权保护或相关措施的企业占全部企业的比重(%)			
			申请了发明专利	申请了实用新型或外观设计专利	申请了注册商标
制造业	**290087**	**64.6**	**17.9**	**25.9**	**14.2**
农副食品加工业	14023	56.6	7.5	10.6	20.2
食品制造业	6604	67.2	14.3	18.1	26.1
酒、饮料和精制茶制造业	3583	63.5	9.5	14.2	27.8
烟草制品业	161	87.5	51.6	62.5	47.8
纺织业	11067	54.6	8.4	14.4	9.4
纺织服装、服饰业	5515	43.2	4.6	8.6	9.7
皮革、毛皮、羽毛及其制品和制鞋业	4328	52.7	5.0	11.9	11.0
木材加工和木、竹、藤、棕、草制品业	5687	45.8	4.3	7.9	7.7
家具制造业	4334	61.4	9.1	20.0	15.9
造纸和纸制品业	4197	55.0	10.4	18.6	10.2
印刷和记录媒介复制业	3899	59.0	12.5	22.1	8.0
文教、工美、体育和娱乐用品制造业	6055	59.8	10.0	20.0	15.0
石油、煤炭及其他燃料加工业	1231	55.1	15.1	19.3	8.8
化学原料和化学制品制造业	17815	71.3	24.6	26.3	16.9
医药制造业	7560	80.4	34.4	31.4	25.1
化学纤维制造业	1454	62.6	17.5	22.7	11.5
橡胶和塑料制品业	16715	64.3	15.1	25.3	12.6
非金属矿物制品业	24448	51.0	9.9	15.5	8.1
黑色金属冶炼和压延加工业	3091	51.0	12.4	17.9	7.7
有色金属冶炼和压延加工业	5871	60.7	17.5	23.4	10.4
金属制品业	21534	61.1	13.7	23.5	11.4
通用设备制造业	25985	75.5	24.7	37.7	15.4
专用设备制造业	21298	79.8	31.3	43.3	18.1
汽车制造业	13131	71.0	22.0	34.9	10.8
铁路、船舶、航空航天和其他运输设备制造业	4222	72.4	22.7	33.9	14.1
电气机械和器材制造业	25296	74.8	25.6	38.7	17.7
计算机、通信和其他电子设备制造业	21416	79.3	34.4	42.6	17.1
仪器仪表制造业	6008	86.3	40.2	50.1	21.9
其他制造业	1426	67.2	14.3	24.8	17.0
废弃资源综合利用业	1709	49.3	11.3	16.3	5.0
金属制品、机械和设备修理业	424	53.2	16.1	24.5	4.9
电力、热力、燃气及水生产和供应业	**6675**	**32.7**	**6.0**	**8.0**	**1.4**
电力、热力生产和供应业	4410	34.4	7.1	9.0	1.2
燃气生产和供应业	1010	26.4	2.7	5.0	1.5
水的生产和供应业	1255	33.3	5.2	7.7	2.0
四、按地区分					
东部地区	189674	65.6	19.0	27.9	14.3
中部地区	68529	62.3	16.4	22.6	12.3
西部地区	34085	52.0	11.6	16.2	11.1
东北地区	8263	49.2	9.8	15.7	10.5

在全部企业中，采取下列知识产权保护或相关措施的企业占比(%)					年末拥有有效发明专利数(件)	对最主要的主营产品拥有品牌所有权的企业占全部企业的比重(%)	#该品牌由本企业独立开发的企业占全部企业的比重
进行了版权登记	形成了国家或行业技术标准	对技术秘密进行内部保护	应用了难以复制的复杂技术	发挥了时间上的先发优势			
3.3	**7.2**	**15.9**	**3.4**	**14.0**	**2129694**	**35.2**	**32.5**
2.5	5.0	12.6	2.5	14.6	20586	49.3	44.7
4.5	7.1	17.7	3.7	12.9	23987	57.7	53.4
5.1	7.0	14.4	3.0	13.1	6961	55.5	50.5
16.8	19.6	29.3	6.5	14.1	10651	51.1	47.8
1.8	4.5	12.0	2.9	18.1	22655	19.5	18.0
1.7	2.9	8.5	2.0	15.4	7054	17.4	15.8
1.5	3.0	10.8	2.5	18.0	5205	18.6	16.7
1.0	3.1	8.8	2.7	20.2	5478	18.5	16.9
2.5	4.5	11.5	2.7	16.1	10191	33.9	31.6
2.1	4.9	11.3	2.9	13.9	11963	23.1	21.2
2.2	4.9	12.4	3.4	14.7	12215	17.3	16.2
3.7	4.6	12.8	3.1	14.7	14220	28.9	26.8
1.7	6.3	14.8	2.8	12.2	7921	26.1	23.1
2.6	10.3	21.9	4.2	12.1	113459	46.0	42.3
4.6	13.8	22.6	4.4	12.9	81578	59.9	54.3
1.8	9.0	16.3	3.9	17.2	7523	28.5	26.5
2.2	6.2	15.2	3.0	13.4	60606	30.2	28.2
1.4	5.8	12.0	2.7	14.1	68978	24.6	22.1
1.5	7.0	12.2	2.9	13.3	31917	21.9	19.8
1.9	7.7	14.5	3.8	12.6	31027	27.8	25.4
1.8	5.9	13.0	3.0	13.6	74578	26.0	24.1
4.0	9.2	19.0	3.9	13.1	169197	43.1	40.4
5.8	10.1	21.4	4.8	12.9	187134	49.1	46.7
2.4	6.9	19.0	3.6	13.6	107853	31.5	28.6
3.7	8.8	20.0	3.9	12.6	40066	37.6	34.3
4.5	9.7	17.7	3.4	12.7	271907	44.4	41.4
7.7	9.0	23.1	5.1	14.2	652132	41.0	38.3
14.4	15.1	25.4	5.9	14.0	59756	60.1	57.5
3.1	6.3	15.3	3.4	15.5	5506	33.8	32.2
1.1	5.1	10.9	3.0	13.8	5283	12.7	11.3
3.4	5.1	12.7	2.4	9.3	2107	14.9	13.3
1.4	**5.0**	**5.4**	**2.0**	**9.9**	**72232**	**6.1**	**4.3**
1.5	5.2	5.7	2.1	9.8	68357	5.1	3.8
1.1	3.5	4.0	1.7	10.8	1293	7.4	3.7
1.1	6.2	5.9	2.1	9.2	2582	7.8	6.3
3.5	7.5	16.0	3.3	14.1	1638051	33.9	31.6
2.6	6.2	14.7	3.8	15.0	348542	33.8	31.1
2.7	6.7	13.6	3.1	11.7	182847	29.8	26.6
2.5	6.3	12.1	2.7	9.9	56186	31.9	28.1

8–4 续表 2

项 目	采取了知识产权保护或相关措施的企业数(个)	采取了知识产权保护或相关措施的企业占全部企业的比重(%)			
			申请了发明专利	申请了实用新型或外观设计专利	申请了注册商标
北 京	2212	73.3	36.9	38.8	16.7
天 津	3201	55.6	15.0	24.1	10.3
河 北	9931	55.9	13.5	16.8	13.3
山 西	3138	39.0	8.0	10.4	6.5
内蒙古	1729	46.2	11.3	15.0	8.3
辽 宁	4685	51.4	10.5	19.0	9.4
吉 林	1549	49.2	9.7	13.9	11.3
黑龙江	2029	45.0	8.5	10.2	11.9
上 海	6043	66.1	22.6	31.4	14.6
江 苏	42164	63.8	23.3	29.9	12.5
浙 江	41989	74.4	17.5	31.5	14.9
安 徽	14978	67.6	24.2	28.4	14.2
福 建	11526	56.4	11.5	18.6	15.0
江 西	10475	61.0	16.9	23.4	11.9
山 东	27446	70.6	17.4	26.0	12.3
河 南	13198	55.6	10.0	17.9	10.9
湖 北	12460	66.5	15.6	24.5	13.4
湖 南	14280	70.8	18.7	24.1	13.6
广 东	44785	63.3	19.8	29.1	17.1
广 西	3598	40.1	6.8	10.0	9.5
海 南	377	54.9	15.0	18.6	13.8
重 庆	5004	68.8	17.0	24.1	13.0
四 川	9547	52.8	11.9	16.6	11.1
贵 州	2525	52.4	10.0	12.8	13.8
云 南	2685	52.3	9.9	16.2	14.3
西 藏	91	47.9	5.8	6.8	17.4
陕 西	4286	55.0	13.8	18.0	11.5
甘 肃	1448	51.5	11.5	16.1	9.8
青 海	302	48.2	9.3	12.1	8.1
宁 夏	977	65.7	24.7	35.3	9.6
新 疆	1893	40.8	7.1	10.5	8.5

在全部企业中，采取下列知识产权保护或相关措施的企业占比(%)					年末拥有有效发明专利数(件)	对最主要的主营产品拥有品牌所有权的企业占全部企业的比重(%)	#该品牌由本企业独立开发的企业占全部企业的比重
进行了版权登记	形成了国家或行业技术标准	对技术秘密进行内部保护	应用了难以复制的复杂技术	发挥了时间上的先发优势			
8.4	12.8	24.5	4.6	10.4	80347	54.6	51.4
3.5	7.5	16.3	2.5	10.3	30392	33.5	30.1
2.0	6.2	11.1	3.0	13.0	44200	33.4	30.9
1.4	5.4	8.0	1.9	10.4	13426	19.2	17.3
2.1	6.8	9.9	1.8	9.1	9468	22.1	18.7
2.7	6.7	13.9	2.6	9.0	34185	30.6	27.5
2.4	6.2	11.3	2.5	9.2	11455	33.2	28.5
2.0	5.7	9.1	2.9	12.2	10546	33.7	29.1
5.2	9.4	21.5	4.9	11.3	88696	44.3	40.4
2.7	6.8	15.2	2.9	12.3	328617	32.0	29.5
2.6	8.8	16.9	2.9	16.6	181101	32.7	30.8
3.1	7.4	17.0	3.5	13.7	101126	36.9	34.1
3.6	5.7	13.2	3.1	13.2	63761	30.1	28.2
2.2	5.3	13.6	3.3	14.3	26045	30.1	27.6
2.6	8.0	17.9	3.9	19.8	156453	36.2	33.8
2.2	5.8	11.3	3.1	16.6	49830	30.0	27.6
3.3	6.8	15.5	3.4	16.1	97602	37.8	35.0
2.5	5.6	19.2	6.5	16.0	60513	40.0	37.0
5.3	7.1	15.8	3.6	12.0	661464	34.4	32.2
2.1	5.5	10.3	2.4	10.0	13988	23.2	20.5
4.2	9.5	14.0	2.9	10.9	3020	33.0	28.8
2.8	6.8	19.1	4.0	13.6	29756	35.6	32.5
2.8	6.0	15.5	3.1	11.8	62559	32.0	29.2
3.2	7.6	12.8	3.7	13.5	8168	30.7	26.7
3.2	7.7	13.4	3.0	11.1	14217	33.3	30.1
5.3	7.4	9.5	0.5	12.1	265	30.5	26.8
3.2	7.6	14.0	3.9	13.2	24558	33.3	29.9
2.5	8.3	11.2	3.1	13.2	6664	27.8	24.2
2.7	9.1	10.7	1.8	13.9	1352	27.0	23.6
2.4	10.9	16.0	4.0	9.5	5295	30.8	27.5
1.9	5.9	8.9	1.8	10.1	6557	22.2	18.2

8–5 规模(限额)以上企业

项　　目	制定创新战略目标的企业数(个)	制定创新战略目标企业占全部企业的比重(%)	保持本领域的国际领先地位
总　计	**420882**	**36.9**	**4.7**
一、按规模分			
大型企业	16591	69.5	10.0
中型企业	71063	46.6	5.9
小型企业	287507	39.0	4.3
微型企业	45721	20.1	3.3
二、按登记注册类型分			
内资企业	391481	36.3	4.1
#有限责任公司	360709	35.6	3.9
股份有限公司	24068	70.8	6.3
非公司企业法人	2279	30.3	2.9
个人独资企业	3768	18.9	3.2
合伙企业	652	23.4	2.1
港澳台商投资企业	14023	45.7	9.7
港澳台投资有限责任公司	12660	44.3	9.6
港澳台投资股份有限公司	867	75.7	10.8
港澳台投资合伙企业	190	44.1	15.8
其他港澳台投资企业	306	57.5	6.5
外商投资企业	15378	48.0	15.7
外商投资有限责任公司	13993	46.7	15.9
外商投资股份有限公司	828	82.5	13.2
外商投资合伙企业	239	52.3	20.5
其他外商投资企业	318	52.4	13.2
三、按行业分			
采矿业	3142	26.2	2.5
制造业	235314	52.4	5.5
电力、热力、燃气及水生产和供应业	6710	32.9	4.1
建筑业	23379	31.0	1.7
批发和零售业	87532	21.3	3.7
交通运输、仓储和邮政业	10642	23.7	3.5
信息传输、软件和信息技术服务业	19978	64.4	5.1
租赁和商务服务业	15597	26.5	3.9
科学研究和技术服务业	16296	52.2	4.7
水利、环境和公共设施管理业	2289	36.5	3.1

创新战略目标制定情况

在制定创新战略目标企业中，制定下列目标的企业占比(%)				
赶超同行业国际领先企业	赶超同行业国内领先企业	增加创新投入，提升企业竞争力	保持现有的技术水平和生产经营状况	其他目标
5.6	**19.1**	**47.1**	**19.3**	**4.2**
9.3	22.7	46.0	9.4	2.6
6.4	20.9	46.3	16.4	4.0
5.5	19.0	48.4	19.0	3.9
4.1	15.8	40.3	29.1	7.4
5.4	19.2	47.4	19.5	4.3
5.2	19.1	47.3	20.0	4.5
8.3	23.1	50.4	9.7	2.1
3.2	13.2	49.6	26.3	5.0
3.0	14.1	41.6	33.4	4.8
4.8	17.8	44.6	25.9	4.8
8.8	18.6	44.5	15.3	3.1
8.5	18.5	44.2	16.1	3.1
13.3	21.9	44.9	6.2	2.9
9.5	11.6	46.3	14.2	2.6
8.2	18.0	56.5	9.2	1.6
9.2	15.8	40.3	16.1	2.8
8.9	15.5	40.1	16.8	2.8
15.0	21.3	42.5	6.2	1.9
7.5	12.1	40.6	17.2	2.1
8.8	18.6	42.5	14.5	2.5
4.2	13.9	48.6	26.2	4.5
6.7	20.3	50.4	14.6	2.4
4.2	18.3	43.8	24.9	4.7
2.1	12.2	49.6	29.9	4.6
4.4	17.8	37.5	27.9	8.7
4.6	20.4	37.1	28.0	6.4
5.3	19.9	53.8	12.9	3.0
4.0	18.4	41.3	25.7	6.8
5.2	19.0	51.0	16.9	3.2
3.3	17.5	49.2	21.2	5.6

8-5　续表

项　　目	制定创新战略目标的企业数（个）	制定创新战略目标企业占全部企业的比重（%）	保持本领域的国际领先地位
四、按地区分			
东部地区	258413	37.4	5.2
中部地区	91374	38.3	3.7
西部地区	58366	34.5	3.8
东北地区	12729	30.7	5.2
北　京	12741	40.1	6.2
天　津	6620	29.9	6.2
河　北	11490	36.1	4.4
山　西	5919	30.1	3.2
内蒙古	2769	30.6	4.1
辽　宁	6821	30.2	5.6
吉　林	2698	33.7	4.6
黑龙江	3210	29.8	4.7
上　海	15724	38.5	8.7
江　苏	52039	35.9	5.3
浙　江	45624	42.2	4.6
安　徽	19724	46.5	3.9
福　建	15784	29.4	4.6
江　西	12588	34.6	4.5
山　东	37694	39.4	4.5
河　南	17949	33.6	3.7
湖　北	18272	39.2	3.7
湖　南	16922	42.2	3.3
广　东	59423	37.4	5.1
广　西	6063	30.2	4.1
海　南	1274	32.5	4.3
重　庆	7664	39.0	4.8
四　川	15546	35.6	3.6
贵　州	4291	33.8	3.3
云　南	5288	34.4	3.5
西　藏	340	34.7	4.1
陕　西	8018	36.9	3.8
甘　肃	2633	36.0	2.7
青　海	558	32.8	5.0
宁　夏	1300	41.6	3.2
新　疆	3896	28.5	2.7

在制定创新战略目标企业中，制定下列目标的企业占比(%)				
赶超同行业国际领先企业	赶超同行业国内领先企业	增加创新投入，提升企业竞争力	保持现有的技术水平和生产经营状况	其他目标
6.2	19.6	46.6	18.5	3.9
4.8	18.6	48.8	19.5	4.6
4.6	17.7	47.4	21.5	5.1
5.4	19.4	42.5	22.5	5.1
6.1	19.8	45.1	20.2	2.7
6.0	19.8	40.7	22.6	4.8
5.1	19.5	48.4	17.9	4.6
3.2	15.9	44.6	26.8	6.4
4.9	18.6	44.2	24.0	4.3
5.9	19.7	42.8	21.4	4.6
5.3	19.5	42.3	22.5	5.8
4.6	18.6	41.9	24.8	5.4
7.7	20.5	41.2	18.3	3.7
6.2	20.4	45.4	19.2	3.6
6.2	19.3	49.4	17.4	3.2
5.2	19.6	50.8	16.1	4.3
5.2	18.0	47.1	20.2	4.9
5.6	19.1	48.0	18.1	4.7
5.8	19.6	46.4	19.4	4.3
4.5	17.3	45.4	23.9	5.3
5.0	20.4	47.0	20.0	4.1
4.4	17.7	54.0	16.6	4.0
6.6	19.2	47.8	17.1	4.1
4.4	16.4	47.5	21.9	5.8
5.1	17.3	42.9	23.0	7.5
4.8	18.5	47.4	19.9	4.6
4.4	18.8	47.0	21.4	4.7
4.6	16.5	48.0	21.3	6.2
4.0	15.6	50.3	21.6	5.0
3.5	16.2	42.6	25.9	7.6
5.5	18.2	47.1	20.2	5.1
4.4	16.7	49.5	22.0	4.7
4.5	16.0	47.0	22.2	5.4
5.4	19.2	48.2	20.9	3.2
3.4	16.0	45.7	25.4	6.9

九、规模（限额）以上企业企业家对创新的认识情况（2023 年）

9–1 规模(限额)以上企业企业家对创新的总体认识

项　目	在企业家中，认为创新对企业的生存和发展(%)		
	起了重要作用的人员占比	起了一定作用的人员占比	不起作用的人员占比
总　计	**36.9**	**53.6**	**9.5**
#有创新活动的企业	49.8	47.7	2.6
#有技术创新活动的企业	52.4	45.5	2.1
一、按规模分			
大型企业	56.0	41.1	2.9
中型企业	44.1	50.0	6.0
小型企业	34.2	55.4	10.3
微型企业	23.8	59.1	17.1
二、按登记注册类型分			
内资企业	36.3	54.0	9.7
#有限责任公司	35.0	54.9	10.1
股份有限公司	59.8	37.8	2.5
非公司企业法人	31.6	55.8	12.6
个人独资企业	20.5	61.6	17.8
合伙企业	18.4	65.3	16.3
港澳台商投资企业	43.2	50.0	6.8
港澳台投资有限责任公司	40.8	51.7	7.5
港澳台投资股份有限公司	70.3	28.8	0.9
港澳台投资合伙企业	33.9	64.4	1.7
其他港澳台投资企业	60.8	36.1	3.2
外商投资企业	46.1	47.2	6.7
外商投资有限责任公司	44.8	48.2	7.0
外商投资股份有限公司	69.8	29.7	0.5
外商投资合伙企业	43.6	52.7	3.6
其他外商投资企业	47.7	44.9	7.5
三、按行业分			
采矿业	27.2	56.3	16.5
制造业	41.3	50.9	7.8
电力、热力、燃气及水生产和供应业	33.2	56.8	10.0
建筑业	22.9	62.7	14.4
批发和零售业	27.0	59.5	13.4
交通运输、仓储和邮政业	25.2	60.9	13.9
信息传输、软件和信息技术服务业	53.5	43.6	2.8
租赁和商务服务业	24.4	60.1	15.6
科学研究和技术服务业	45.7	48.9	5.4
水利、环境和公共设施管理业	30.9	59.4	9.7

9-1 续表

项 目	在企业家中，认为创新对企业的生存和发展(%)		
	起了重要作用的人员占比	起了一定作用的人员占比	不起作用的人员占比
四、按地区分			
东部地区	39.1	52.2	8.6
中部地区	35.6	55.6	8.8
西部地区	36.3	53.7	10.0
东北地区	33.6	53.3	13.1
北 京	44.2	48.6	7.1
天 津	35.2	52.9	11.8
河 北	38.9	50.6	10.5
山 西	29.5	57.3	13.2
内蒙古	34.6	54.1	11.3
辽 宁	34.6	53.1	12.4
吉 林	35.1	52.9	11.9
黑龙江	31.1	54.0	14.9
上 海	42.2	48.9	8.9
江 苏	39.5	53.1	7.4
浙 江	39.4	54.5	6.2
安 徽	43.1	50.2	6.6
福 建	31.7	57.1	11.2
江 西	31.4	56.6	11.9
山 东	44.4	50.5	5.1
河 南	32.6	59.1	8.3
湖 北	38.5	54.3	7.3
湖 南	35.4	57.4	7.2
广 东	38.4	52.2	9.4
广 西	31.9	55.0	13.0
海 南	32.7	54.9	12.4
重 庆	39.8	53.0	7.2
四 川	36.6	53.3	10.1
贵 州	37.2	53.0	9.8
云 南	40.5	51.2	8.3
西 藏	28.5	60.5	11.0
陕 西	36.3	54.3	9.4
甘 肃	35.8	53.9	10.3
青 海	33.5	54.4	12.1
宁 夏	38.5	53.1	8.4
新 疆	32.2	55.7	12.1

9–2 规模(限额)以上企业创新成功影响因素情况

项　目	在企业家中，认为下列各项因素对创新成功影响程度较大的企业家占比(%)								
	有创新精神的企业家	充足的经费支持	高素质的人才	员工对企业的认同感	企业内部的激励措施	有效的技术战略或计划	畅通的信息渠道	可信赖的创新合作伙伴	优惠政策的扶持
总　计	**41.5**	**41.6**	**49.1**	**28.6**	**21.4**	**28.5**	**13.8**	**11.4**	**26.8**
一、按规模分									
大型企业	48.2	46.5	59.8	22.9	24.6	38.6	9.2	8.5	21.8
中型企业	45.1	42.4	53.2	27.5	23.3	32.9	11.8	9.5	24.4
小型企业	40.5	41.2	47.4	29.5	20.6	26.8	14.5	12.0	27.8
微型企业	34.8	38.8	42.6	30.0	19.5	21.0	18.0	13.8	29.3
二、按登记注册类型分									
内资企业	41.4	41.3	48.8	29.0	21.5	27.8	14.1	11.4	27.0
#有限责任公司	40.8	41.1	48.2	29.4	21.6	27.3	14.3	11.5	27.3
股份有限公司	51.4	45.3	58.3	23.5	20.6	37.8	9.8	9.8	24.4
非公司企业法人	37.5	40.2	49.8	30.2	25.0	25.9	13.1	7.4	25.9
个人独资企业	36.3	41.4	44.8	28.6	17.9	18.3	16.1	11.6	25.5
合伙企业	34.2	41.5	44.0	33.2	20.2	22.8	19.7	15.0	22.8
港澳台商投资企业	44.5	45.9	51.6	25.1	19.4	34.9	11.5	10.2	24.4
港澳台投资有限责任公司	43.6	46.4	50.9	24.9	19.2	33.5	11.5	10.5	25.1
港澳台投资股份有限公司	62.7	46.7	58.5	20.3	15.6	43.9	7.5	4.2	20.3
港澳台投资合伙企业	42.4	40.7	54.2	23.7	18.6	45.8	16.9	15.3	23.7
其他港澳台投资企业	40.8	35.0	56.1	35.7	28.7	47.1	15.3	11.5	14.7
外商投资企业	42.3	44.6	55.3	22.9	19.6	38.2	10.9	11.1	23.2
外商投资有限责任公司	41.7	44.4	54.1	23.0	19.6	37.5	11.1	11.5	23.4
外商投资股份有限公司	50.0	53.6	70.8	17.2	17.7	49.0	5.7	5.7	20.8
外商投资合伙企业	44.4	40.7	64.8	27.8	24.1	38.9	13.0	13.0	18.5
其他外商投资企业	46.2	36.8	59.4	28.3	18.9	40.6	14.2	8.5	22.6
三、按行业分									
采矿业	37.0	40.6	47.1	29.7	22.8	21.0	13.9	9.2	27.3
制造业	43.7	43.5	49.6	26.9	19.5	29.9	12.6	11.3	26.5
电力、热力、燃气及水生产和供应业	34.2	41.8	51.2	30.7	26.0	27.1	12.8	7.6	27.1
建筑业	37.8	38.4	45.9	33.5	22.8	22.5	17.4	13.3	29.0
批发和零售业	35.9	33.0	40.0	36.0	28.2	22.9	17.9	12.8	27.8
交通运输、仓储和邮政业	37.7	36.1	42.7	32.4	24.6	24.2	17.7	12.6	28.2
信息传输、软件和信息技术服务业	45.6	41.4	58.3	25.0	22.1	41.3	13.4	11.9	23.1
租赁和商务服务业	37.0	37.7	42.7	32.8	23.9	23.9	17.1	13.6	27.4
科学研究和技术服务业	44.0	42.9	60.6	25.3	21.8	33.5	13.2	11.0	24.4
水利、环境和公共设施管理业	41.0	42.9	47.8	32.1	22.3	26.4	14.2	8.9	29.1

9-2 续表

项目	在企业家中，认为下列各项因素对创新成功影响程度较大的企业家占比(%)								
	有创新精神的企业家	充足的经费支持	高素质的人才	员工对企业的认同感	企业内部的激励措施	有效的技术战略或计划	畅通的信息渠道	可信赖的创新合作伙伴	优惠政策的扶持
四、按地区分									
东部地区	43.5	42.4	50.9	26.4	19.8	30.8	13.2	11.9	25.4
中部地区	42.7	41.8	49.2	28.5	21.2	25.9	13.4	10.4	25.9
西部地区	39.0	41.4	47.0	30.6	23.5	28.7	14.7	11.5	28.6
东北地区	39.1	38.5	49.1	31.5	20.5	24.4	14.9	11.1	28.5
北　京	43.8	41.3	55.4	24.2	19.0	37.1	12.9	11.9	24.1
天　津	40.3	39.0	47.2	26.9	19.4	26.5	15.8	11.9	26.2
河　北	40.5	37.6	51.6	29.5	21.8	25.4	14.7	9.8	25.6
山　西	36.0	37.1	48.2	31.1	24.8	24.0	15.7	9.5	27.1
内蒙古	38.6	37.5	47.4	30.4	24.3	25.9	15.1	10.8	29.2
辽　宁	38.8	39.7	49.4	29.0	19.4	26.1	15.0	10.9	28.1
吉　林	40.1	39.6	49.1	32.4	21.2	24.1	13.8	11.2	28.5
黑龙江	38.6	36.3	48.8	33.5	21.0	22.8	15.8	11.2	28.9
上　海	43.5	44.6	54.5	24.2	19.2	35.3	12.7	12.6	24.2
江　苏	44.5	43.4	53.4	26.3	19.9	30.5	12.2	12.5	22.1
浙　江	49.0	41.9	47.3	27.3	19.1	30.8	13.6	11.6	26.9
安　徽	49.0	43.7	50.4	27.5	20.0	28.1	12.6	10.9	27.2
福　建	41.5	44.1	46.3	26.1	19.8	27.3	12.2	11.8	25.9
江　西	41.9	42.6	47.1	29.1	20.5	24.5	13.1	10.8	28.0
山　东	45.0	41.3	52.4	29.4	21.0	27.6	14.5	11.5	24.3
河　南	41.7	42.5	49.1	28.6	22.1	23.0	13.7	10.4	23.4
湖　北	41.5	41.0	49.5	27.7	20.9	29.3	13.9	11.2	27.5
湖　南	43.7	42.7	50.5	27.7	19.8	25.4	12.0	9.5	22.7
广　东	41.9	46.2	50.3	23.0	18.5	36.4	10.9	13.2	27.2
广　西	39.2	47.8	45.2	26.9	19.4	30.9	13.1	13.2	29.3
海　南	42.3	43.8	48.2	28.9	22.8	28.1	13.0	12.8	31.1
重　庆	42.7	42.6	46.8	29.9	22.8	29.7	14.2	10.0	26.9
四　川	38.8	43.8	48.5	28.7	22.3	29.4	14.7	12.0	25.1
贵　州	37.8	40.7	45.1	32.8	24.4	27.4	14.5	10.9	29.7
云　南	41.0	42.2	46.3	31.0	23.7	31.6	14.8	11.4	28.0
西　藏	35.7	36.6	41.9	34.1	25.4	25.6	16.7	15.3	34.3
陕　西	39.3	41.0	49.9	29.1	22.8	27.9	16.0	11.9	27.2
甘　肃	39.0	38.1	47.8	34.3	26.2	26.5	15.5	10.5	28.8
青　海	35.2	36.4	44.5	32.8	25.6	27.8	16.1	10.9	33.1
宁　夏	38.6	40.5	45.5	32.3	25.6	30.9	13.2	11.6	31.1
新　疆	35.4	38.5	47.9	31.6	25.1	26.5	14.2	11.6	31.6

9-3 规模(限额)以上企业创新激励措施及效果情况

项　目	在企业家中，认为下列措施对激励创新效果明显的企业家占比(%)				
	股权、期权、分红	提高工资待遇或奖金	协助解决落户、住房、子女就学等需求	职位晋升机会	培训或深造机会
总　计	**18.5**	**53.0**	**20.1**	**45.1**	**37.5**
一、按规模分					
大型企业	28.3	69.0	33.9	65.9	57.6
中型企业	21.4	59.5	23.6	54.3	45.7
小型企业	16.8	50.5	18.0	41.4	33.9
微型企业	14.8	41.7	14.6	31.6	26.3
二、按登记注册类型分					
内资企业	18.4	52.6	19.7	44.4	36.9
#有限责任公司	17.5	51.7	19.1	43.4	36.0
股份有限公司	32.7	69.7	31.3	63.6	54.1
非公司企业法人	12.1	42.5	13.4	35.1	31.9
个人独资企业	15.6	43.5	15.3	28.9	22.8
合伙企业	20.7	42.5	15.0	32.6	29.0
港澳台商投资企业	21.9	58.6	25.8	54.0	43.8
港澳台投资有限责任公司	20.3	57.2	25.0	52.2	42.0
港澳台投资股份有限公司	46.2	75.5	41.0	69.3	58.5
港澳台投资合伙企业	20.3	57.6	22.0	62.7	59.3
其他港澳台投资企业	24.1	66.5	23.4	69.0	57.6
外商投资企业	17.9	55.9	21.7	52.7	46.1
外商投资有限责任公司	15.5	54.1	20.0	50.9	44.2
外商投资股份有限公司	54.7	76.0	44.3	75.0	66.1
外商投资合伙企业	20.0	61.8	25.5	58.2	58.2
其他外商投资企业	29.2	75.5	34.9	68.9	64.2
三、按行业分					
采矿业	14.2	45.4	15.1	36.1	32.7
制造业	19.8	56.5	22.8	47.3	39.0
电力、热力、燃气及水生产和供应业	12.1	48.2	13.4	43.9	39.5
建筑业	12.8	40.6	12.9	32.3	28.7
批发和零售业	18.1	47.8	16.0	40.1	33.4
交通运输、仓储和邮政业	13.4	43.7	13.2	37.2	29.6
信息传输、软件和信息技术服务业	30.7	67.4	27.1	64.8	51.5
租赁和商务服务业	15.9	43.3	14.2	37.5	29.4
科学研究和技术服务业	24.8	60.9	25.4	55.3	46.4
水利、环境和公共设施管理业	13.0	45.4	15.0	41.7	35.0

9–3　续表

项　　目	在企业家中，认为下列措施对激励创新效果明显的企业家占比(%)				
	股权、期权、分红	提高工资待遇或奖金	协助解决落户、住房、子女就学等需求	职位晋升机会	培训或深造机会
四、按地区分					
东部地区	20.3	55.5	24.3	47.9	38.6
中部地区	20.8	56.4	21.8	47.0	39.3
西部地区	15.6	48.8	15.7	41.8	35.8
东北地区	14.7	48.3	13.4	39.8	34.5
北　京	21.0	55.2	24.6	52.4	40.5
天　津	14.9	48.5	17.1	41.5	33.9
河　北	17.3	52.7	16.0	42.2	37.6
山　西	11.6	45.7	11.8	35.8	34.3
内蒙古	16.0	50.3	14.9	43.4	37.3
辽　宁	13.6	48.3	11.8	38.4	32.9
吉　林	16.5	50.4	15.3	42.9	37.1
黑龙江	14.4	46.5	13.4	38.4	33.8
上　海	21.6	53.6	30.5	49.1	38.1
江　苏	21.1	57.2	21.9	48.5	39.7
浙　江	22.0	61.8	32.5	51.4	41.3
安　徽	20.9	61.8	23.6	51.9	42.9
福　建	20.1	52.6	29.1	44.4	35.7
江　西	20.8	53.5	25.0	45.6	36.8
山　东	24.3	64.0	24.4	54.0	46.8
河　南	19.1	53.7	18.9	44.0	36.7
湖　北	22.1	58.7	20.9	49.2	39.8
湖　南	27.7	61.2	27.5	51.5	43.5
广　东	19.8	52.2	22.5	46.2	33.5
广　西	14.5	41.7	16.0	36.6	31.4
海　南	17.2	51.3	17.6	45.4	35.1
重　庆	18.2	53.5	18.8	47.1	38.2
四　川	17.5	50.2	16.3	42.3	35.8
贵　州	15.9	46.5	17.3	40.2	34.1
云　南	13.8	49.3	15.7	41.7	35.9
西　藏	18.0	52.5	22.0	46.6	38.9
陕　西	14.5	48.7	14.0	40.5	35.1
甘　肃	14.1	49.5	14.1	42.1	36.9
青　海	14.9	47.0	10.7	39.1	34.9
宁　夏	13.4	51.5	11.0	42.6	35.5
新　疆	16.6	47.8	16.5	42.1	37.8

十、规模（限额）以上企业创新政策效果情况（2023 年）

10-1 有关政策对规模(限额)

项　　目	1.企业研发费用加计扣除税收优惠政策	2.高新技术企业所得税优惠政策	3.企业研发活动专用仪器设备加速折旧政策
总　计	**35.9**	**29.1**	**19.5**
一、按规模分			
大型企业	53.9	41.8	28.7
中型企业	43.1	35.5	22.7
小型企业	34.3	27.9	18.8
微型企业	15.3	13.0	9.9
二、按登记注册类型分			
内资企业	35.6	29.1	19.6
#有限责任公司	33.9	27.5	18.7
股份有限公司	68.7	59.5	35.8
非公司企业法人	21.2	16.0	12.4
个人独资企业	16.1	11.4	11.6
合伙企业	12.8	10.8	9.2
港澳台商投资企业	39.7	31.4	20.2
港澳台投资有限责任公司	38.0	30.0	19.0
港澳台投资股份有限公司	74.5	60.8	38.7
港澳台投资合伙企业	42.4	33.9	20.3
其他港澳台投资企业	27.8	20.9	20.3
外商投资企业	38.4	27.7	17.5
外商投资有限责任公司	36.3	25.5	16.2
外商投资股份有限公司	78.1	68.8	41.7
外商投资合伙企业	34.5	29.1	14.5
其他外商投资企业	37.4	26.2	18.7
三、按行业分			
采矿业	23.1	15.6	14.3
制造业	46.0	37.4	26.3
电力、热力、燃气及水生产和供应业	16.8	12.7	9.6
建筑业	17.3	15.2	9.4
批发和零售业	9.9	9.2	6.7
交通运输、仓储和邮政业	8.6	6.1	4.3
信息传输、软件和信息技术服务业	53.9	43.1	19.6
租赁和商务服务业	8.9	8.1	5.2
科学研究和技术服务业	50.2	43.8	20.2
水利、环境和公共设施管理业	20.5	16.2	9.6

以上企业创新的影响情况

在企业家中，认为下列政策效果明显的企业家占比(%)			
4.技术转让、技术开发收入免征增值税和技术转让减免所得税优惠政策	5.鼓励企业吸引和培养人才的相关政策	6.金融支持相关政策	7.创造和保护知识产权的相关政策
13.5	**20.7**	**21.7**	**23.1**
22.0	37.3	25.9	39.5
15.5	26.0	23.2	28.2
12.6	18.1	21.8	21.3
8.6	12.4	13.8	11.4
13.6	20.4	22.1	23.0
12.9	19.5	21.2	21.7
25.0	37.6	39.1	47.4
10.1	17.1	13.0	15.3
10.4	14.4	16.0	13.4
8.2	12.3	13.8	11.8
13.2	23.2	18.5	25.1
12.5	21.6	17.4	23.7
25.0	46.2	37.7	50.9
15.3	27.1	16.9	25.4
12.7	25.3	16.5	22.2
12.8	23.1	14.7	23.3
11.6	20.9	12.9	21.0
32.8	52.6	44.8	62.5
12.7	21.8	10.9	23.6
16.8	40.2	19.6	26.2
9.9	15.3	14.2	14.4
16.5	23.8	27.4	29.6
8.2	15.8	14.1	12.7
8.1	13.2	13.5	12.3
6.4	14.6	14.2	8.7
3.7	11.2	10.1	5.6
21.2	29.9	20.9	32.7
4.3	11.7	9.3	6.4
18.7	27.1	20.0	30.2
7.3	14.1	15.0	13.4

10–1 续表

项　　目	1.企业研发费用加计扣除税收优惠政策	2.高新技术企业所得税优惠政策	3.企业研发活动专用仪器设备加速折旧政策
四、按地区分			
东部地区	40.6	33.2	19.7
中部地区	40.3	33.1	25.2
西部地区	29.3	22.9	16.1
东北地区	28.0	24.3	16.1
北　京	47.5	41.4	15.1
天　津	30.2	26.2	13.1
河　北	36.2	28.4	20.0
山　西	24.9	15.7	13.1
内蒙古	24.8	19.6	12.7
辽　宁	31.1	27.1	17.5
吉　林	27.4	24.1	15.8
黑龙江	25.2	21.3	14.8
上　海	39.3	32.5	14.8
江　苏	40.7	33.5	22.7
浙　江	56.9	42.7	28.4
安　徽	46.6	38.7	27.8
福　建	29.2	23.6	16.6
江　西	39.5	30.2	24.8
山　东	43.9	34.4	27.8
河　南	31.8	26.2	18.5
湖　北	41.6	37.2	27.2
湖　南	51.6	44.3	35.4
广　东	42.7	37.2	18.3
广　西	24.4	19.1	12.6
海　南	24.7	21.7	11.1
重　庆	37.6	31.1	21.6
四　川	31.0	24.0	17.8
贵　州	26.6	19.6	15.3
云　南	29.4	21.6	16.0
西　藏	22.2	18.9	13.1
陕　西	30.5	26.0	15.8
甘　肃	29.0	21.6	16.0
青　海	25.2	20.2	13.3
宁　夏	38.7	24.4	19.7
新　疆	24.0	21.1	14.5

在企业家中，认为下列政策效果明显的企业家占比(%)			
4.技术转让、技术开发收入免征增值税和技术转让减免所得税优惠政策	5.鼓励企业吸引和培养人才的相关政策	6.金融支持相关政策	7.创造和保护知识产权的相关政策
13.2	21.8	20.4	25.2
17.8	24.5	28.0	27.3
11.5	17.5	20.1	19.4
10.9	17.1	15.9	17.1
15.1	19.8	15.5	28.9
8.7	17.6	15.0	18.9
12.6	21.6	22.1	23.0
8.8	14.0	15.5	14.7
9.0	17.1	14.3	15.8
10.7	16.5	14.9	17.7
10.6	16.6	16.4	16.6
11.3	18.2	16.4	16.8
12.1	21.9	16.2	24.2
14.4	24.4	23.7	26.6
15.1	25.5	27.9	30.9
17.7	27.4	31.9	31.6
11.3	19.8	20.7	21.0
16.4	24.3	29.1	25.0
19.4	28.9	26.1	30.7
14.1	21.2	22.6	23.0
19.5	25.2	30.5	29.1
27.0	31.2	34.5	36.1
11.0	16.6	16.6	24.0
8.1	12.7	20.2	14.7
8.1	17.5	12.7	14.8
14.8	20.3	24.0	25.6
12.3	18.4	21.6	21.7
12.2	17.4	20.4	19.9
11.4	16.7	18.5	19.3
9.6	19.8	25.1	16.9
12.2	16.1	18.7	18.8
12.1	19.7	20.0	18.9
11.0	14.7	17.8	17.0
10.8	20.7	25.1	21.8
11.0	18.1	18.4	16.4

10–2　规模(限额)以上企业有关

项　　目	1.企业研发费用加计扣除税收优惠政策				
	不了解此项政策	属于不适用该政策行　业	企业应纳税额较少或为零	准确归集研发费用难度较大	其他原因
总　计	**23.0**	**28.7**	**22.3**	**19.3**	**6.7**
一、按规模分					
大型企业	15.0	26.7	21.0	27.0	10.3
中型企业	21.0	27.4	22.0	21.5	8.1
小型企业	23.3	28.9	23.5	18.4	5.9
微型企业	31.1	32.4	15.8	14.3	6.4
二、按登记注册类型分					
内资企业	23.5	28.6	22.0	19.4	6.4
#有限责任公司	23.7	29.1	21.4	19.5	6.3
股份有限公司	15.5	18.3	39.6	17.7	9.0
非公司企业法人	30.7	33.3	12.4	17.0	6.5
个人独资企业	29.1	31.0	13.3	21.2	5.4
合伙企业	41.0	28.2	15.4	7.7	7.7
港澳台商投资企业	16.9	27.3	28.6	18.3	8.9
港澳台投资有限责任公司	16.9	27.8	28.6	18.2	8.5
港澳台投资股份有限公司	8.3	20.8	45.8	20.8	4.2
港澳台投资合伙企业	20.0	40.0		20.0	20.0
其他港澳台投资企业	23.3	23.3	20.0	16.7	16.7
外商投资企业	13.8	32.9	22.8	17.9	12.6
外商投资有限责任公司	14.2	31.2	23.0	18.6	13.1
外商投资股份有限公司	5.6	44.4	33.3	11.1	5.6
外商投资合伙企业	20.0	40.0	20.0	20.0	
其他外商投资企业	11.8	64.7	5.9	5.9	11.8
三、按行业分					
采矿业	23.8	35.3	11.9	22.6	6.5
制造业	21.0	23.3	26.6	22.5	6.6
电力、热力、燃气及水生产和供应业	25.0	33.9	12.3	17.2	11.7
建筑业	31.7	36.3	10.6	17.8	3.5
批发和零售业	35.3	47.4	7.0	6.6	3.8
交通运输、仓储和邮政业	30.4	44.5	9.6	8.5	7.0
信息传输、软件和信息技术服务业	11.1	19.8	43.0	15.1	11.0
租赁和商务服务业	27.0	53.6	9.4	4.3	5.7
科学研究和技术服务业	16.8	23.1	35.0	16.1	8.9
水利、环境和公共设施管理业	22.9	40.7	18.3	12.9	5.2

政策效果不明显的主要原因

在认为下列政策效果不明显或无效果(有政策需求)的企业中，对主要原因作出不同判断的企业占比(%)						
2.高新技术企业所得税优惠政策					3.企业研发活动专用仪器设备加速折旧政策	
不了解此项政策	不是高新技术企业	企业应纳税额较少或为零	准确归集研发费用难度较大	其他原因	不了解此项政策	不满足享受政策的条件
15.9	**51.0**	**18.9**	**8.7**	**5.5**	**25.3**	**44.4**
9.1	53.4	18.9	9.5	9.1	27.5	41.7
14.2	51.1	19.2	8.7	6.8	25.4	43.6
16.1	50.7	19.7	8.8	4.8	24.4	44.6
24.0	51.4	12.0	8.2	4.4	29.5	47.9
16.3	50.5	18.9	8.9	5.5	25.6	44.4
16.5	50.9	18.3	9.0	5.3	25.7	44.8
9.5	41.8	34.1	6.5	8.1	21.6	38.4
25.8	48.4	8.6	11.7	5.5	39.8	39.8
23.8	56.7	8.5	7.9	3.0	26.4	48.6
25.9	51.9	3.7	11.1	7.4	32.3	48.4
10.3	54.8	21.8	7.7	5.4	21.2	43.7
10.0	56.6	20.8	8.1	4.5	22.1	43.2
2.9	40.0	45.7	5.7	5.7	13.8	37.9
14.3	57.1	14.3		14.3	16.7	66.7
27.3	36.4	9.1	4.5	22.7	16.7	54.2
9.3	60.4	17.0	6.3	7.0	22.0	45.0
9.7	61.2	16.6	5.6	6.9	22.8	44.9
	52.2	34.8	13.0		14.3	28.6
	40.0	20.0	40.0		20.0	60.0
10.5	52.6	5.3	10.5	21.1	13.3	73.3
18.4	58.7	9.7	7.6	5.6	26.8	50.6
13.6	50.4	20.8	9.7	5.5	23.9	41.5
20.5	56.3	7.9	7.4	7.9	30.8	48.6
25.6	52.5	8.3	10.4	3.3	33.1	49.9
24.5	60.0	7.4	5.6	2.5	32.6	53.7
23.8	60.4	6.2	4.6	4.9	28.6	56.9
8.6	35.7	40.8	5.4	9.5	17.3	43.1
22.4	64.2	7.5	3.4	2.5	28.6	58.5
11.3	40.3	34.1	7.7	6.6	22.5	40.0
19.2	50.8	18.4	5.9	5.7	23.0	51.5

10—2 续表 1

项　目	1.企业研发费用加计扣除税收优惠政策				
	不了解此项政策	属于不适用该政策行　业	企业应纳税额较少或为零	准确归集研发费用难度较大	其他原因
四、按地区分					
东部地区	20.4	28.4	26.4	18.1	6.7
中部地区	24.3	27.4	22.1	20.5	5.7
西部地区	23.0	28.9	19.9	21.0	7.3
东北地区	29.6	33.4	17.5	12.6	6.9
北　京	10.8	18.9	48.3	13.8	8.3
天　津	21.5	29.9	26.8	13.6	8.2
河　北	24.3	23.6	21.5	24.1	6.4
山　西	21.8	32.5	18.2	20.8	6.7
内蒙古	20.5	28.5	20.2	20.2	10.5
辽　宁	28.2	35.3	17.1	11.8	7.6
吉　林	28.2	31.5	18.6	14.8	6.8
黑龙江	32.1	33.3	17.0	11.4	6.3
上　海	16.4	31.9	33.8	10.5	7.5
江　苏	17.9	32.6	25.5	18.4	5.6
浙　江	17.5	23.8	36.3	15.7	6.7
安　徽	17.5	29.4	23.7	20.6	8.8
福　建	21.7	30.9	16.6	24.9	5.9
江　西	23.4	28.1	22.4	21.8	4.3
山　东	23.3	35.2	18.2	17.0	6.3
河　南	24.2	29.4	20.1	19.8	6.4
湖　北	23.0	27.1	22.4	21.4	6.0
湖　南	33.2	19.8	24.9	19.1	2.9
广　东	25.7	25.5	21.8	21.2	5.8
广　西	26.1	27.5	19.4	21.5	5.6
海　南	26.2	35.0	14.5	15.9	8.4
重　庆	17.5	26.3	26.3	23.8	6.1
四　川	21.5	30.8	17.7	23.5	6.6
贵　州	26.3	24.3	20.6	22.2	6.7
云　南	22.5	27.6	19.6	21.3	9.0
西　藏	33.8	36.3	12.5	13.8	3.8
陕　西	24.6	30.3	22.3	17.0	5.8
甘　肃	23.6	31.3	17.9	20.6	6.6
青　海	25.3	34.8	18.0	15.7	6.2
宁　夏	19.6	29.9	16.7	22.8	11.0
新　疆	24.3	31.7	15.6	18.8	9.6

在认为下列政策效果不明显或无效果(有政策需求)的企业中，对主要原因作出不同判断的企业占比(%)						
2.高新技术企业所得税优惠政策					3.企业研发活动专用仪器设备加速折旧政策	
不了解此项政策	不是高新技术企业	企业应纳税额较少或为零	准确归集研发费用难度较大	其他原因	不了解此项政策	不满足享受政策的条件
12.7	51.1	23.5	7.7	5.0	22.1	44.1
17.2	51.1	17.4	10.1	4.3	25.4	42.8
16.5	51.7	15.9	9.2	6.7	26.8	45.9
22.8	46.8	17.5	7.0	5.9	31.9	43.9
7.5	27.2	52.9	5.5	6.8	18.5	41.1
16.2	45.5	23.9	7.4	6.9	27.8	41.4
17.9	46.8	19.8	10.9	4.6	27.6	42.0
17.1	56.6	12.5	7.4	6.4	27.5	48.4
18.2	47.6	15.6	9.0	9.5	25.1	46.0
20.8	50.0	16.7	5.8	6.8	28.0	45.0
22.8	45.4	19.2	6.8	5.8	32.8	44.5
24.8	44.8	16.8	8.5	5.1	35.2	42.2
10.2	50.4	29.6	5.3	4.5	23.5	41.2
9.6	55.4	22.1	7.9	5.0	18.5	46.4
7.6	61.6	22.4	4.1	4.3	15.2	45.9
10.7	61.2	17.0	6.1	5.0	19.5	47.1
14.6	55.4	15.5	10.8	3.7	20.6	50.7
16.5	53.3	17.3	10.2	2.7	23.4	47.2
12.7	60.3	13.8	8.2	5.0	22.2	48.0
17.9	54.3	13.3	10.7	3.8	27.1	43.5
16.6	44.8	20.8	12.3	5.5	23.6	40.5
23.8	38.2	22.2	13.5	2.3	30.7	33.0
17.3	48.2	19.8	9.8	4.9	25.9	37.1
15.2	54.6	15.6	9.4	5.1	27.4	46.4
17.9	61.6	10.5	5.2	4.8	23.9	50.3
12.9	44.3	21.7	12.3	8.7	21.9	46.1
16.3	53.3	14.4	9.7	6.3	25.4	46.4
18.8	52.3	14.6	8.9	5.4	30.9	39.0
16.7	53.3	14.1	9.6	6.3	26.8	45.2
27.0	48.6	8.1	6.8	9.5	33.3	47.6
18.0	45.3	21.9	7.5	7.3	29.7	44.1
18.2	53.2	14.8	9.4	4.4	28.3	45.9
20.4	59.3	9.9	6.2	4.3	28.7	53.3
8.1	65.4	13.0	6.3	7.2	22.3	50.9
17.9	51.9	12.6	9.5	8.2	27.1	50.1

10-2 续表 2

项 目	3.企业研发活动专用仪器设备加速折旧政策			
	企业应纳税额较少或为零	产生复杂的纳税调整，增加会计核算负担	出于业绩披露或经济效益考核需要而影响享受政策积极性	其他原因
总 计	**14.7**	**8.8**	**2.8**	**3.9**
一、按规模分				
大型企业	11.6	11.0	3.2	5.0
中型企业	13.8	9.7	3.1	4.4
小型企业	16.0	8.7	2.7	3.6
微型企业	11.3	5.8	2.2	3.2
二、按登记注册类型分				
内资企业	14.8	8.7	2.8	3.7
#有限责任公司	14.5	8.7	2.7	3.6
股份有限公司	20.5	10.9	3.8	4.9
非公司企业法人	7.1	3.5	3.5	6.2
个人独资企业	10.0	5.7	5.7	3.6
合伙企业	3.2	9.7		6.5
港澳台商投资企业	16.7	9.5	3.5	5.4
港澳台投资有限责任公司	16.7	9.9	3.1	5.2
港澳台投资股份有限公司	27.6	13.8	3.4	3.4
港澳台投资合伙企业	16.7			
其他港澳台投资企业	4.2		12.5	12.5
外商投资企业	12.4	11.5	2.3	6.8
外商投资有限责任公司	11.9	11.6	2.6	6.2
外商投资股份有限公司	28.6	14.3		14.3
外商投资合伙企业		20.0		
其他外商投资企业				13.3
三、按行业分				
采矿业	7.6	7.3	3.2	4.5
制造业	16.9	10.7	3.1	3.8
电力、热力、燃气及水生产和供应业	10.0	4.8	2.0	3.8
建筑业	6.7	5.9	2.1	2.4
批发和零售业	7.6	2.3	1.2	2.6
交通运输、仓储和邮政业	6.1	1.8	2.7	3.9
信息传输、软件和信息技术服务业	25.0	6.8	1.6	6.2
租赁和商务服务业	6.0	2.6	1.7	2.6
科学研究和技术服务业	19.8	9.9	3.1	4.8
水利、环境和公共设施管理业	13.0	5.9	1.9	4.8

在认为下列政策效果不明显或无效果(有政策需求)的企业中，对主要原因作出不同判断的企业占比(%)							
4.技术转让、技术开发收入免征增值税和技术转让减免所得税优惠政策				5.鼓励企业吸引和培养人才的相关政策			
不了解此项政策	不满足享受政策的条　件	减免税额较小，政策吸引力不　足	其他原因	不了解此项政策	不满足享受政策的条　件	与企业实际需求不符	其他原因
26.3	**58.5**	**11.1**	**4.1**	**34.7**	**35.1**	**27.2**	**3.0**
22.8	56.4	13.9	6.8	30.4	33.9	29.7	6.0
25.0	59.7	10.5	4.8	33.8	35.0	27.5	3.7
26.8	58.4	11.2	3.5	35.3	35.3	26.9	2.4
29.2	58.2	9.0	3.6	36.6	34.7	26.7	2.0
26.5	58.3	11.2	4.0	34.8	35.0	27.4	2.8
26.7	58.6	11.0	3.8	35.0	35.1	27.2	2.7
21.2	57.1	14.6	7.1	32.1	35.2	28.5	4.2
36.4	51.5	7.1	5.1	34.5	26.9	35.4	3.1
36.8	51.2	9.6	2.4	36.0	36.8	26.4	0.8
34.5	48.3	13.8	3.4	31.6	31.6	33.3	3.5
21.6	63.0	9.7	5.8	31.0	36.4	28.4	4.2
21.9	63.5	9.3	5.3	30.3	37.6	28.1	4.0
18.5	59.3	18.5	3.7	40.0	18.5	36.9	4.6
30.0	70.0			35.3	35.3	29.4	
15.0	55.0	10.0	20.0	29.8	38.3	23.4	8.5
24.5	60.5	9.4	5.6	36.2	36.6	21.5	5.8
24.8	60.5	9.8	4.9	36.1	36.6	21.7	5.6
22.2	55.6	7.4	14.8	46.0	28.0	18.0	8.0
20.0	80.0			35.7	35.7	21.4	7.1
23.1	61.5	7.7	7.7	16.7	54.2	20.8	8.3
25.8	61.7	8.6	4.0	32.5	34.1	30.8	2.6
25.4	59.0	11.7	3.9	33.4	36.4	27.3	2.8
29.6	56.4	9.7	4.3	36.3	30.9	28.9	3.9
31.8	55.9	9.7	2.7	36.8	34.0	27.6	1.7
31.9	57.8	5.9	4.4	40.3	33.0	24.2	2.6
30.2	59.9	5.9	4.1	36.1	32.3	28.0	3.6
20.3	57.4	14.5	7.8	37.8	34.6	23.6	4.0
28.4	61.0	8.5	2.1	37.1	30.9	27.6	4.3
23.1	53.7	16.9	6.3	37.2	32.2	26.0	4.6
26.9	62.2	6.8	4.0	35.1	36.2	26.0	2.7

10−2 续表 3

项　　目	3.企业研发活动专用仪器设备加速折旧政策			
	企业应纳税额较少或为零	产生复杂的纳税调整，增加会计核算负担	出于业绩披露或经济效益考核需要而影响享受政策积极性	其他原因
四、按地区分				
东部地区	16.6	10.0	2.8	4.3
中部地区	15.1	10.2	3.3	3.2
西部地区	13.3	7.6	2.6	3.8
东北地区	12.4	5.4	2.1	4.2
北　京	22.9	9.1	1.3	7.0
天　津	16.6	7.9	1.7	4.6
河　北	15.2	9.2	2.5	3.5
山　西	9.4	7.0	3.7	4.1
内蒙古	14.8	5.9	2.5	5.9
辽　宁	13.7	5.7	2.7	4.9
吉　林	11.7	5.7	1.3	4.1
黑龙江	11.7	5.0	2.3	3.5
上　海	17.9	10.5	1.8	5.1
江　苏	17.9	10.7	3.3	3.1
浙　江	20.9	9.6	4.3	4.1
安　徽	18.0	8.7	2.8	3.9
福　建	11.9	9.6	3.1	4.0
江　西	13.3	11.2	2.8	2.1
山　东	14.9	8.1	2.7	4.1
河　南	13.0	9.1	3.5	3.9
湖　北	16.9	12.7	3.2	3.2
湖　南	18.2	11.9	4.0	2.3
广　东	15.1	14.3	3.9	3.7
广　西	11.9	7.7	2.4	4.2
海　南	11.2	7.6	2.0	5.1
重　庆	16.8	10.2	1.8	3.3
四　川	12.5	8.8	3.7	3.2
贵　州	14.0	8.1	3.8	4.2
云　南	13.8	7.4	1.8	5.0
西　藏	6.3	6.3	1.6	4.8
陕　西	14.2	6.8	2.7	2.7
甘　肃	14.6	5.8	3.0	2.3
青　海	6.0	6.0	3.3	2.7
宁　夏	12.0	8.9	2.4	3.4
新　疆	10.4	6.3	1.5	4.6

在认为下列政策效果不明显或无效果(有政策需求)的企业中，对主要原因作出不同判断的企业占比(%)							
4.技术转让、技术开发收入免征增值税和技术转让减免所得税优惠政策				5.鼓励企业吸引和培养人才的相关政策			
不了解此项政策	不满足享受政策的条件	减免税额较小，政策吸引力不足	其他原因	不了解此项政策	不满足享受政策的条件	与企业实际需求不符	其他原因
24.4	60.4	10.8	4.4	35.5	36.2	25.1	3.3
26.5	56.9	13.1	3.4	33.7	34.7	29.1	2.5
26.5	58.7	10.6	4.2	33.9	35.0	28.3	2.8
32.4	54.9	8.2	4.5	37.5	31.8	27.0	3.7
20.7	54.3	15.6	9.4	41.0	35.3	19.3	4.4
28.3	54.9	12.2	4.5	38.1	28.8	29.0	4.1
26.9	60.7	8.7	3.7	39.4	30.6	27.6	2.3
26.0	62.9	6.8	4.4	35.5	31.8	31.1	1.7
25.7	60.1	8.2	6.0	38.9	28.7	29.0	3.4
30.5	56.9	7.4	5.2	40.4	29.7	26.7	3.2
31.9	55.8	8.8	3.5	37.7	29.2	29.7	3.4
34.7	52.3	8.5	4.5	34.2	36.5	24.8	4.5
25.4	56.9	11.4	6.3	43.6	31.5	20.7	4.2
19.6	67.5	11.6	1.3	31.3	37.3	28.6	2.7
17.7	67.8	9.4	5.2	28.3	43.3	25.6	2.8
17.1	68.4	10.0	4.5	26.5	41.6	29.1	2.7
25.3	63.0	9.7	2.1	29.4	42.4	25.5	2.7
24.8	58.9	14.8	1.4	32.6	36.3	28.6	2.5
22.7	63.3	10.2	3.7	31.7	36.4	29.1	2.8
29.1	54.8	11.6	4.5	35.2	31.8	30.1	2.9
27.5	54.7	14.0	3.8	34.6	33.4	29.0	2.9
33.3	44.9	19.7	2.0	38.1	32.6	27.3	2.0
33.6	52.4	9.6	4.4	40.0	35.2	21.8	3.0
30.2	54.8	11.1	3.9	38.3	36.1	23.3	2.4
23.5	61.4	10.8	4.2	31.1	37.5	26.0	5.3
23.9	59.9	12.1	4.0	33.2	38.3	25.8	2.7
23.6	57.5	14.5	4.4	30.6	38.5	27.6	3.3
31.0	52.7	11.9	4.4	37.2	31.3	29.3	2.2
28.5	57.8	10.3	3.4	34.3	37.6	25.3	2.7
23.8	58.7	11.1	6.3	41.1	28.1	28.1	2.7
29.4	55.8	10.9	3.8	35.8	32.2	29.0	3.0
26.1	61.6	7.8	4.5	30.0	29.6	36.9	3.5
30.7	60.6	7.3	1.5	26.7	39.7	31.4	2.2
16.9	70.7	7.6	4.8	27.8	42.1	28.1	2.0
24.1	63.5	8.2	4.1	32.0	35.2	29.9	3.0

10–2 续表 4

项　　目	6.金融支持相关政策				
	不了解此项政策	不满足享受政策的条　件	办理手续繁琐或审批时间较长	政策对不同发展阶段企业的针对性不　够　强	其他原因
总　计	**28.3**	**38.2**	**14.6**	**16.4**	**2.6**
一、按规模分					
大型企业	29.1	36.8	10.1	21.2	2.9
中型企业	28.4	38.2	13.3	16.8	3.3
小型企业	28.0	37.7	15.7	16.2	2.4
微型企业	29.1	42.4	14.1	12.1	2.2
二、按登记注册类型分					
内资企业	28.1	38.1	14.9	16.5	2.5
#有限责任公司	28.1	38.3	15.0	16.3	2.4
股份有限公司	26.6	34.1	15.4	20.1	3.7
非公司企业法人	37.4	36.1	8.2	15.6	2.7
个人独资企业	27.3	46.0	12.3	12.8	1.6
合伙企业	31.3	43.8	9.4	12.5	3.1
港澳台商投资企业	29.5	40.2	10.3	15.4	4.6
港澳台投资有限责任公司	29.4	40.1	10.9	15.4	4.3
港澳台投资股份有限公司	33.3	33.3	9.5	21.4	2.4
港澳台投资合伙企业	28.6	57.1		14.3	
其他港澳台投资企业	23.8	52.4		4.8	19.0
外商投资企业	33.1	38.7	9.9	13.4	4.9
外商投资有限责任公司	32.1	39.6	9.5	13.8	5.0
外商投资股份有限公司	46.2	19.2	19.2	7.7	7.7
外商投资合伙企业	40.0	20.0	20.0	20.0	
其他外商投资企业	38.5	53.8		7.7	
三、按行业分					
采矿业	22.8	46.2	14.3	14.3	2.4
制造业	27.2	38.0	16.1	16.0	2.6
电力、热力、燃气及水生产和供应业	31.7	39.0	10.8	15.5	2.9
建筑业	29.9	39.4	13.4	15.6	1.6
批发和零售业	35.4	33.6	13.3	15.9	1.8
交通运输、仓储和邮政业	28.5	38.5	11.1	18.8	3.2
信息传输、软件和信息技术服务业	29.9	34.0	12.8	19.2	4.2
租赁和商务服务业	33.9	41.4	10.1	13.2	1.3
科学研究和技术服务业	31.9	30.9	13.2	20.2	3.8
水利、环境和公共设施管理业	27.2	37.6	11.9	20.5	2.8

在认为下列政策效果不明显或无效果(有政策需求)的企业中，对主要原因作出不同判断的企业占比(%)					
7.创造和保护知识产权的相关政策					
不了解此类政策	不满足享受政策的条件	办理手续繁琐或审批时间较长	知识产权维护费用较　高	知识产权维权成本较　高	其他原因
34.6	**43.5**	**7.5**	**7.2**	**5.0**	**2.2**
33.3	38.0	7.6	11.8	6.6	2.7
33.9	42.1	7.3	8.3	5.9	2.5
34.7	44.2	7.8	6.6	4.7	2.0
36.3	47.4	5.7	4.4	3.7	2.5
34.6	43.8	7.6	7.1	4.9	2.1
34.4	44.3	7.5	7.0	4.6	2.1
35.5	36.3	8.9	8.9	8.3	2.1
40.7	39.8	2.8	5.6	8.3	2.8
34.1	48.8	8.5	0.8	5.4	2.3
46.2	38.5	11.5	3.8		
33.4	41.2	5.4	10.0	7.2	2.8
33.0	42.3	5.5	9.4	7.3	2.5
40.0	22.9	5.7	22.9	8.6	
37.5	50.0		12.5		
30.0	45.0	5.0		5.0	15.0
35.5	38.8	6.5	7.9	7.0	4.2
35.0	39.3	6.5	7.8	7.0	4.5
35.3	29.4	11.8	17.6	5.9	
66.7	33.3				
50.0	37.5			12.5	
31.3	53.1	7.5	2.8	2.3	2.9
33.8	42.1	8.3	7.8	5.8	2.1
38.1	47.7	5.1	4.0	2.3	2.8
33.8	47.0	5.4	8.2	4.3	1.3
41.0	47.4	4.6	4.0	1.4	1.4
36.2	53.1	2.2	1.8	2.6	4.0
35.0	35.4	9.6	10.7	5.9	3.4
39.8	49.4	3.6	2.4	2.0	2.8
37.9	34.2	9.0	10.1	6.5	2.2
34.2	46.8	5.6	6.0	4.9	2.5

10–2 续表 5

项 目	6.金融支持相关政策				
	不了解此项政策	不满足享受政策的条件	办理手续繁琐或审批时间较长	政策对不同发展阶段企业的针对性不够强	其他原因
四、按地区分					
东部地区	29.8	37.8	13.1	16.5	2.9
中部地区	27.1	36.9	16.3	17.4	2.3
西部地区	26.8	39.2	15.3	16.3	2.4
东北地区	32.2	38.1	13.2	13.2	3.3
北 京	30.9	33.8	15.2	15.7	4.4
天 津	33.9	37.5	10.8	14.7	3.1
河 北	31.6	40.8	13.7	11.2	2.7
山 西	28.0	43.7	10.3	15.2	2.8
内蒙古	29.0	41.6	13.4	13.2	2.8
辽 宁	33.2	37.7	11.1	14.3	3.7
吉 林	33.4	37.9	13.3	12.6	2.7
黑龙江	30.0	38.6	15.4	12.5	3.5
上 海	32.9	32.6	13.8	16.8	3.9
江 苏	26.8	40.8	10.8	19.0	2.6
浙 江	27.6	40.7	9.0	20.1	2.6
安 徽	25.4	43.0	11.6	18.4	1.6
福 建	26.1	41.1	13.8	17.7	1.3
江 西	25.7	37.5	17.7	17.7	1.4
山 东	26.7	40.1	14.6	16.1	2.6
河 南	27.0	35.8	16.9	17.2	3.0
湖 北	26.1	33.7	18.3	19.1	2.9
湖 南	30.1	30.8	20.8	16.2	2.1
广 东	33.2	33.4	14.3	16.2	3.0
广 西	26.0	39.3	16.3	16.3	2.1
海 南	28.0	38.8	15.0	15.6	2.6
重 庆	25.6	39.9	14.9	17.1	2.5
四 川	27.0	39.2	15.4	15.9	2.5
贵 州	30.0	35.1	17.8	14.6	2.5
云 南	28.3	40.8	12.1	16.4	2.4
西 藏	31.7	31.7	18.3	17.1	1.2
陕 西	29.4	35.7	16.4	16.4	2.1
甘 肃	25.0	38.2	17.7	16.6	2.5
青 海	22.5	46.0	9.5	20.0	2.0
宁 夏	20.4	42.3	16.3	18.5	2.5
新 疆	24.3	42.0	13.6	17.2	3.0

在认为下列政策效果不明显或无效果(有政策需求)的企业中，对主要原因作出不同判断的企业占比(%)					
7.创造和保护知识产权的相关政策					
不了解此类政策	不满足享受政策的条件	办理手续繁琐或审批时间较长	知识产权维护费用较高	知识产权维权成本较高	其他原因
35.2	40.6	8.1	8.1	5.9	2.1
33.5	44.4	8.1	7.4	5.0	1.6
33.7	45.7	6.9	6.5	4.5	2.6
38.8	43.3	5.3	5.7	4.2	2.7
37.8	32.0	9.4	12.1	6.4	2.3
39.3	40.4	6.0	6.7	3.5	4.2
38.8	42.9	6.2	6.6	4.3	1.1
31.0	53.8	4.4	5.6	3.3	1.8
37.2	44.9	6.5	3.4	4.3	3.7
38.2	41.6	5.5	6.6	4.6	3.5
38.5	43.3	5.5	5.2	5.2	2.4
39.9	45.0	4.8	5.1	3.0	2.1
39.9	31.3	8.2	8.6	8.8	3.2
30.1	46.8	9.2	7.0	5.1	1.8
30.2	45.6	8.1	8.1	6.2	1.7
29.0	50.6	6.3	6.7	5.3	2.1
31.0	43.7	10.7	8.0	5.8	0.8
32.3	45.7	10.0	7.3	3.9	0.7
31.3	48.1	7.6	6.4	4.0	2.6
32.4	43.5	7.4	7.7	6.1	2.8
35.1	39.8	8.9	9.4	5.3	1.5
39.0	36.8	10.7	7.2	5.5	0.9
39.9	32.9	7.9	9.7	7.6	2.0
36.4	43.9	7.4	5.8	4.2	2.2
33.3	49.3	5.5	5.0	3.5	3.5
32.2	45.0	6.3	8.2	5.0	3.3
29.1	46.1	8.2	7.4	6.0	3.2
36.2	42.6	8.3	5.0	4.6	3.3
34.3	44.8	6.1	8.0	5.0	1.7
45.5	37.9	9.1	3.0		4.5
38.3	42.2	7.1	7.7	3.8	0.9
30.9	49.5	7.3	5.6	4.8	1.9
31.2	55.8	3.6	5.8	2.2	1.4
26.6	56.1	5.7	6.6	3.3	1.6
31.9	48.0	5.7	6.9	3.7	3.7

十一、规模以下企业创新及相关情况（2023 年）

11–1 规模以下企业

项目	调查企业数(个)	#开展创新活动企业	#实现创新企业	#实现产品或工艺创新企业	#实现产品创新企业	#实现工艺创新企业	#实现组织或营销创新企业
总计	**103583**	**17023**	**15780**	**7624**	**4568**	**4221**	**9188**
一、按行业分							
采矿业	3233	302	286	90	40	60	212
制造业	50239	8489	7939	4428	2407	2782	4045
电力、热力、燃气及水生产和供应业	4311	439	403	135	61	83	295
交通运输、仓储和邮政业	14056	1642	1530	338	244	135	1268
信息传输、软件和信息技术服务业	8572	2294	2074	1199	865	474	1024
租赁和商务服务业	9651	1290	1205	317	261	103	953
科学研究和技术服务业	6762	1542	1402	788	494	411	734
水利、环境和公共设施管理业	6759	1025	941	329	196	173	657
二、按地区分							
东部地区	50278	8424	7791	4213	2527	2351	4091
中部地区	20723	3769	3543	1476	839	844	2262
西部地区	26196	4138	3817	1614	1005	849	2475
东北地区	6386	692	629	321	197	177	360
北京	2296	382	317	234	155	114	113
天津	2834	428	377	290	174	156	117
河北	4021	685	635	213	123	116	451
山西	2486	409	384	137	79	79	268
内蒙古	2388	358	315	126	87	57	206
辽宁	3260	209	185	123	79	71	83
吉林	1624	229	210	87	52	49	132
黑龙江	1502	254	234	111	66	57	145
上海	3543	437	404	315	202	174	141
江苏	8122	1328	1257	607	329	382	726
浙江	8357	1655	1529	874	519	463	715
安徽	5008	618	582	375	208	231	258
福建	3819	594	553	225	147	113	369
江西	2827	443	416	163	97	91	274
山东	5576	1167	1088	484	249	298	650
河南	4496	1054	997	316	180	173	710
湖北	3041	632	577	249	137	148	372
湖南	2865	613	587	236	138	122	380
广东	10641	1529	1431	885	577	490	675
广西	2173	300	277	101	69	44	194
海南	1069	219	200	86	52	45	134
重庆	3206	411	389	178	100	102	240
四川	2883	568	517	189	128	89	361
贵州	1947	301	286	98	68	41	205
云南	2256	355	331	134	90	68	217
西藏	2914	339	304	151	93	92	195
陕西	1884	311	279	173	104	81	125
甘肃	2040	390	370	138	80	86	254
青海	1325	194	181	68	45	34	128
宁夏	1381	327	312	153	74	97	180
新疆	1799	284	256	105	67	58	170

创新活动基本情况

		在调查企业中占比(%)							
#实现组织创新企业	#实现营销创新企业	#开展创新活动企业	#实现创新企业	#实现产品或工艺创新企业	#实现产品创新企业	#实现工艺创新企业	#实现组织或营销创新企业	#实现组织创新企业	#实现营销创新企业
5383	**4658**	**16.4**	**15.2**	**7.4**	**4.4**	**4.1**	**8.9**	**5.2**	**4.5**
143	89	9.3	8.8	2.8	1.2	1.9	6.6	4.4	2.8
2019	2425	16.9	15.8	8.8	4.8	5.5	8.1	4.0	4.8
219	98	10.2	9.3	3.1	1.4	1.9	6.8	5.1	2.3
881	504	11.7	10.9	2.4	1.7	1.0	9.0	6.3	3.6
611	525	26.8	24.2	14.0	10.1	5.5	11.9	7.1	6.1
596	418	13.4	12.5	3.3	2.7	1.1	9.9	6.2	4.3
470	338	22.8	20.7	11.7	7.3	6.1	10.9	7.0	5.0
444	261	15.2	13.9	4.9	2.9	2.6	9.7	6.6	3.9
2342	2122	16.8	15.5	8.4	5.0	4.7	8.1	4.7	4.2
1374	1110	18.2	17.1	7.1	4.0	4.1	10.9	6.6	5.4
1436	1262	15.8	14.6	6.2	3.8	3.2	9.4	5.5	4.8
231	164	10.8	9.9	5.0	3.1	2.8	5.6	3.6	2.6
68	54	16.6	13.8	10.2	6.8	5.0	4.9	3.0	2.4
81	51	15.1	13.3	10.2	6.1	5.5	4.1	2.9	1.8
249	221	17.0	15.8	5.3	3.1	2.9	11.2	6.2	5.5
168	118	16.5	15.4	5.5	3.2	3.2	10.8	6.8	4.7
123	103	15.0	13.2	5.3	3.6	2.4	8.6	5.2	4.3
54	45	6.4	5.7	3.8	2.4	2.2	2.5	1.7	1.4
91	49	14.1	12.9	5.4	3.2	3.0	8.1	5.6	3.0
86	70	16.9	15.6	7.4	4.4	3.8	9.7	5.7	4.7
86	77	12.3	11.4	8.9	5.7	4.9	4.0	2.4	2.2
425	384	16.4	15.5	7.5	4.1	4.7	8.9	5.2	4.7
375	389	19.8	18.3	10.5	6.2	5.5	8.6	4.5	4.7
159	137	12.3	11.6	7.5	4.2	4.6	5.2	3.2	2.7
234	170	15.6	14.5	5.9	3.8	3.0	9.7	6.1	4.5
161	140	15.7	14.7	5.8	3.4	3.2	9.7	5.7	5.0
355	340	20.9	19.5	8.7	4.5	5.3	11.7	6.4	6.1
383	382	23.4	22.2	7.0	4.0	3.8	15.8	8.5	8.5
233	174	20.8	19.0	8.2	4.5	4.9	12.2	7.7	5.7
270	159	21.4	20.5	8.2	4.8	4.3	13.3	9.4	5.6
397	355	14.4	13.4	8.3	5.4	4.6	6.3	3.7	3.3
103	109	13.8	12.7	4.6	3.2	2.0	8.9	4.7	5.0
72	81	20.5	18.7	8.0	4.9	4.2	12.5	6.7	7.6
125	135	12.8	12.1	5.6	3.1	3.2	7.5	3.9	4.2
215	168	19.7	17.9	6.6	4.4	3.1	12.5	7.5	5.8
113	108	15.5	14.7	5.0	3.5	2.1	10.5	5.8	5.5
127	111	15.7	14.7	5.9	4.0	3.0	9.6	5.6	4.9
96	120	11.6	10.4	5.2	3.2	3.2	6.7	3.3	4.1
55	77	16.5	14.8	9.2	5.5	4.3	6.6	2.9	4.1
181	103	19.1	18.1	6.8	3.9	4.2	12.5	8.9	5.0
86	57	14.6	13.7	5.1	3.4	2.6	9.7	6.5	4.3
104	96	23.7	22.6	11.1	5.4	7.0	13.0	7.5	7.0
108	75	15.8	14.2	5.8	3.7	3.2	9.5	6.0	4.2

11-2 规模以下工业企业

项目	调查企业数(个)	#开展创新活动企业	#实现创新企业	#实现产品或工艺创新企业	#实现产品创新企业	#实现工艺创新企业	#实现组织或营销创新企业
总计	**57783**	**9230**	**8628**	**4653**	**2508**	**2925**	**4552**
一、按行业分							
采矿业	**3233**	**302**	**286**	**90**	**40**	**60**	**212**
煤炭开采和洗选业	495	43	41	12	5	8	32
石油和天然气开采业	50	8	8	3	2	2	6
黑色金属矿采选业	611	50	47	12	7	5	36
有色金属矿采选业	455	35	32	6	1	5	26
非金属矿采选业	794	81	77	20	9	15	63
开采专业及辅助性活动	542	55	51	28	13	18	25
其他采矿业	286	30	30	9	3	7	24
制造业	**50239**	**8489**	**7939**	**4428**	**2407**	**2782**	**4045**
农副食品加工业	2084	350	332	148	87	81	217
食品制造业	1763	312	293	156	107	90	179
酒、饮料和精制茶制造业	1904	282	275	129	77	76	173
烟草制品业	31	11	11	3	3	1	8
纺织业	1738	291	277	148	65	100	142
纺织服装、服饰业	2367	230	219	93	53	52	136
皮革、毛皮、羽毛及其制品和制鞋业	1572	235	219	97	57	47	127
木材加工和木、竹、藤、棕、草制品业	1568	189	178	63	32	44	122
家具制造业	1662	208	192	89	50	49	118
造纸和纸制品业	1507	199	190	71	44	42	130
印刷和记录媒介复制业	1450	193	182	79	36	56	114
文教、工美、体育和娱乐用品制造业	1853	276	260	128	78	77	150
石油、煤炭及其他燃料加工业	810	96	89	46	24	29	47
化学原料和化学制品制造业	1472	292	268	171	113	102	110
医药制造业	974	285	253	163	72	118	123
化学纤维制造业	559	104	104	70	23	52	36
橡胶和塑料制品业	2344	364	341	195	89	132	168
非金属矿物制品业	2392	312	288	145	82	87	152
黑色金属冶炼和压延加工业	774	78	71	25	9	22	49
有色金属冶炼和压延加工业	846	111	105	63	29	44	47
金属制品业	3681	569	538	252	133	161	313
通用设备制造业	2958	628	594	407	200	275	224
专用设备制造业	2627	653	601	398	227	240	236
汽车制造业	1432	283	261	160	69	116	119
铁路、船舶、航空航天和其他运输设备制造业	1013	194	183	95	45	64	98
电气机械和器材制造业	2268	468	436	291	190	169	183
计算机、通信和其他电子设备制造业	2008	509	463	312	176	193	187
仪器仪表制造业	1278	352	331	238	140	145	124
其他制造业	1234	191	180	98	50	57	92
废弃资源综合利用业	867	109	101	43	20	29	63
金属制品、机械和设备修理业	1203	115	104	52	27	32	58

创新活动基本情况

		在调查企业中占比(%)							
#实现组织创新企业	#实现营销创新企业	#开展创新活动企业	#实现创新企业	#实现产品或工艺创新企业	#实现产品创新企业	#实现工艺创新企业	#实现组织或营销创新企业	#实现组织创新企业	#实现营销创新企业
2381	**2612**	**16.0**	**14.9**	**8.1**	**4.3**	**5.1**	**7.9**	**4.1**	**4.5**
143	**89**	**9.3**	**8.8**	**2.8**	**1.2**	**1.9**	**6.6**	**4.4**	**2.8**
22	13	8.7	8.3	2.4	1.0	1.6	6.5	4.4	2.6
5	2	16.0	16.0	6.0	4.0	4.0	12.0	10.0	4.0
23	14	8.2	7.7	2.0	1.1	0.8	5.9	3.8	2.3
20	11	7.7	7.0	1.3	0.2	1.1	5.7	4.4	2.4
37	35	10.2	9.7	2.5	1.1	1.9	7.9	4.7	4.4
18	8	10.1	9.4	5.2	2.4	3.3	4.6	3.3	1.5
18	6	10.5	10.5	3.1	1.0	2.4	8.4	6.3	2.1
2019	**2425**	**16.9**	**15.8**	**8.8**	**4.8**	**5.5**	**8.1**	**4.0**	**4.8**
84	163	16.8	15.9	7.1	4.2	3.9	10.4	4.0	7.8
52	146	17.7	16.6	8.8	6.1	5.1	10.2	3.0	8.3
58	136	14.8	14.4	6.8	4.0	4.0	9.1	3.0	7.1
5	3	35.5	35.5	9.7	9.7	3.2	25.8	16.1	9.7
66	92	16.7	15.9	8.5	3.7	5.8	8.2	3.8	5.3
64	84	9.7	9.3	3.9	2.2	2.2	5.7	2.7	3.5
71	62	14.9	13.9	6.2	3.6	3.0	8.1	4.5	3.9
62	71	12.1	11.4	4.0	2.0	2.8	7.8	4.0	4.5
43	82	12.5	11.6	5.4	3.0	2.9	7.1	2.6	4.9
65	76	13.2	12.6	4.7	2.9	2.8	8.6	4.3	5.0
52	70	13.3	12.6	5.4	2.5	3.9	7.9	3.6	4.8
64	99	14.9	14.0	6.9	4.2	4.2	8.1	3.5	5.3
25	25	11.9	11.0	5.7	3.0	3.6	5.8	3.1	3.1
50	72	19.8	18.2	11.6	7.7	6.9	7.5	3.4	4.9
58	80	29.3	26.0	16.7	7.4	12.1	12.6	6.0	8.2
16	21	18.6	18.6	12.5	4.1	9.3	6.4	2.9	3.8
92	96	15.5	14.5	8.3	3.8	5.6	7.2	3.9	4.1
80	90	13.0	12.0	6.1	3.4	3.6	6.4	3.3	3.8
29	23	10.1	9.2	3.2	1.2	2.8	6.3	3.7	3.0
28	28	13.1	12.4	7.4	3.4	5.2	5.6	3.3	3.3
169	165	15.5	14.6	6.8	3.6	4.4	8.5	4.6	4.5
113	130	21.2	20.1	13.8	6.8	9.3	7.6	3.8	4.4
149	116	24.9	22.9	15.2	8.6	9.1	9.0	5.7	4.4
66	66	19.8	18.2	11.2	4.8	8.1	8.3	4.6	4.6
50	53	19.2	18.1	9.4	4.4	6.3	9.7	4.9	5.2
116	93	20.6	19.2	12.8	8.4	7.5	8.1	5.1	4.1
107	97	25.3	23.1	15.5	8.8	9.6	9.3	5.3	4.8
67	76	27.5	25.9	18.6	11.0	11.3	9.7	5.2	5.9
48	51	15.5	14.6	7.9	4.1	4.6	7.5	3.9	4.1
37	31	12.6	11.6	5.0	2.3	3.3	7.3	4.3	3.6
33	28	9.6	8.6	4.3	2.2	2.7	4.8	2.7	2.3

11−2　续表

项　目	调　查企业数（个）	#开展创新活动企业	#实现创新企业	#实现产品或工艺创新企业	#实现产品创新企业	#实现工艺创新企业	#实现组织或营销创新企业
电力、热力、燃气及水生产和供应业	**4311**	**439**	**403**	**135**	**61**	**83**	**295**
电力、热力生产和供应业	2409	227	209	59	20	39	158
燃气生产和供应业	710	89	81	26	18	11	65
水的生产和供应业	1192	123	113	50	23	33	72
二、按地区分							
东部地区	30945	5229	4885	2811	1545	1738	2380
中部地区	10264	1867	1772	850	434	550	1032
西部地区	13688	1858	1713	827	435	531	1015
东北地区	2886	276	258	165	94	106	125
北　京	547	123	96	80	45	51	22
天　津	1420	233	206	177	99	109	50
河　北	2290	371	348	127	63	79	232
山　西	967	137	131	55	29	37	86
内蒙古	891	111	97	44	25	28	62
辽　宁	1654	112	104	85	51	56	36
吉　林	599	64	58	30	15	22	31
黑龙江	633	100	96	50	28	28	58
上　海	1473	162	159	128	75	84	52
江　苏	5987	969	921	447	225	302	529
浙　江	5773	1141	1057	635	356	355	448
安　徽	2828	394	374	279	142	189	129
福　建	2111	276	259	105	61	60	175
江　西	1595	250	235	107	57	66	138
山　东	3031	671	636	350	156	239	322
河　南	2242	541	521	167	85	107	370
湖　北	1286	257	235	126	60	87	134
湖　南	1346	288	276	116	61	64	175
广　东	7890	1203	1131	720	446	429	507
广　西	965	134	124	51	30	30	82
海　南	423	80	72	42	19	30	43
重　庆	2036	229	216	95	40	67	131
四　川	1214	222	211	90	55	49	135
贵　州	1057	120	112	45	28	26	74
云　南	1120	128	114	47	24	28	72
西　藏	2325	249	219	126	72	82	122
陕　西	840	115	105	60	27	38	54
甘　肃	932	160	152	81	42	55	82
青　海	642	73	70	34	19	22	43
宁　夏	759	195	184	108	50	74	88
新　疆	907	122	109	46	23	32	70

		在调查企业中占比(%)							
#实现组织创新企业	#实现营销创新企业	#开展创新活动企业	#实现创新企业	#实现产品或工艺创新企业	#实现产品创新企业	#实现工艺创新企业	#实现组织或营销创新企业	#实现组织创新企业	#实现营销创新企业
219	**98**	**10.2**	**9.3**	**3.1**	**1.4**	**1.9**	**6.8**	**5.1**	**2.3**
133	35	9.4	8.7	2.4	0.8	1.6	6.6	5.5	1.5
32	39	12.5	11.4	3.7	2.5	1.5	9.2	4.5	5.5
54	24	10.3	9.5	4.2	1.9	2.8	6.0	4.5	2.0
1241	1367	16.9	15.8	9.1	5.0	5.6	7.7	4.0	4.4
573	560	18.2	17.3	8.3	4.2	5.4	10.1	5.6	5.5
490	621	13.6	12.5	6.0	3.2	3.9	7.4	3.6	4.5
77	64	9.6	8.9	5.7	3.3	3.7	4.3	2.7	2.2
13	11	22.5	17.6	14.6	8.2	9.3	4.0	2.4	2.0
31	28	16.4	14.5	12.5	7.0	7.7	3.5	2.2	2.0
107	130	16.2	15.2	5.5	2.8	3.5	10.1	4.7	5.7
43	48	14.2	13.5	5.7	3.0	3.8	8.9	4.4	5.0
30	40	12.5	10.9	4.9	2.8	3.1	7.0	3.4	4.5
24	20	6.8	6.3	5.1	3.1	3.4	2.2	1.5	1.2
19	16	10.7	9.7	5.0	2.5	3.7	5.2	3.2	2.7
34	28	15.8	15.2	7.9	4.4	4.4	9.2	5.4	4.4
31	31	11.0	10.8	8.7	5.1	5.7	3.5	2.1	2.1
295	298	16.2	15.4	7.5	3.8	5.0	8.8	4.9	5.0
227	249	19.8	18.3	11.0	6.2	6.1	7.8	3.9	4.3
70	80	13.9	13.2	9.9	5.0	6.7	4.6	2.5	2.8
97	100	13.1	12.3	5.0	2.9	2.8	8.3	4.6	4.7
80	70	15.7	14.7	6.7	3.6	4.1	8.7	5.0	4.4
142	203	22.1	21.0	11.5	5.1	7.9	10.6	4.7	6.7
172	226	24.1	23.2	7.4	3.8	4.8	16.5	7.7	10.1
87	64	20.0	18.3	9.8	4.7	6.8	10.4	6.8	5.0
121	72	21.4	20.5	8.6	4.5	4.8	13.0	9.0	5.3
280	285	15.2	14.3	9.1	5.7	5.4	6.4	3.5	3.6
37	53	13.9	12.9	5.3	3.1	3.1	8.5	3.8	5.5
18	32	18.9	17.0	9.9	4.5	7.1	10.2	4.3	7.6
55	84	11.2	10.6	4.7	2.0	3.3	6.4	2.7	4.1
70	71	18.3	17.4	7.4	4.5	4.0	11.1	5.8	5.8
28	54	11.4	10.6	4.3	2.6	2.5	7.0	2.6	5.1
32	47	11.4	10.2	4.2	2.1	2.5	6.4	2.9	4.2
55	84	10.7	9.4	5.4	3.1	3.5	5.2	2.4	3.6
29	26	13.7	12.5	7.1	3.2	4.5	6.4	3.5	3.1
49	44	17.2	16.3	8.7	4.5	5.9	8.8	5.3	4.7
26	22	11.4	10.9	5.3	3.0	3.4	6.7	4.1	3.4
39	59	25.7	24.2	14.2	6.6	9.8	11.6	5.1	7.8
40	37	13.5	12.0	5.1	2.5	3.5	7.7	4.4	4.1

11–3 规模以下服务业

项目	调查企业数（个）	#开展创新活动企业	#实现创新企业	#实现产品或工艺创新企业	#实现产品创新企业	#实现工艺创新企业	#实现组织或营销创新企业
总计	**45800**	**7793**	**7152**	**2971**	**2060**	**1296**	**4636**
一、按行业分							
交通运输、仓储和邮政业	**14056**	**1642**	**1530**	**338**	**244**	**135**	**1268**
铁路运输业	136	18	17	4	NA	NA	14
道路运输业	3886	425	392	72	57	25	338
水上运输业	1611	161	156	35	20	20	130
航空运输业	795	126	112	36	27	14	88
管道运输业	86	14	11	4	NA	NA	7
多式联运和运输代理业	2584	282	264	59	44	23	214
装卸搬运和仓储业	2335	246	224	41	28	16	188
邮政业	2623	370	354	87	63	32	289
信息传输、软件和信息技术服务业	**8572**	**2294**	**2074**	**1199**	**865**	**474**	**1024**
电信、广播电视和卫星传输服务	2143	343	317	135	97	54	209
互联网和相关服务	2279	522	473	220	163	92	289
软件和信息技术服务业	4150	1429	1284	844	605	328	526
租赁和商务服务业	**9651**	**1290**	**1205**	**317**	**261**	**103**	**953**
租赁业	2349	266	248	61	53	14	197
商务服务业	7302	1024	957	256	208	89	756
科学研究和技术服务业	**6762**	**1542**	**1402**	**788**	**494**	**411**	**734**
研究和试验发展	1821	557	509	324	208	167	234
专业技术服务业	2991	495	452	207	115	113	267
科技推广和应用服务业	1950	490	441	257	171	131	233
水利、环境和公共设施管理业	**6759**	**1025**	**941**	**329**	**196**	**173**	**657**
水利管理业	1154	155	141	41	23	24	104
生态保护和环境治理业	1754	343	317	159	71	105	173
公共设施管理业	2692	387	356	96	74	37	278
土地管理业	1159	140	127	33	28	7	102
二、按地区分							
东部地区	19333	3195	2906	1402	982	613	1711
中部地区	10459	1902	1771	626	405	294	1230
西部地区	12508	2280	2104	787	570	318	1460
东北地区	3500	416	371	156	103	71	235

企业创新活动基本情况

		在调查企业中占比(%)							
#实现组织创新企业	#实现营销创新企业	#开展创新活动企业	#实现创新企业	#实现产品或工艺创新企业	#实现产品创新企业	#实现工艺创新企业	#实现组织或营销创新企业	#实现组织创新企业	#实现营销创新企业
3002	**2046**	**17.0**	**15.6**	**6.5**	**4.5**	**2.8**	**10.1**	**6.6**	**4.5**
881	**504**	**11.7**	**10.9**	**2.4**	**1.7**	**1.0**	**9.0**	**6.3**	**3.6**
13	NA	13.2	12.5	2.9	2.2	2.2	10.3	9.6	2.2
251	119	10.9	10.1	1.9	1.5	0.6	8.7	6.5	3.1
92	48	10.0	9.7	2.2	1.2	1.2	8.1	5.7	3.0
52	52	15.8	14.1	4.5	3.4	1.8	11.1	6.5	6.5
5	NA	16.3	12.8	4.7	2.3	2.3	8.1	5.8	2.3
147	87	10.9	10.2	2.3	1.7	0.9	8.3	5.7	3.4
130	71	10.5	9.6	1.8	1.2	0.7	8.1	5.6	3.0
191	122	14.1	13.5	3.3	2.4	1.2	11.0	7.3	4.7
611	**525**	**26.8**	**24.2**	**14.0**	**10.1**	**5.5**	**11.9**	**7.1**	**6.1**
118	111	16.0	14.8	6.3	4.5	2.5	9.8	5.5	5.2
164	162	22.9	20.8	9.7	7.2	4.0	12.7	7.2	7.1
329	252	34.4	30.9	20.3	14.6	7.9	12.7	7.9	6.1
596	**418**	**13.4**	**12.5**	**3.3**	**2.7**	**1.1**	**9.9**	**6.2**	**4.3**
122	87	11.3	10.6	2.6	2.3	0.6	8.4	5.2	3.7
474	331	14.0	13.1	3.5	2.8	1.2	10.4	6.5	4.5
470	**338**	**22.8**	**20.7**	**11.7**	**7.3**	**6.1**	**10.9**	**7.0**	**5.0**
140	118	30.6	28.0	17.8	11.4	9.2	12.9	7.7	6.5
182	109	16.6	15.1	6.9	3.8	3.8	8.9	6.1	3.6
148	111	25.1	22.6	13.2	8.8	6.7	11.9	7.6	5.7
444	**261**	**15.2**	**13.9**	**4.9**	**2.9**	**2.6**	**9.7**	**6.6**	**3.9**
86	28	13.4	12.2	3.6	2.0	2.1	9.0	7.5	2.4
122	64	19.6	18.1	9.1	4.0	6.0	9.9	7.0	3.6
172	123	14.4	13.2	3.6	2.7	1.4	10.3	6.4	4.6
64	46	12.1	11.0	2.8	2.4	0.6	8.8	5.5	4.0
1101	755	16.5	15.0	7.3	5.1	3.2	8.9	5.7	3.9
801	550	18.2	16.9	6.0	3.9	2.8	11.8	7.7	5.3
946	641	18.2	16.8	6.3	4.6	2.5	11.7	7.6	5.1
154	100	11.9	10.6	4.5	2.9	2.0	6.7	4.4	2.9

11-3 续表

项　目	调　查 企业数 (个)	#开展创新 活动企业	#实现创 新企业	#实现产品 或工艺 创新企业	#实现产品 创新企业	#实现工艺 创新企业	#实现组织 或营销 创新企业
北　京	1749	259	221	154	110	63	91
天　津	1414	195	171	113	75	47	67
河　北	1731	314	287	86	60	37	219
山　西	1519	272	253	82	50	42	182
内蒙古	1497	247	218	82	62	29	144
辽　宁	1606	97	81	38	28	15	47
吉　林	1025	165	152	57	37	27	101
黑龙江	869	154	138	61	38	29	87
上　海	2070	275	245	187	127	90	89
江　苏	2135	359	336	160	104	80	197
浙　江	2584	514	472	239	163	108	267
安　徽	2180	224	208	96	66	42	129
福　建	1708	318	294	120	86	53	194
江　西	1232	193	181	56	40	25	136
山　东	2545	496	452	134	93	59	328
河　南	2254	513	476	149	95	66	340
湖　北	1755	375	342	123	77	61	238
湖　南	1519	325	311	120	77	58	205
广　东	2751	326	300	165	131	61	168
广　西	1208	166	153	50	39	14	112
海　南	646	139	128	44	33	15	91
重　庆	1170	182	173	83	60	35	109
四　川	1669	346	306	99	73	40	226
贵　州	890	181	174	53	40	15	131
云　南	1136	227	217	87	66	40	145
西　藏	589	90	85	25	21	10	73
陕　西	1044	196	174	113	77	43	71
甘　肃	1108	230	218	57	38	31	172
青　海	683	121	111	34	26	12	85
宁　夏	622	132	128	45	24	23	92
新　疆	892	162	147	59	44	26	100

		在调查企业中占比(%)							
#实现组织创新企业	#实现营销创新企业	#开展创新活动企业	#实现创新企业	#实现产品或工艺创新企业	#实现产品创新企业	#实现工艺创新企业	#实现组织或营销创新企业	#实现组织创新企业	#实现营销创新企业
55	43	14.8	12.6	8.8	6.3	3.6	5.2	3.1	2.5
50	23	13.8	12.1	8.0	5.3	3.3	4.7	3.5	1.6
142	91	18.1	16.6	5.0	3.5	2.1	12.7	8.2	5.3
125	70	17.9	16.7	5.4	3.3	2.8	12.0	8.2	4.6
93	63	16.5	14.6	5.5	4.1	1.9	9.6	6.2	4.2
30	25	6.0	5.0	2.4	1.7	0.9	2.9	1.9	1.6
72	33	16.1	14.8	5.6	3.6	2.6	9.9	7.0	3.2
52	42	17.7	15.9	7.0	4.4	3.3	10.0	6.0	4.8
55	46	13.3	11.8	9.0	6.1	4.3	4.3	2.7	2.2
130	86	16.8	15.7	7.5	4.9	3.7	9.2	6.1	4.0
148	140	19.9	18.3	9.2	6.3	4.2	10.3	5.7	5.4
89	57	10.3	9.5	4.4	3.0	1.9	5.9	4.1	2.6
137	70	18.6	17.2	7.0	5.0	3.1	11.4	8.0	4.1
81	70	15.7	14.7	4.5	3.2	2.0	11.0	6.6	5.7
213	137	19.5	17.8	5.3	3.7	2.3	12.9	8.4	5.4
211	156	22.8	21.1	6.6	4.2	2.9	15.1	9.4	6.9
146	110	21.4	19.5	7.0	4.4	3.5	13.6	8.3	6.3
149	87	21.4	20.5	7.9	5.1	3.8	13.5	9.8	5.7
117	70	11.9	10.9	6.0	4.8	2.2	6.1	4.3	2.5
66	56	13.7	12.7	4.1	3.2	1.2	9.3	5.5	4.6
54	49	21.5	19.8	6.8	5.1	2.3	14.1	8.4	7.6
70	51	15.6	14.8	7.1	5.1	3.0	9.3	6.0	4.4
145	97	20.7	18.3	5.9	4.4	2.4	13.5	8.7	5.8
85	54	20.3	19.6	6.0	4.5	1.7	14.7	9.6	6.1
95	64	20.0	19.1	7.7	5.8	3.5	12.8	8.4	5.6
41	36	15.3	14.4	4.2	3.6	1.7	12.4	7.0	6.1
26	51	18.8	16.7	10.8	7.4	4.1	6.8	2.5	4.9
132	59	20.8	19.7	5.1	3.4	2.8	15.5	11.9	5.3
60	35	17.7	16.3	5.0	3.8	1.8	12.4	8.8	5.1
65	37	21.2	20.6	7.2	3.9	3.7	14.8	10.5	5.9
68	38	18.2	16.5	6.6	4.9	2.9	11.2	7.6	4.3

11-4 规模以下企业技术创新资金来源情况

项目	调查中实现技术创新企业数(个)	在实现技术创新企业中，从以下来源筹集创新资金的企业占比(%)							
		自有资金	众筹	风险投资	银行贷款	政府资金	民间借贷	接受委托资金	其他
总　计	**7624**	**89.9**	**2.6**	**1.1**	**24.2**	**4.6**	**3.3**	**1.0**	**0.7**
一、按行业分									
工业	4653	90.9	2.0	0.7	23.6	3.8	2.8	0.6	0.5
采矿业	90	85.6	5.6	1.1	22.2	7.8	5.6	1.1	2.2
制造业	4428	91.1	1.9	0.7	23.8	3.5	2.8	0.6	0.5
电力、热力、燃气及水生产和供应业	135	88.1	3.7	0.7	16.3	9.6	1.5		0.7
服务业	2971	88.4	3.6	1.7	25.1	6.0	4.1	1.6	1.0
交通运输、仓储和邮政业	338	79.3	7.1	2.1	27.5	8.0	8.3	1.8	1.8
信息传输、软件和信息技术服务业	1199	90.3	3.0	1.3	25.5	4.4	4.3	1.5	1.2
租赁和商务服务业	317	83.3	4.7	1.6	27.1	2.2	3.8	1.6	0.9
科学研究和技术服务业	788	91.8	2.0	2.3	22.0	7.5	2.5	1.7	0.8
水利、环境和公共设施管理业	329	87.5	4.6	1.2	27.1	10.0	3.3	1.5	0.6
二、按地区分									
东部地区	4213	91.2	1.6	1.1	24.3	2.9	2.3	0.6	0.5
中部地区	1476	89.8	4.5	1.2	23.1	4.0	3.5	1.8	0.5
西部地区	1614	86.2	3.7	1.1	25.7	9.5	6.1	1.4	1.5
东北地区	321	92.2	1.9	0.3	20.2	5.3	2.8	0.3	0.9
北　京	234	94.4	0.9	2.1	20.1	2.1	2.6	1.7	
天　津	290	91.0	1.7	0.3	20.7	1.4	1.0	1.0	0.3
河　北	213	90.1	3.3	0.5	22.1	1.9	2.3	1.4	0.5
山　西	137	86.9	3.7	1.5	23.4	8.0	5.1	4.4	0.7
内蒙古	126	86.5	2.4	1.6	25.4	14.3	2.4		
辽　宁	123	91.1	1.6	0.8	25.2	4.1	0.8	0.8	
吉　林	87	95.4	2.3		19.5	3.4	4.6		1.1
黑龙江	111	91.0	1.8		15.3	8.1	3.6		1.8
上　海	315	89.5	1.9	1.9	26.7	6.0	1.9		1.6
江　苏	607	92.3	2.0	1.6	26.0	3.5	2.5	0.3	0.3
浙　江	874	90.6	1.0	0.8	25.9	1.1	1.4	0.2	0.2
安　徽	375	93.6	1.3	1.3	20.8	2.9	1.6		0.5
福　建	225	92.4	3.6	2.2	21.8	4.4	4.0	2.2	0.4
江　西	163	87.7	7.4	0.6	23.3	3.7	2.5	1.2	0.6
山　东	484	94.2	0.4	0.6	20.0	4.3	1.4	0.6	0.4
河　南	316	87.3	5.1	1.9	21.5	3.2	4.1	5.1	0.6
湖　北	249	87.1	1.2		31.3	5.2	5.2	0.8	0.8
湖　南	236	92.8	11.0	1.3	19.9	3.4	3.4	0.4	
广　东	885	89.2	1.8	0.8	26.4	2.3	3.3	0.2	0.7
广　西	101	79.2	3.0	1.0	29.7	5.9	9.9	2.0	1.0
海　南	86	89.5		1.2	26.7	11.6	4.7	1.2	1.2
重　庆	178	89.9	5.1	0.6	27.5	3.4	5.6	1.7	0.6
四　川	189	90.5	1.6	1.6	22.8	4.8	8.5	1.6	0.5
贵　州	98	80.6	3.1		32.7	5.1	7.1	1.0	3.1
云　南	134	89.6	3.7	0.7	32.8	9.0	4.5	1.5	0.7
西　藏	151	83.4	5.3	0.7	15.9	14.6	3.3	2.0	3.3
陕　西	173	87.3	2.9	1.2	23.1	6.4	5.8	1.2	2.3
甘　肃	138	82.6	4.3	0.7	27.5	17.4	8.0	0.7	1.4
青　海	68	80.9	11.8	1.5	19.1	10.3	4.4	2.9	
宁　夏	153	90.2	2.0	1.3	28.1	12.4	5.9	1.3	2.0
新　疆	105	84.8	3.8	2.9	24.8	14.3	7.6	1.9	2.9

11–5 规模以下企业技术创新技术来源情况

项目	调查中实现技术创新企业数(个)	在实现技术创新企业中，利用以下技术来源的企业占比(%)				
		独立研发	合作开发	购买技术	委托开发	其他
总 计	**7624**	**76.0**	**20.2**	**10.1**	**8.0**	**2.2**
一、按行业分						
工业	4653	79.8	18.0	8.0	6.0	1.4
采矿业	90	48.9	30.0	23.3	10.0	3.3
制造业	4428	81.4	17.6	7.0	5.8	1.3
电力、热力、燃气及水生产和供应业	135	45.2	23.0	30.4	8.9	4.4
服务业	2971	70.0	23.6	13.6	11.2	3.3
交通运输、仓储和邮政业	338	42.6	24.3	28.4	8.9	9.2
信息传输、软件和信息技术服务业	1199	82.5	19.6	7.2	13.3	1.4
租赁和商务服务业	317	42.9	25.9	25.2	12.6	8.2
科学研究和技术服务业	788	78.2	27.9	9.3	9.8	1.9
水利、环境和公共设施管理业	329	59.6	24.9	20.7	7.9	3.0
二、按地区分						
东部地区	4213	82.6	16.5	7.2	7.4	1.5
中部地区	1476	70.0	23.8	12.5	8.8	1.5
西部地区	1614	63.6	26.1	15.5	8.9	4.1
东北地区	321	79.1	21.2	10.9	8.1	3.4
北 京	234	87.6	18.4	5.6	17.9	
天 津	290	90.0	14.8	2.8	6.6	0.7
河 北	213	70.4	20.2	11.3	5.6	2.8
山 西	137	67.2	24.8	13.1	14.6	0.7
内蒙古	126	65.9	24.6	21.4	6.3	2.4
辽 宁	123	85.4	17.1	9.8	7.3	3.3
吉 林	87	75.9	23.0	9.2	5.7	4.6
黑龙江	111	74.8	24.3	13.5	10.8	2.7
上 海	315	85.4	17.5	4.4	6.7	1.0
江 苏	607	80.2	18.6	7.7	8.9	1.2
浙 江	874	82.6	13.0	7.4	6.4	1.5
安 徽	375	77.9	21.6	7.2	9.1	1.1
福 建	225	76.4	19.1	11.1	9.8	1.3
江 西	163	62.6	28.2	12.9	10.4	3.7
山 东	484	79.1	18.0	9.9	4.1	2.5
河 南	316	63.3	29.7	13.0	8.9	0.9
湖 北	249	72.7	22.9	15.3	5.2	2.0
湖 南	236	70.3	16.5	16.5	7.6	1.3
广 东	885	86.7	15.0	4.9	6.0	1.6
广 西	101	63.4	21.8	17.8	10.9	4.0
海 南	86	73.3	26.7	19.8	14.0	5.8
重 庆	178	68.5	25.3	16.3	8.4	1.7
四 川	189	73.5	16.9	13.8	11.6	2.6
贵 州	98	43.9	31.6	23.5	8.2	7.1
云 南	134	67.9	23.1	17.9	7.5	3.0
西 藏	151	62.3	25.8	13.9	7.3	7.3
陕 西	173	69.4	27.2	6.4	12.7	4.0
甘 肃	138	59.4	31.2	10.1	10.1	5.8
青 海	68	50.0	32.4	20.6	8.8	5.9
宁 夏	153	67.3	26.8	15.0	7.2	2.6
新 疆	105	48.6	36.2	19.0	5.7	5.7

11–6 规模以下企业技术创新合作情况

项目	调查中实现技术创新企业数(个)	#有技术创新合作企业数	有技术创新合作企业占比(%)	在技术创新合作企业中，与以下伙伴开展合作的企业占比(%)					
				产学研合作	高校	科研院所	客户或供应商	其他企业	其他
总　计	**7624**	**1539**	**20.2**	**44.3**	**35.0**	**21.1**	**42.8**	**37.0**	**2.3**
一、按行业分									
工业	4653	837	18.0	47.9	37.9	19.5	40.5	30.2	2.4
采矿业	90	27	30.0	25.9	18.5	11.1	44.4	40.7	11.1
制造业	4428	779	17.6	49.4	39.2	19.9	40.3	29.5	2.2
电力、热力、燃气及水生产和供应业	135	31	23.0	29.0	22.6	16.1	41.9	38.7	
服务业	2971	702	23.6	39.9	31.6	22.9	45.4	45.2	2.1
交通运输、仓储和邮政业	338	82	24.3	12.2	7.3	11.0	52.4	53.7	2.4
信息传输、软件和信息技术服务业	1199	235	19.6	35.3	29.8	16.2	52.8	50.6	1.3
租赁和商务服务业	317	82	25.9	19.5	15.9	11.0	53.7	47.6	2.4
科学研究和技术服务业	788	220	27.9	62.7	49.5	39.1	35.5	35.0	3.2
水利、环境和公共设施管理业	329	83	25.2	39.8	28.9	22.9	36.1	45.8	1.2
二、按地区分									
东部地区	4213	697	16.5	44.8	36.3	20.7	45.2	32.4	2.3
中部地区	1476	352	23.8	43.2	31.8	20.2	41.2	38.1	1.4
西部地区	1614	422	26.1	43.1	34.8	21.1	40.5	42.7	3.3
东北地区	321	68	21.2	51.5	39.7	29.4	39.7	44.1	
北　京	234	43	18.4	51.2	37.2	30.2	51.2	32.6	2.3
天　津	290	43	14.8	53.5	41.9	20.9	37.2	37.2	
河　北	213	43	20.2	32.6	30.2	9.3	25.6	51.2	
山　西	137	34	24.8	55.9	44.1	20.6	29.4	32.4	11.8
内蒙古	126	31	24.6	48.4	38.7	29.0	25.8	45.2	
辽　宁	123	21	17.1	47.6	38.1	14.3	47.6	38.1	
吉　林	87	20	23.0	40.0	35.0	25.0	45.0	35.0	
黑龙江	111	27	24.3	63.0	44.4	44.4	29.6	55.6	
上　海	315	55	17.5	47.3	36.4	27.3	52.7	29.1	1.8
江　苏	607	113	18.6	61.9	49.6	25.7	30.1	18.6	3.5
浙　江	874	114	13.0	36.0	28.9	14.9	49.1	34.2	3.5
安　徽	375	81	21.6	59.3	46.9	25.9	24.7	29.6	
福　建	225	43	19.1	27.9	23.3	18.6	58.1	39.5	2.3
江　西	163	46	28.2	30.4	23.9	10.9	47.8	39.1	2.2
山　东	484	87	18.0	51.7	40.2	26.4	35.6	35.6	1.1
河　南	316	94	29.7	33.0	21.3	18.1	48.9	48.9	
湖　北	249	58	23.3	50.0	34.5	24.1	41.4	36.2	
湖　南	236	39	16.5	28.2	20.5	17.9	59.0	35.9	
广　东	885	133	15.0	37.6	32.3	13.5	60.2	31.6	2.3
广　西	101	22	21.8	36.4	36.4	9.1	50.0	40.9	
海　南	86	23	26.7	39.1	39.1	34.8	47.8	34.8	4.3
重　庆	178	45	25.3	37.8	33.3	13.3	62.2	37.8	4.4
四　川	189	32	16.9	59.4	40.6	37.5	53.1	31.3	6.3
贵　州	98	31	31.6	29.0	19.4	12.9	54.8	41.9	
云　南	134	31	23.1	48.4	45.2	29.0	35.5	45.2	3.2
西　藏	151	39	25.8	23.1	15.4	12.8	43.6	53.8	10.3
陕　西	173	47	27.2	38.3	34.0	21.3	34.0	46.8	
甘　肃	138	43	31.2	44.2	34.9	20.9	37.2	39.5	2.3
青　海	68	22	32.4	45.5	22.7	27.3	27.3	54.5	4.5
宁　夏	153	41	26.8	65.9	58.5	24.4	26.8	41.5	2.4
新　疆	105	38	36.2	42.1	34.2	18.4	34.2	36.8	5.3

11-7 规模以下企业技术创新中的主要困难情况

项目	在实现技术创新企业中，创新遇到以下困难的企业占比(%)					
	资金不足	人才短缺	知识产权保护不力	适用技术短缺	市场环境不佳	其他
总计	**47.0**	**47.1**	**5.9**	**15.1**	**44.6**	**5.0**
一、按行业分组						
工业	43.2	48.3	5.1	16.2	43.5	4.8
采矿业	51.1	54.4	8.9	20.0	42.2	7.8
制造业	43.2	48.1	5.0	16.1	44.0	4.7
电力、热力、燃气及水生产和供应业	38.5	49.6	3.7	17.8	26.7	8.1
服务业	52.9	45.1	7.2	13.3	46.5	5.2
交通运输、仓储和邮政业	55.3	39.6	10.1	16.9	46.2	8.0
信息传输、软件和信息技术服务业	50.5	46.1	5.9	12.8	49.0	4.9
租赁和商务服务业	57.7	41.6	10.7	12.6	42.0	6.9
科学研究和技术服务业	53.6	47.5	6.1	11.7	47.7	3.7
水利、环境和公共设施管理业	52.9	44.7	8.5	15.5	39.5	5.2
二、按地区分						
东部地区	42.9	45.3	5.2	13.8	45.8	5.1
中部地区	45.9	50.5	5.8	17.2	40.9	4.2
西部地区	57.8	48.9	8.1	16.7	46.3	5.2
东北地区	51.4	44.5	4.7	13.1	39.3	5.9
北京	51.3	40.6	6.8	7.7	40.6	6.0
天津	45.5	35.9	3.1	9.3	48.6	6.9
河北	46.5	42.3	4.7	14.1	40.8	5.6
山西	52.6	54.0	9.5	15.3	42.3	2.9
内蒙古	56.3	45.2	8.7	13.5	42.1	4.8
辽宁	45.5	46.3	5.7	13.8	37.4	4.9
吉林	50.6	42.5	2.3	11.5	41.4	6.9
黑龙江	58.6	44.1	5.4	13.5	39.6	6.3
上海	42.9	46.3	4.8	10.8	48.3	7.0
江苏	38.6	49.4	4.9	16.6	44.2	4.8
浙江	36.8	49.4	5.8	14.9	43.4	3.1
安徽	40.5	56.3	3.7	17.1	37.3	6.7
福建	46.2	45.8	8.4	17.3	45.8	4.9
江西	49.7	53.4	5.5	19.0	35.0	4.3
山东	47.5	42.4	4.3	12.8	39.1	4.3
河南	43.0	48.7	5.4	18.0	42.7	2.8
湖北	50.2	39.4	6.0	13.7	53.0	3.6
湖南	47.5	51.7	7.2	19.9	34.3	3.4
广东	42.1	44.4	5.2	13.9	54.0	6.2
广西	66.3	48.5	15.8	17.8	51.5	7.9
海南	67.4	48.8	3.5	22.1	41.9	3.5
重庆	53.9	46.1	4.5	16.3	48.9	3.4
四川	50.3	43.9	6.3	14.8	50.8	5.8
贵州	61.2	39.8	8.2	20.4	44.9	8.2
云南	59.7	51.5	8.2	17.2	56.7	3.0
西藏	57.6	54.3	13.9	16.6	34.4	6.0
陕西	57.8	47.4	6.4	13.3	47.4	1.2
甘肃	59.4	57.2	4.3	18.1	49.3	3.6
青海	60.3	52.9	8.8	22.1	45.6	10.3
宁夏	62.1	54.2	4.6	18.3	34.0	5.9
新疆	56.2	45.7	12.4	17.1	51.4	8.6

11-8 规模以下企业享受创新政策情况

项目	享受了创新相关政策的企业数(个)	享受了创新相关政策的企业占开展创新活动企业比重(%)	在享受创新相关政策企业中，享受了以下相关政策的企业占比(%)						
			税费减免	金融服务	人才保障	知识产权保护	政府采购	平台支撑	其他
总　计	**13123**	**77.1**	**81.6**	**10.9**	**9.4**	**12.5**	**4.7**	**9.3**	**1.9**
#实现技术创新的企业	6245	81.9	85.6	12.1	6.9	17.5	4.3	7.9	1.7
一、按行业分									
工业	6877	74.5	80.4	11.6	8.9	14.0	3.3	8.3	1.7
采矿业	234	77.5	74.4	19.7	15.0	7.7	6.8	12.8	2.1
制造业	6319	74.4	81.0	11.2	8.3	14.6	2.8	7.9	1.8
电力、热力、燃气及水生产和供应业	324	73.8	73.8	14.5	16.4	6.5	10.5	13.9	1.2
服务业	6246	80.1	83.0	10.1	10.1	10.8	6.2	10.4	2.1
交通运输、仓储和邮政业	1278	77.8	82.1	11.4	10.7	4.1	4.7	15.3	2.0
信息传输、软件和信息技术服务业	1887	82.3	84.4	9.9	7.8	15.0	6.3	8.5	2.0
租赁和商务服务业	1032	80.0	84.5	7.9	12.6	5.6	6.9	10.6	1.9
科学研究和技术服务业	1255	81.4	85.2	10.0	8.9	16.3	4.3	8.0	2.7
水利、环境和公共设施管理业	794	77.5	75.6	11.5	12.7	9.4	10.7	11.0	1.6
二、按地区分									
东部地区	6414	76.1	83.7	9.3	7.7	13.4	2.8	7.5	1.6
中部地区	3013	79.9	73.1	15.9	14.0	12.6	5.9	12.9	1.7
西部地区	3188	77.0	84.8	10.2	9.1	10.9	7.5	9.8	2.6
东北地区	508	73.4	86.0	5.5	5.9	9.1	3.3	8.1	2.4
北　京	322	84.3	88.2	5.9	2.8	17.1	1.6	2.5	1.9
天　津	343	80.1	86.0	7.9	4.4	17.2	2.3	3.5	2.0
河　北	550	80.3	82.7	6.2	11.5	6.7	2.2	10.5	0.9
山　西	333	81.4	85.6	9.3	7.5	4.2	6.9	9.9	3.0
内蒙古	280	78.2	92.1	10.7	9.6	8.2	6.8	8.2	1.1
辽　宁	172	82.3	89.0	4.1	2.9	9.9	1.7	5.2	1.7
吉　林	169	73.8	89.9	5.9	6.5	7.7	4.7	10.1	1.8
黑龙江	167	65.7	79.0	6.6	8.4	9.6	3.6	9.0	3.6
上　海	332	76.0	83.4	7.5	7.5	18.1	2.4	5.7	4.2
江　苏	1001	75.4	77.1	9.8	8.7	16.9	2.2	8.0	1.5
浙　江	1211	73.2	87.4	12.4	6.9	11.7	3.2	8.1	1.3
安　徽	498	80.6	81.3	14.1	9.4	18.1	1.8	10.2	2.8
福　建	464	78.1	83.0	10.6	10.6	10.8	5.0	9.9	0.9
江　西	360	81.3	81.7	13.6	15.8	10.8	8.1	15.3	1.7
山　东	911	78.1	82.4	10.2	8.7	9.9	3.7	8.2	1.4
河　南	814	77.2	57.4	18.7	20.4	15.8	3.9	17.0	1.0
湖　北	531	84.0	81.0	14.3	8.7	11.1	4.9	10.5	1.7
湖　南	477	77.8	67.5	21.4	16.8	10.5	12.4	11.7	1.0
广　东	1123	73.4	84.5	7.8	5.9	16.5	1.5	6.1	1.8
广　西	233	77.7	86.3	9.4	6.9	7.7	4.3	6.0	2.6
海　南	157	71.7	91.7	10.2	13.4	9.6	6.4	10.8	1.9
重　庆	314	76.4	72.3	17.5	12.1	18.5	6.7	9.6	1.6
四　川	410	72.2	86.3	8.0	8.8	9.3	5.1	9.8	1.7
贵　州	233	77.4	79.4	12.0	7.7	10.3	6.4	17.6	2.1
云　南	267	75.2	86.5	12.4	9.7	9.4	6.7	8.6	0.4
西　藏	237	69.9	72.2	8.0	9.7	8.9	16.9	8.4	10.1
陕　西	250	80.4	89.2	5.6	6.4	14.0	7.2	6.4	3.6
甘　肃	308	79.0	84.1	8.4	13.6	10.4	10.7	13.3	1.9
青　海	145	74.7	91.7	4.8	7.6	10.3	8.3	12.4	2.8
宁　夏	289	88.4	92.0	10.0	6.2	11.1	5.5	7.6	2.4
新　疆	222	78.2	87.4	12.6	9.0	11.7	7.7	10.8	2.7

11–9 影响规模以下企业创新政策落实的主要因素

项目	在开展创新活动企业中，对影响创新政策落实的原因作出以下判断的企业占比(%)				
	不了解有相关政策	不满足享受政策的条件	政策优惠力度不足	政策办理手续繁琐	其他
总 计	**37.0**	**47.6**	**18.4**	**10.8**	**4.8**
#实现技术创新的企业	39.7	44.5	22.7	12.7	4.3
一、按行业分					
工业	34.1	49.1	17.8	10.3	5.1
采矿业	32.5	48.7	17.2	12.3	7.0
制造业	34.4	49.0	17.7	10.3	4.9
电力、热力、燃气及水生产和供应业	28.7	50.6	19.1	8.9	6.8
服务业	40.4	45.8	19.1	11.3	4.5
交通运输、仓储和邮政业	40.9	43.8	17.5	10.9	5.2
信息传输、软件和信息技术服务业	40.3	47.7	18.8	11.9	4.2
租赁和商务服务业	42.6	47.0	17.8	9.1	3.8
科学研究和技术服务业	38.8	45.1	22.4	13.5	5.0
水利、环境和公共设施管理业	39.5	44.4	18.8	10.0	4.3
二、按地区分					
东部地区	35.1	49.2	18.6	10.4	4.3
中部地区	36.6	47.8	17.8	11.0	4.5
西部地区	40.8	45.4	18.5	11.2	5.9
东北地区	39.9	40.3	17.2	11.3	6.9
北 京	32.5	47.1	23.8	13.9	4.7
天 津	35.7	43.0	16.6	10.7	5.8
河 北	38.0	43.7	16.2	8.9	4.2
山 西	45.5	40.6	16.6	10.5	3.9
内蒙古	44.4	40.2	14.5	8.1	8.9
辽 宁	35.9	46.9	18.7	9.1	5.3
吉 林	43.2	38.0	18.3	13.1	6.6
黑龙江	40.2	37.0	15.0	11.4	8.7
上 海	37.8	46.9	24.9	13.5	5.7
江 苏	33.2	51.7	15.8	9.8	3.4
浙 江	33.8	50.9	19.1	8.2	3.4
安 徽	38.4	48.4	19.7	8.4	3.6
福 建	34.0	51.0	19.0	12.0	4.0
江 西	34.5	43.6	19.6	11.7	8.1
山 东	35.5	48.4	15.6	9.2	5.6
河 南	34.4	44.9	18.6	11.1	4.1
湖 北	33.4	52.4	16.6	13.3	4.6
湖 南	37.2	55.6	15.2	10.9	3.8
广 东	36.0	50.8	20.5	11.7	4.1
广 西	37.0	47.0	27.0	11.3	5.7
海 南	38.8	46.6	25.1	15.1	4.6
重 庆	39.9	58.4	19.2	12.4	3.2
四 川	38.4	46.8	16.4	12.3	5.5
贵 州	33.2	52.2	14.6	10.3	4.7
云 南	43.4	44.5	18.6	11.8	3.4
西 藏	51.3	32.4	14.7	13.9	8.0
陕 西	42.1	45.0	21.5	11.6	5.1
甘 肃	43.1	41.3	16.9	10.0	9.0
青 海	40.7	46.4	18.0	8.2	3.6
宁 夏	38.2	49.8	23.5	9.2	5.2
新 疆	37.0	37.7	19.7	13.7	8.5

11-10 规模以下企业创新发展规划情况

项　　目	调查企业数(个)	有创新发展规划的企业数(个)	有创新发展规划的企业占比(%)
总　计	**103583**	**21159**	**20.4**
一、按行业分组			
工业	57783	11324	19.6
采矿业	3233	486	15.0
制造业	50239	10219	20.3
电力、热力、燃气及水生产和供应业	4311	619	14.4
服务业	45800	9835	21.5
交通运输、仓储和邮政业	14056	2163	15.4
信息传输、软件和信息技术服务业	8572	2660	31.0
租赁和商务服务业	9651	1681	17.4
科学研究和技术服务业	6762	1870	27.7
水利、环境和公共设施管理业	6759	1461	21.6
二、按地区分			
东部地区	50278	10191	20.3
中部地区	20723	4621	22.3
西部地区	26196	5469	20.9
东北地区	6386	878	13.7
北　京	2296	547	23.8
天　津	2834	546	19.3
河　北	4021	769	19.1
山　西	2486	517	20.8
内蒙古	2388	464	19.4
辽　宁	3260	361	11.1
吉　林	1624	296	18.2
黑龙江	1502	221	14.7
上　海	3543	626	17.7
江　苏	8122	1524	18.8
浙　江	8357	1811	21.7
安　徽	5008	1062	21.2
福　建	3819	737	19.3
江　西	2827	554	19.6
山　东	5576	1136	20.4
河　南	4496	1024	22.8
湖　北	3041	810	26.6
湖　南	2865	654	22.8
广　东	10641	2227	20.9
广　西	2173	406	18.7
海　南	1069	268	25.1
重　庆	3206	604	18.8
四　川	2883	692	24.0
贵　州	1947	433	22.2
云　南	2256	475	21.1
西　藏	2914	422	14.5
陕　西	1884	471	25.0
甘　肃	2040	499	24.5
青　海	1325	247	18.6
宁　夏	1381	376	27.2
新　疆	1799	380	21.1

十二、国际比较

12–1 部分国家和地区企业创新

国家和地区	2014–2016年(CIS10)					
	下列各类企业在全部企业中占比(%)					
	开展创新活动企业	#开展技术创新活动企业	#实现创新企业	#实现技术创新企业	#实现产品创新企业	#实现工艺创新企业
欧盟27国①	**50.6**	**39.5**			**25.9**	**24.9**
欧元区19国②	**57.0**	**44.6**			**29.4**	**27.6**
比利时	68.1	62.1	59.6	48.5	35.4	36.8
保加利亚	27.2	19.8	25.1	17.3	12.8	11.9
捷克	46.3	37.3	44.9	34.8	25.7	27.7
丹麦	51.5	36.6			24.9	23.0
德国	63.7	50.0	60.8	42.7	31.9	27.4
爱沙尼亚	47.7	44.4	46.1	42.5	20.5	34.3
爱尔兰	57.3	42.8	55.9		29.1	30.5
希腊	57.7	47.1	56.9	45.0	30.7	39.3
西班牙	36.9	22.7	34.9	19.3	11.3	14.8
法国	57.7	43.2	55.9	39.5	27.9	30.5
克罗地亚	48.0	33.6	47.5	32.0	20.5	27.0
意大利	53.8	44.1	52.2	41.4	31.4	31.4
塞浦路斯	36.5	29.2	36.5	29.2	19.5	26.3
拉脱维亚	30.3	21.4	29.5	19.9	13.4	15.1
立陶宛	50.5	40.8	49.8	39.3	26.4	33.5
卢森堡	63.8	44.6	62.7	41.5	31.0	24.7
匈牙利	29.0	21.2	27.6	19.0	14.3	10.6
马耳他	33.9	26.8	31.8	23.9	16.5	19.0
荷兰	59.7	52.2	57.5	49.0	35.9	31.8
奥地利	62.0	47.9	61.4	46.4	34.4	36.0
波兰	22.0	17.7	21.0	16.4	10.0	13.1
葡萄牙	66.9	58.5	65.8	56.6	40.0	46.8
罗马尼亚	10.2	5.4	9.8	4.9	3.3	3.5
斯洛文尼亚	39.8	31.3	37.4	27.8	20.4	18.9
斯洛伐克	30.7	23.3	29.3	21.2	14.0	14.2
芬兰	64.8	58.2	62.6	55.2	42.7	41.0
瑞典	54.2	42.6	52.6	39.2	29.5	23.5
冰岛	55.3	50.1	53.3	45.7	33.5	34.0
挪威	71.0	60.4	68.9	56.1	43.8	39.8
瑞士	72.6	48.4	72.3	46.4	35.2	27.1
土耳其	61.5	47.3	59.5		31.8	34.0

注：① 欧盟27国包括比利时、保加利亚、捷克、丹麦、德国、爱沙尼亚、爱尔兰、希腊、西班牙、法国、克罗地亚、意大利、塞浦路斯、拉脱维亚、立陶宛、卢森堡、匈牙利、马耳他、荷兰、奥地利、波兰、葡萄牙、罗马尼亚、斯洛文尼亚、斯洛伐克、芬兰、瑞典。

② 欧元区19国包括比利时、德国、爱沙尼亚、爱尔兰、希腊、西班牙、法国、意大利、塞浦路斯、拉脱维亚、立陶宛、卢森堡、马耳他、荷兰、奥地利、葡萄牙、斯洛文尼亚、斯洛伐克、荷兰。

活动总体情况(2014−2020年)

		2016−2018年(CIS11) 下列各类企业在全部企业中占比(%)			2018−2020年(CIS12) 下列各类企业在全部企业中占比(%)		
#实现组织创新企业	#实现营销创新企业	开展创新活动企业	#实现创新企业	#实现产品创新企业	开展创新活动企业	#实现创新企业	#实现产品创新企业
28.5	**22.9**	**50.3**	**46.5**	**29.8**	**52.7**	**49.0**	**28.4**
33.1	**25.7**	**56.0**	**51.6**	**32.9**	**57.1**	**53.0**	**30.4**
37.6	27.8	67.8		30.0	71.3	67.3	35.8
12.9	12.0	30.1	26.8	18.4	36.2	34.8	22.8
17.6	26.3	46.8	44.2	26.8	56.9	56.4	36.5
30.4	29.7	57.1	54.0	32.3	57.7	54.1	32.2
35.6	31.7	67.8	63.7	40.1	68.8	64.2	35.6
16.7	13.7	73.1	68.6	49.5	64.2	62.6	27.8
40.6	34.7	45.5	44.1	28.6	57.6	55.1	31.7
32.3	38.3	60.3	58.5	42.5	72.6	71.9	48.4
23.6	15.6	31.1	28.8	14.6	33.4	31.1	18.8
39.2	28.5	51.5	49.0	33.6	54.8	51.5	28.4
27.1	28.5	52.5	52.1	38.7	54.9	54.2	35.5
29.4	25.9	63.2	56.7	36.4	55.7	49.5	30.3
21.2	19.8	68.2	68.2	48.6	65.8	65.8	39.5
17.5	13.8	32.9	30.5	17.5	32.0	30.4	14.5
23.8	25.7	50.5	48.4	31.2	53.0	51.6	31.4
46.2	30.8	50.6	48.6	30.4	45.8	42.8	24.7
12.9	12.9	28.7	26.0	20.4	32.7	29.8	20.8
20.9	17.7	46.5	45.7	31.3	41.1	39.4	19.0
24.5	19.3	49.7	46.2	27.4	55.8	48.7	28.4
41.1	35.1	62.6	60.3	34.6	60.0	57.5	32.3
8.6	8.3	23.7	21.9	13.4	34.9	32.0	15.4
32.2	37.3	37.8	36.6	28.1	51.1	48.9	25.9
5.8	5.1	14.6	14.3	9.9	10.7	10.2	7.0
20.3	21.2	48.6	44.6	36.9	55.2	53.2	36.3
14.6	15.0	30.5	26.7	15.4	36.6	32.5	15.4
38.0	32.1	61.9	55.7	36.8	68.7	63.4	39.2
22.3	29.2	63.1	61.4	42.6	65.2	63.1	38.9
30.9	27.3	58.0	54.2	28.6			
37.9	41.3	67.6		45.4	69.6	66.2	45.0
42.4	43.6		47.2	35.3		52.3	
34.0	42.0	36.0	29.9	20.9	38.5	34.9	19.7

12−2　部分国家和地区制造业企业

国家和地区	2014−2016年(CIS10)					
	下列各类企业在全部企业中占比(%)					
	开展创新活动企业	#开展技术创新活动企业	#实现创新企业	#实现技术创新企业	#实现产品创新企业	#实现工艺创新企业
欧盟27国	**53.2**	**44.2**			**29.5**	
欧元区19国	**60.3**	**50.4**			**33.8**	**32.6**
比利时	74.5	69.0	65.9	55.6	41.0	44.0
保加利亚	31.8	25.6	28.6	21.9	16.1	15.1
捷克	51.7	43.9	50.4	41.6	31.1	33.1
丹麦	51.8	39.1			26.3	25.3
德国	70.1	58.5	65.9	51.0	39.7	31.7
爱沙尼亚	54.1	51.4	52.2	49.0	23.1	39.8
爱尔兰	64.8	53.7	63.3		39.2	41.5
希腊	59.5	48.2	58.6	45.5	33.6	39.7
西班牙	39.1	28.1	36.6	24.0	14.8	18.5
法国	60.2	48.4	58.0	44.0	30.6	34.6
克罗地亚	47.9	34.6	47.2	32.6	21.8	27.5
意大利	57.8	50.4	55.8	47.1	35.3	36.8
塞浦路斯	38.9	33.1	38.9	33.1	23.0	28.2
拉脱维亚	33.7	25.9	32.8	24.3	17.2	17.4
立陶宛	51.6	41.9	51.0	40.8	29.9	33.9
卢森堡	66.2	51.6	64.9	50.0	34.4	35.1
匈牙利	29.2	22.4	27.1	19.6	15.2	11.3
马耳他	37.1	33.0	35.2	30.7	22.0	27.7
荷兰	64.6	58.7	62.7	55.5	41.5	35.9
奥地利	64.6	54.8	64.1	53.7	39.4	43.2
波兰	24.7	20.2	23.5	18.5	12.9	15.0
葡萄牙	64.1	57.8	63.0	55.9	39.3	47.9
罗马尼亚	11.1	6.4	10.4	5.7	4.0	4.5
斯洛文尼亚	43.4	36.5	41.0		25.4	
斯洛伐克	33.6	27.0	31.8	24.3	15.7	17.0
芬兰	71.2	66.1	69.0	62.8	46.7	48.3
瑞典	56.3	47.5	53.4	42.8	30.3	28.4
冰岛	49.5	46.7	47.0	42.3	31.6	30.8
挪威	69.7	62.2	67.1	57.8	44.9	40.0
瑞士	74.8	56.5	74.6	54.3	41.6	31.5
土耳其	65.3	52.8	63.2		35.5	39.6

创新活动总体情况(2014–2020年)

		2016–2018年(CIS11)			2018–2020年(CIS12)		
		下列各类企业在全部企业中占比(%)			下列各类企业在全部企业中占比(%)		
#实现组织创新企业	#实现营销创新企业	开展创新活动企业	#实现创新企业	#实现产品创新企业	开展创新活动企业	#实现创新企业	#实现产品创新企业
27.5	**22.8**	**54.0**	**49.6**	**33.5**			
32.2	**25.6**	**60.4**	**55.2**	**37.0**			
41.6	29.7	73.4		34.4	76.7	72.0	41.7
12.8	12.5	36.1	31.8	22.3	42.1	40.4	27.7
18.1	27.7	50.9	48.4	30.5	58.3	57.7	40.4
30.6	27.6	59.3	56.0	36.3	56.3	53.7	36.7
37.4	31.9	72.4	67.2	44.9	74.5	68.3	37.2
18.0	13.2	73.9	68.8	51.4	65.4	64.1	30.8
45.9	36.9	54.7	53.1	36.7	62.6	58.9	35.6
29.4	42.7	62.9	60.0	44.4	72.8	72.3	49.2
22.6	15.6	34.6	31.6	17.0			
38.6	26.6	57.0	54.0	37.4	54.4	50.2	28.3
26.5	28.9	53.5	52.9	42.3	55.3	54.3	36.6
28.3	26.1	66.5	59.5	40.0	59.3	51.6	33.1
18.6	22.1	69.5	69.5	52.9	62.0	62.0	38.5
18.3	15.1	39.4	36.3	23.4	35.8	33.8	19.5
20.9	27.5	55.7	54.2	37.8	56.4	55.2	36.6
42.5	28.2	57.1	55.2	37.0	54.2	47.8	29.6
11.4	12.5	28.9	26.6	21.5	33.1	30.5	22.3
20.5	14.8	46.0	44.9	33.1	38.4	35.7	18.0
25.7	18.9	54.9	50.7	32.5	59.7	51.6	30.6
39.4	34.7	68.3	65.5	39.0	63.9	61.3	37.5
9.6	9.5	26.5	24.6	17.9	37.3	33.4	19.6
28.7	32.7	38.0	36.9	29.2	47.2	44.9	24.2
6.7	4.8	17.0	16.8	13.0	11.0	10.7	7.2
20.9	22.5	53.9	51.4	44.0	59.6	57.0	42.7
14.3	14.7	36.6	32.2	20.4	42.9	38.4	20.4
40.9	32.7	66.5	59.3	41.3	74.5	67.1	43.6
19.3	26.0	63.1	60.4	41.9	65.7	62.9	38.9
23.1	20.9	56.4	52.1	29.2			
34.9	37.3	68.8		47.3	70.4	65.9	45.2
39.8	49.5	56.4	53.7	40.7	62.9	60.1	45.9
33.8	47.1	39.7	33.6	24.9	43.2	39.8	23.3

12–3 部分国家和地区服务业企业

国家和地区	2014–2016年(CIS10)					
	下列各类企业在全部企业中占比(%)					
	开展创新活动企业	#开展技术创新活动企业	#实现创新企业	#实现技术创新企业	#实现产品创新企业	#实现工艺创新企业
欧盟27国	**48.8**	**36.0**			**23.5**	**21.7**
欧元区19国	**54.7**	**40.4**			**26.6**	**23.9**
比利时	64.3	58.0	56.0	44.4	32.4	32.3
保加利亚	22.1	14.1	21.2	12.9	9.8	8.8
捷克	41.1	30.6	39.7	27.9	20.6	21.9
丹麦	51.5	35.1			24.4	21.6
德国	59.0	44.0	57.1	36.7	26.4	24.4
爱沙尼亚	40.7	36.8	39.3	35.3	18.8	27.4
爱尔兰	54.3	38.3	52.9		25.1	25.7
希腊	56.5	46.1	55.8	44.4	29.1	38.7
西班牙	35.5	18.6	33.9	15.8	8.7	12.0
法国	56.2	39.8	54.7	36.6	26.3	27.7
克罗地亚	48.3	32.4	48.0	31.3	19.8	26.0
意大利	48.2	35.0	47.4	33.3	26.3	23.5
塞浦路斯	35.6	27.4	35.6	27.4	18.0	25.3
拉脱维亚	28.5	18.6	27.8	17.1	11.2	13.4
立陶宛	49.9	40.0	49.0	38.1	25.1	33.1
卢森堡	63.4	42.8	62.1	39.3	30.3	22.1
匈牙利	29.1	20.3	28.3	18.6	13.8	10.0
马耳他	32.8	24.3	30.7	21.1	14.5	15.4
荷兰	57.6	49.6	55.4	46.4	33.8	30.1
奥地利	61.1	44.3	60.4	42.7	32.1	32.0
波兰	18.5	14.5	17.8	13.6	6.9	10.4
葡萄牙	71.3	59.9	70.5	58.2	41.8	45.5
罗马尼亚	10.0	4.9	9.8	4.6	2.9	2.7
斯洛文尼亚	36.9	26.8	34.3	23.4	16.6	15.1
斯洛伐克	28.4	19.5	27.3	18.1	12.3	11.4
芬兰	60.5	53.1	58.7	50.6	41.3	36.2
瑞典	53.3	40.3	52.4	37.6	29.6	20.7
冰岛	59.6	51.9	58.0	48.5	36.1	36.5
挪威	72.5	60.4	70.8	56.5	45.5	39.8
瑞士	71.6	44.2	71.2	42.3	32.1	24.6
土耳其	57.7	41.5	55.8		28.2	27.7

创新活动总体情况(2014–2020年)

		2016–2018年(CIS11)			2016–2020年(CIS12)		
		下列各类企业在全部企业中占比(%)			下列各类企业在全部企业中占比(%)		
#实现组织创新企业	#实现营销创新企业	开展创新活动企业	#实现创新企业	#实现产品创新企业	开展创新活动企业	#实现创新企业	#实现产品创新企业
29.7	**23.6**	**47.6**	**44.5**	**27.3**	**51.0**	**48.3**	**27.3**
34.0	**26.2**	**52.6**	**49.0**	**30.0**	**54.9**	**51.8**	**29.3**
35.2	27.1	64.4		27.8	68.1	64.6	32.6
12.7	11.6	24.6	22.3	15.3	31.5	30.3	19.4
17.5	25.4	43.7	40.9	24.2	56.5	56.2	34.1
30.3	31.3	56.1	53.2	30.8	58.5	54.6	31.0
34.8	32.1	64.9	61.8	37.3	65.1	61.8	35.2
15.3	14.7	71.5	67.9	48.1	62.6	60.5	25.6
38.1	34.5	41.0	39.7	24.6	55.3	53.4	30.1
34.1	36.5	58.9	57.8	41.7	72.9	72.3	48.5
24.6	16.1	28.5	26.7	12.8	30.8	28.9	17.0
39.7	30.4	47.8	45.6	31.0	55.2	52.5	28.8
28.4	30.4	52.7	52.4	37.0	56.2	55.7	37.2
31.5	26.6	59.1	53.3	32.1	51.2	47.4	27.1
22.4	19.5	68.3	68.3	47.8	67.8	67.8	40.1
17.3	13.7	29.3	27.5	14.6	29.8	28.6	11.8
26.2	25.4	46.8	44.5	28.0	50.5	49.2	28.8
46.8	31.7	48.9	46.9	29.5	44.4	42.2	23.9
14.4	13.6	29.0	26.0	19.9	32.7	29.6	19.9
21.3	19.2	46.8	46.0	30.7	42.2	40.8	19.2
23.9	19.8	47.3	44.4	25.3	54.2	47.6	27.6
42.6	35.9	59.5	57.7	32.9	58.4	56.1	30.1
7.6	7.2	21.0	19.6	9.6	33.0	31.3	12.1
37.6	44.8	38.0	36.6	27.5	56.3	54.2	28.5
5.3	5.6	12.9	12.6	7.4	10.6	9.9	7.0
19.7	20.6	44.5	39.1	31.5	51.5	50.3	31.8
15.1	15.8	26.5	23.0	11.7	31.4	28.1	11.7
36.2	32.2	58.5	53.4	34.5	65.0	61.4	37.6
23.8	31.0	63.5	62.3	43.8	65.4	63.7	39.6
35.6	32.2	58.7	55.2	28.9			
39.1	45.0	67.2		45.9	69.3	66.8	46.1
44.0	40.0	46.9	44.1	32.8	54.6	48.9	37.0
34.3	36.8	32.4	26.3	17.0	33.5	29.6	16.1

12–4 部分国家企业创新

国　家	开展创新合作企业数（个）	开展创新合作企业占全部企业比重（%）			
			集团内部其他企业	集团以外私营企业	市场咨询机构
比利时	3926	26.2	62.8	82.1	56.3
保加利亚	1184	8.0	29.5	80.2	28.0
捷克	3889	16.3	36.3	79.7	33.7
丹麦	1506	15.6	54.4	79.1	40.5
德国	24706	15.4	30.3	78.4	34.3
爱沙尼亚	982	26.2	53.6	78.0	32.6
爱尔兰	709	17.1	72.6	97.3	87.9
希腊	2942	20.2	27.3	97.9	74.1
西班牙	5678	8.1	24.7	82.7	42.4
法国	9295	16.7	33.3	91.2	56.2
克罗地亚	1028	13.6	32.4	90.5	53.6
意大利	16087	13.7	26.9	92.3	70.7
塞浦路斯	593	28.5	22.9	97.6	29.5
拉脱维亚	326	6.8	41.7	84.0	56.4
立陶宛	1169	15.3	33.8	88.5	49.3
卢森堡	240	11.9	57.9	81.3	55.4
匈牙利	1886	10.8	28.9	93.2	52.6
马耳他	102	8.8	35.3	89.2	50.0
荷兰	5288	18.8	54.7	89.8	51.6
奥地利	3402	18.6	54.6	88.2	64.3
波兰	4954	7.8	48.2	72.6	43.3
葡萄牙	1637	7.5	40.2	83.3	46.7
罗马尼亚	464	1.7	31.0	90.3	47.6
斯洛文尼亚	730	14.8	46.4	94.4	63.0
斯洛伐克	719	8.9	42.3	94.3	41.2
芬兰	2624	29.3	36.1	94.4	69.8
瑞典	3082	16.4	54.2	99.9	72.1
冰岛					
挪威	3117	32.8	40.0		40.6
瑞士					
土耳其	7077	7.1	72.9	95.2	82.5

合作情况(2018—2020年)

在创新合作企业中，与下列伙伴开展合作的企业占比(%)						
供应商	私人领域的客户或消费者	竞争对手或同行业其他企业	高校或其他高等教育机构	政府或公共研究机构	公共领域的客户或消费者	非营利组织
	32.0	15.2	39.5	27.5	10.1	8.4
50.4	35.3	12.2	17.9	9.5	6.4	6.5
53.2	35.4	5.1	34.4	13.4	6.6	3.5
61.4	49.8	32.5	40.3	32.6	32.9	10.1
32.4	27.5	24.0	59.1	23.8	12.7	18.8
58.4	47.7	10.9	30.2	12.6	18.2	12.7
80.8	63.5	34.0	55.0	44.7	32.0	18.9
87.3	55.1	20.6	36.1	25.6	17.4	15.2
43.6	23.7	8.0	27.9	18.9	4.6	8.7
66.4	39.8	11.7	33.2	19.8	21.5	9.3
70.5	47.6	16.8	34.0	14.5	14.7	5.7
63.2	30.8	10.6	32.7	15.1	11.2	8.9
83.5	29.3	6.6	9.4	3.0	2.2	1.7
56.4	44.5	27.0	42.9	19.0	18.7	13.5
57.1	39.2	17.2	30.5	19.9	13.8	12.9
65.4	46.7	25.8	32.5	27.5	17.1	12.5
67.6	48.9	19.0	33.6	11.1	10.3	9.4
70.6	43.1	14.7	30.4	15.7	14.7	12.7
68.7	26.0	26.9	25.3	18.8	40.1	17.2
64.7	42.7	20.9	57.6	34.4	20.0	9.3
45.1	31.2	12.7	33.0	21.1	8.1	4.7
57.2	37.2	11.7	46.0	24.7	12.4	16.5
74.1	53.0	23.1	34.7	25.4	17.2	13.8
82.1	59.2	20.0	51.4	40.7	22.1	9.7
83.9	58.8	31.4	29.1	13.5	16.3	9.7
68.6	55.1	15.4	45.2	24.9	15.1	10.7
98.2	98.6	15.0	45.9	31.4	22.1	19.5
45.4	27.7	11.0	20.0	20.4	6.8	3.2
83.0	71.7	61.9	58.0	57.1	54.1	50.7

附　录

附录 1　2023 年全国企业创新调查简要技术说明

调查依据： 国家统计局《企业创新活动统计报表制度》(国统字[2023]88 号)。

调查时期： 调查的标准时点为 2023 年 12 月 31 日，调查的报告期为 2023 年度。

调查对象： 规模（限额）以上企业包括规模以上工业企业，特、一、二级总承包、专业承包建筑业企业，限额以上批发和零售业企业，规模以上交通运输、仓储和邮政业，信息传输、软件和信息技术服务业，租赁和商务服务业，科学研究和技术服务业，水利、环境和公共设施管理业企业。

规模以下企业包括规模以下工业（包括采矿业，制造业，电力、热力、燃气及水生产和供应业）企业，规模以下交通运输、仓储和邮政业，信息传输、软件和信息技术服务业，租赁和商务服务业，科学研究和技术服务业，水利、环境和公共设施管理业企业。

调查方法： 规模（限额）以上企业对上述范围内的调查对象采用全面调查和抽样调查相结合的方法。企业创新情况表调查样本量共计 114.1 万家，其中规模以上工业企业 48.1 万家，特、一、二级总承包、专业承包建筑业企业 7.5 万家，限额以上批发和零售业企业 41.2 万家，规模以上重点服务业企业 17.2 万家。企业家问卷调查样本量约 9.9 万家。

规模以下企业对上述范围内的调查对象采用抽样调查方法，有效样本量约 10.4 万家。

统计标准： 调查执行国家有关统计分类标准及规定。其中，规模以上工业企业包括年主营业务收入 2000 万元及以上的工业企业法人；特、一、二级建筑业企业包括资质等级为特级、一级和二级的总承包和专业承包建筑业企业法人；限额以上批发和零售业企业包括年主营业务收入 2000 万元及以上的批发业、年主营业务收入 500 万元及以上的零售业企业法人；规模以上服务业企业包括年营业收入 2000 万元及以上的交通运输、仓储和邮政业，信息传输、软件和信息技术服务业，水利、环境和公共设施管理业企业法人，以及年营业收入 1000 万元及以上的租赁和商务服务业，科学研究和技术服务业企业法人。高技术产业仅包含高技术制造业。国民经济行业分类采用 GB/T 4754-2017 标准。其他统计标准的具体内容可查询国家统计局网站：http://www.stats.gov.cn/tjsj/tjbz/。

调查表式： 规模以上企业创新调查的基层表式有 4 张，包括供工业企业、建筑业企业和服务业企业分别填报的创新情况表（3 张）和企业家问卷（1 张）。国家统计局统计一套表中的其他调查表式，特别是企业研发活动年度统计调查的部分内容作为此调查的重要补充。规模以下企业创新调查有基层表式 1 张。

数据处理： 国家统计局通过联网直报平台布置调查表，完成数据采集、审核、汇总和上报等工作。联网直报平台数据处理程序由国家统计局统一研制并提供。

调查特点： 调查在第 3 版奥斯陆手册的基本框架下开展，可满足国际比较的基本要求；调查在国家统计局一套表统计调查体系下开展，部分统计结果取自其他调查内容，保持了统计调查的一致性；调查针对我国实际情况对大量内容进行了调整和改进，向调查对象代表、主要有关部门、有关专家学者、基层统计部门广泛征求了意见，在满足政策需求和降低填报负担之间、符合国际标准和体现本国特色之间取得了较好的平衡。总的来说调查基本兼顾了科学性、适用性、系统性、可比性和可操作性。

国际比较： 国际比较中各国数据基本都为奥斯陆手册体系下以 CIS 为标准问卷或参考设计的调查结果。

奥斯陆手册（Oslo Manual）是目前国际上在创新调查领域使用范围最广、权威性最强、认同度最高的标准规范。CIS 即欧盟创新调查（Community Innovation Survey），是 OECD 和欧盟统计局组织开展的企业创新调查，为目前国际上影响较大、发展较成熟、开展较广泛的创新调查。

附录 2　主要指标解释

创新：指本企业推出了新的或有重大改进的产品或工艺，或采用了新的组织管理方式或营销方法。此处的“新”是指它们对本企业而言必须是新的，但对于其他企业或整个市场而言不要求一定是新的。

产品创新：指企业推出了全新的或有重大改进的产品。产品创新的“新”要体现在产品的功能或特性上，包括技术规范、材料、组件、用户友好性等方面的重大改进；不包括产品仅有外观变化或其他微小改变的情况，也不包括直接转销。

这里的产品既包括货物，也包括服务。对工业企业而言，货物方面产品创新的例子有新能源汽车、新功能手机等；服务方面产品创新的例子有新的保修服务，如显著延长的新产品保修期限等。对建筑业企业而言，货物方面产品创新的例子有功能或特性有重大改进的房屋、桥梁或配套的建筑构配件、建筑制品等；服务方面产品创新的例子有新形式的装修售后服务等。对服务业企业而言，货物方面产品创新的例子有新面世的盒装或下载版软件等；服务方面产品创新的例子有新型理财产品、显著改进的咨询服务、有突破进展的设计方案等。

工艺创新：指企业采用了全新的或有重大改进的生产方法、工艺设备或辅助性活动，其中辅助性活动是指企业的采购、物流、财务、信息化等活动。工艺创新的“新”要体现在技术、设备、软件或流程上；不包括单纯的组织管理方式的变化。

对工业企业而言，生产工艺方面工艺创新的例子有采用新型自动化包装生产线替代人工包装等；对建筑业企业而言，施工工艺方面工艺创新的例子有新工法、显著改进的工具等；对服务业企业而言，推出服务或产品的方法方面工艺创新的例子有采用新型自动控制系统调配交通工具等。辅助性活动方面工艺创新的例子有首次采用条形码追踪原材料走向、开发新的软件进行财务管理等。

技术创新：产品创新和工艺创新统称为技术创新。

组织创新：指企业采取了此前从未使用过的全新的组织管理方式，主要涉及企业的经营模式、组织结构或外部关系等方面；不包括单纯的合并或收购。应是企业管理层战略决策的结果。

经营模式方面组织创新的例子有首次使用供应链管理、质量管理、信息共享制度等；组织结构方面组织创新的例子有首次使用机构设置、职责划分、权限管理、决策方式等；外部关系方面组织创新的例子有首次使用商业联盟、新式合作、外包或分包等。

营销创新：指企业采用了此前从未使用过的全新的营销概念或营销策略，主要涉及产品设计或包装、产品推广、产品销售渠道、产品定价等方面；不包括季节性、周期性变化和其他常规的营销方式变化。

产品设计或包装方面营销创新的例子有对现有产品的创意设计、为特定消费群体推出饮料新口味等；产品推广方面营销创新的例子有首次使用新型广告媒体、全新品牌形象、推出会员卡等；产品销售渠道方面营销创新的例子有首次使用电子商务、直销、特许经营、独家零售等；产品定价方面营销创新的例子有首次使用自动调价、折扣系统等。

创新活动：指为实现创新而进行的科学、技术、组织、商业等各种活动的总称。具体包括：开展了产品或工艺创新活动，或实现了组织或营销创新。

产品或工艺创新活动：是研发活动以及为实现产品创新或工艺创新而进行的各种活动的总称。主要的产品或工艺创新活动包括内部研发活动、外部研发活动、获得机器设备和软件、从外部获取相关技术，以及相关的培训、设计、市场推介、可行性研究、测试、工装准备等活动。产品或工艺创新活动不仅包括成功的，也包括正在进行的和中止的；它本身可能具有新颖性，也可能并不新颖却是实现创新所必需。

正在进行的产品或工艺创新活动：指正在进行、尚未完成预定目标任务的产品或工艺创新活动。

中止的产品或工艺创新活动：指由于各种原因中断、延期、放弃或失败的产品或工艺创新活动。

新颖度类别：指产品或工艺的新颖程度，按照从低到高依次分为无创新、本企业新、国内市场新、国际市场新。其中无创新是指未推出新的产品或工艺，或原有的产品或工艺未发生重大改进；本企业新是指产品或工艺对于本企业而言是全新的或有重大改进的，但对于其他企业或整个市场而言并不是；国内市场新是指产品或工艺对于国内市场而言是全新的或有重大改进的，但对于国际市场而言并不是；国际市场新是指产品或工艺在世界范围内是全新的或有重大改进的。

国际市场新的产品或工艺同时一定也是国内市场新和本企业新的；国内市场新的产品或工艺同时一定也是本企业新的。

建筑业和服务业的调查中将国内市场新与国际市场新合并称为市场新，指产品或工艺不仅对于本企业而言是全新的或有重大改进的，对于国际或国内市场及其他企业而言同样也是。

内部研发：研发是研究与试验发展(Research and Experimental Development，简称 R&D)的简称，指为增加知识存量（也包括有关人类、文化和社会的知识）以及设计已有知识的新应用而进行的创造性、系统性工作，包括基础研究、应用研究和试验发展三种类型。国际上通常采用 R&D 活动的规模和强度指标反映一国的科技实力和核心竞争力。内部研发指本企业内部开展的研发活动。

外部研发：指企业委托其他单位或与其他单位合作开展的研发活动。

创新合作：指企业与其他企业或机构共同开展产品或工艺创新活动。创新合作要求企业必须是积极主动参与的，不包括纯外包项目，双方不一定要取得商业利益。

专利：是专利权的简称，是对发明人的发明创造经审查合格后，由专利局依据专利法授予发明人和设计人对该项发明创造享有的专有权。包括发明、实用新型和外观设计。反映拥有自主知识产权的科技和设计成果情况。

发明专利：指对产品、方法或者其改进所提出的新的技术方案。是国际通行的反映拥有自主知识产权技术的核心指标。

期末有效发明专利数：指报告期末企业作为第一专利权人拥有的、经境内外知识产权行政部门授权且在有效期内的发明专利件数。这里不包括实用新型和外观设计专利。

先发优势：指企业由于率先开发出某种产品或工艺创新，或率先进入某一个领域，从而获得领先其他企业的市场竞争优势。

东部地区：包括北京，天津，河北，上海，江苏，浙江，福建，山东，广东和海南 10 个省市。

中部地区：包括山西，安徽，江西，河南，湖北和湖南 6 个省市。

西部地区：包括内蒙古，广西，重庆，四川，贵州，云南，西藏，陕西，甘肃，青海，宁夏和新疆 12 个省区市。

东北地区：包括辽宁，吉林和黑龙江 3 个省。